今注本二十四史

南史

唐 李延壽 撰

趙凱 汪福寶 周群 主持校注

中國社會科學出版社

一二 傳〔九〕

南史　卷五一

列傳第四十一

梁宗室上

吳平侯景 子勵 勸 勔 勃 弟昌 昂 昱

長沙宣武王懿 子業 孫孝儼 業弟藻 猷 猷子韶 駿 猷弟朗 明

永陽昭王敷　衡陽宣王暢　桂陽簡王融 子象 象子慉

臨川静惠王宏 宏子正仁[1] 正義 正德[2] 正德子見理

正德弟正則 正則弟正立 正立子賁 正立弟正表 正信[3]

　　[1]宏子正仁：汲古閣本同，殿本作“子正仁”。
　　[2]正德：汲古閣本同，殿本作“正義弟正德”。
　　[3]正信：汲古閣本同，殿本作“正表弟正信”。

　　吳平侯景字子照，[1]梁武帝從父弟也。[2]祖道賜以禮讓稱，居鄉有争訟，專賴平之，又周其疾急，鄉里號曰“墟王”。皆竊言曰“其後必大”。[3]仕宋終于書侍御史，[4]齊末追贈左光禄大夫。[5]三子：長曰尚之，次曰文帝，[6]次曰崇之。尚之敦厚有器業，爲司徒建安王中兵參軍，[7]一府稱爲長者。遷步兵校尉，[8]卒官。梁天監初，[9]追謚曰文宣侯。子靈鈞，仕齊爲廣德令。[10]武帝起兵，[11]行會稽郡事。[12]頃之，卒。追封東昌縣侯。[13]子謇嗣。崇之仕齊官至東陽太守，[14]以幹能顯，政尚嚴厲。永明中，[15]錢唐唐瑀之反，[16]別衆破東陽，崇之遇害。天監初，追謚忠簡侯。

[1]吳平侯景字子照：《梁書》卷二四《蕭景傳》中華本校勘記云：“蕭景本名昺，姚思廉避唐諱，改‘昺’爲‘景’。《弘明集》有衛尉卿蕭昺答釋法雲書，難范縝《神滅論》。”唐代釋道宣《續高僧傳》卷六《釋惠超傳》有“吳平侯蕭昺游夏口”。又本卷中華本校勘記云：“‘景’本字‘昞’，即《魏書·世宗紀》之蕭昞，此避唐諱改。‘子昭’各本作‘子照’，據《梁書》改。按《文館詞林》四五七有《蕭子昭碑銘》。”

[2]梁武帝：蕭衍。字叔達，小字練兒，南蘭陵（今江蘇常州市武進區）中都里人。南朝梁開國皇帝。公元 502 年至 549 年在位。本書卷六、卷七，《梁書》卷一至卷三有紀。

[3]“祖道賜以禮讓稱”至“其後必大”：高敏《南北史考索》：此段爲《梁書》卷二四《蕭景傳》所無，《南史》補（天津古籍出版社 2010 年版，第 238 頁）。墟王，中華本校勘記云：“‘墟王’《通志》作‘墟主’。”

[4]書侍御史：官名。《梁書·蕭景傳》作“治書侍御史”，此避唐高宗李治諱省“治”字。治書侍御史，御史臺屬官。掌舉劾官品第六以上官吏，分統侍御史。世族門閥多不居此職。員二人。宋六品。按，關於蕭道賜在南朝宋官歷，《梁書·蕭景傳》還載其“仕歷宋太尉江夏王參軍”。江夏王，即宋武帝劉裕子劉義恭。

[5]齊末追贈左光禄大夫：《梁書·蕭景傳》作“齊末，追贈

散騎常侍、左光祿大夫"。左光祿大夫，官名。屬光祿勳，養老疾，無職事。宋三品。

[6]文帝：南朝梁武帝父蕭順之。梁武帝即位後，追尊其爲文皇帝，廟號太祖。參本書卷六《梁武帝紀上》、《梁書》卷二《武帝紀中》。

[7]司徒：官名。南朝或與丞相、相國並置，職掌處理全國日常行政事務，考核地方官吏，督課州郡農桑，領天下州郡名數户口簿籍等。齊、陳丞相、相國皆爲贈官，司徒則實授，或録尚書事。宋一品。梁十八班。陳一品，秩萬石。　建安王：劉休仁。宋文帝第十二子。文帝元嘉二十九年（452），年十歲，立爲建安王。本書卷一四、《宋書》卷七二有傳。建安，郡名。治建安縣，在今福建建甌市。　中兵參軍：官名。諸公軍府屬官。掌本府親兵。宋七品。齊官品不詳。

[8]步兵校尉：官名。禁衛軍五校尉之一。掌宫廷宿衛。宋四品。齊官品不詳。

[9]天監：南朝梁武帝蕭衍年號（502—519）。

[10]廣德：縣名。治所在今安徽廣德市西南。

[11]武帝起兵：《梁書·蕭景傳》作"高祖義師至"。義師，齊東昏侯蕭寶卷即位後，狂悖無道，雍州刺史蕭衍起兵討伐，因稱其師爲義師。李延壽用"起兵"而不用"義師"，相比姚思廉撰《梁書》叙事更客觀。

[12]行會稽郡事：代行會稽郡政事。行，官制術語。缺官未補，暫以低級官吏攝行高一級官吏的職事。會稽，郡名。治山陰縣，在今浙江紹興市。

[13]東昌縣：縣名。治所在今江西吉安市永和鎮。

[14]官至東陽太守：《梁書·蕭景傳》作"官至冠軍將軍、東陽太守"。東陽，郡名。治長山縣，在今浙江金華市。

[15]永明：南朝齊武帝蕭賾年號（483—493）。

[16]錢唐：郡名。治錢塘縣，在今浙江杭州市。　唐瑀之：富

卷五一

列傳第四十一

2993

陽（今浙江杭州市富陽區）人。齊武帝永明四年聚衆反。事詳《南齊書》卷三《武帝紀》。《梁書·蕭景傳》作“唐寓之”。

　　景，崇之子也。八歲，隨父在郡，居喪以毀聞。[1]及長好學，才辯有識斷。仕齊爲永寧令，[2]政爲百城最。永嘉太守范述曾居郡，[3]號稱廉平，雅服景爲政，乃牓郡門曰：“諸縣有疑滯者，可就永寧令決。”以疾去官。永嘉人胡仲宣等千人詣闕表請景爲郡，[4]不許。永元二年，[5]以長沙宣武王懿勳，[6]除步兵校尉。是冬懿遇害，景亦逃難。

　　[1]毀：因守喪哀傷過度而損毀了身體健康。
　　[2]永寧：縣名。治所在今浙江温州市。按，據《梁書》卷二四《蕭景傳》，蕭景任永寧縣令在齊明帝建武中。
　　[3]永嘉：郡名。治永寧縣，在今浙江温州市。　范述曾：字子玄，一字穎彥，吳郡錢唐（今浙江杭州市）人。齊明帝即位，任永嘉太守，爲政清平。本書卷七〇、《梁書》卷五三有傳。
　　[4]闕：宮闕。
　　[5]永元：南朝齊東昏侯蕭寶卷年號（499—501）。
　　[6]長沙宣武王懿：蕭懿。梁武帝兄。仕齊官至尚書令。永元二年冬爲東昏侯所害。梁武帝即位，追封長沙郡王，謚曰宣武。長沙，郡名。治臨湘縣，在今湖南長沙市。

　　武帝起兵，以景行南兗州事。[1]時天下未定，沔北傖楚，[2]各據塢壁。[3]景示以威信，渠帥相率面縛請罪，[4]旬日境内皆平。武帝踐祚，封吳平縣侯，[5]南兗州刺史，加都督。詔景母毛氏爲國太夫人，禮如王國太妃，假金章紫綬。[6]景居州清恪，有威裁，明解吏職，文案無擁，下不敢欺，吏人畏敬如神。會年荒，計口振恤，又爲饘粥於路以賦之，死者給棺具，人甚賴焉。

[1]南兗州：州名。東晋僑立兗州，宋時改爲南兗州，初治京口，在今江蘇鎮江市。宋文帝元嘉八年（431）移治廣陵縣，在今江蘇揚州市西北蜀岡上。

[2]沔北：《梁書》卷二四《蕭景傳》作“江北”。張森楷《梁書》校勘記云：“景爲南兗州，與江近，與沔遠，不當及沔，《南史》非也。” 傖楚：魏晋南北朝時，吳人對楚人的鄙視性稱法（參見余嘉錫《釋傖楚》，載《余嘉錫文史論集》，岳麓書社1997年版，第210—216頁；沈清純《六朝“傖”考》，碩士學位論文，上海師範大學，2020年）。

[3]塢壁：也作“壁塢”。戰時防禦用的土障。

[4]渠帥：對少數民族首領的蔑稱。 面縛：反手背縛。

[5]吳平：縣名。治所在今江西樟樹市西。

[6]假：給予。 金章紫綬：二品以上官員印綬。

天監七年，[1]爲左驍騎將軍，[2]兼領軍將軍。[3]領軍管天下兵要，宋孝建以來，[4]制局用事，與領軍分權，典事以上皆得呈奏，領軍垂拱而已。及景在職峻切，官曹蕭然，制局監皆近倖，[5]頗不堪命，以是不得久留中。

[1]天監七年：此句前《梁書》卷二四《蕭景傳》有“天監四年，王師北伐，昺帥衆出淮陽，進屠宿預。丁母憂，詔起攝職。五年，班師，除太子右衞率，遷輔國將軍、衞尉卿”一段。

[2]左驍騎將軍：官名。梁武帝天監六年（507）置，領禁衞

營兵，兼統宿衛。梁十一班。

[3]領軍將軍：官名。掌禁衛軍，管天下兵要。梁十五班。

[4]孝建：南朝宋孝武帝劉駿年號（454—456）。

[5]制局監：官名。侍衛武官。掌器仗兵役，多由近倖寒人擔任。

　　尋出爲寧蠻校尉、雍州刺史，[1]加都督。八年，魏荆州刺史元志攻潺溝，[2]驅迫群蠻，群蠻悉度漢水來降。議者以爲蠻累爲邊患，可因此除之。景曰："窮來歸我，誅之不祥；且魏人來侵，每爲矛楯，若悉誅蠻，則魏軍無礙，非長策也。"乃開樊城受降，[3]因命司馬朱思遠、寧蠻長史曹義宗、中兵參軍孟惠儁擊志於潺溝，[4]大破之。景初到州，省除三迎羽儀器服，[5]不得煩擾吏人。脩葺城壘，申警邊備，理辭訟，勸農桑。郡縣皆改節自勵，州內清静，抄盗絶迹。

[1]寧蠻校尉：官名。掌雍州地區少數民族事務，立府治事。梁由雍州刺史兼任。　雍州：州名。治襄陽縣，在今湖北襄陽市。

[2]荆州：北魏州名。北魏孝文帝太和十八年（494）置，治山北縣，在今河南魯山縣東。　元志：北魏宗室。《魏書》卷一四、《北史》卷一五有傳。　潺溝：地名。在今湖北襄陽市北漢水北岸。

[3]樊城：城名。在今湖北襄陽市。

[4]司馬：官名。王公軍府屬官，掌本府武官。其班品依府主地位高下而定。梁十班至六班。　長史：官名。王公軍府屬官，掌本府官吏。其班品依府主地位高下而定。梁十班至六班。　中兵參軍：官名。王公軍府屬官。梁六班至二班。　儁：汲古閣本、殿本作"雋"。

[5]三：汲古閣本、殿本、百衲本作"參"。

十三年，復爲領軍將軍，直殿省，[1]知十州損益事，[2]月加禄五萬。景爲人雅有風力，長於辭令。其在朝廷，爲衆所瞻仰。於武帝雖屬爲從弟，而禮寄甚隆，軍國大事皆與議決。

[1]直：同"值"。 殿省：宮廷與臺省。
[2]知：官制術語。奉特敕主持本官職權範圍以外的他項事務。

十五年，加侍中。[1]及太尉、揚州刺史臨川王宏坐法免，[2]詔景以爲安右將軍監揚州，[3]置佐史，即宅爲府。景越親居揚州，[4]固讓至于涕泣，帝弗許。在州尤稱明斷，符教嚴整。[5]有田舍老姥訴得符，還至縣，縣吏未即發，姥語曰："蕭監州符如火，汝手何敢留之!"其爲人所畏敬如此。

[1]侍中：官名。門下省長官。掌侍從左右，盡規獻納，儐相威儀等。參與決策，是中樞集團重要成員。員四人。梁十二班。
[2]太尉：官名。三公之一，多爲大臣加官。梁十八班。 揚州：州名。治建康縣，在今江蘇南京市。 臨川王宏：蕭宏。梁武帝弟。封臨川王。《梁書》卷二二亦有傳。臨川，郡名。治南城縣，在今江西南城縣東南。
[3]安右將軍：官名。梁置，八安將軍之一，與安左、安前、安後將軍祇授予在京師任職者。爲一百二十五號將軍之一，二十一班。
[4]越親居揚州：南朝自宋以後，揚州刺史非當朝皇帝之弟或

子不居，蕭昺以梁武之從弟監揚州，故曰越親。

[5]符教：指判決文書。《漢書》卷七六《張敞傳》顏師古注云："記，書也。若今之州縣爲符教也。" 嚴整：嚴格整肅。

遷都督、郢州刺史。[1]將發，帝幸建興苑餞別，[2]爲之流涕。在州復有能名。齊安、竟陵郡接魏界，[3]多盜賊，景移書告示，魏即焚塢戍保境，不復侵略。卒于州，贈開府儀同三司，[4]諡曰忠。子勵。[5]

[1]郢州：州名。治夏口城，在今湖北武漢市武昌區。

[2]建興苑：苑名。梁武帝天監四年（505）立，在今江蘇南京市中華門外。

[3]齊安：郡名。治齊安縣，在今湖北麻城市西南。 竟陵：郡名。治霄城，在今湖北京山市東南。

[4]開府儀同三司：官名。非三公而儀制同於三公之稱。梁諸將軍開府儀同三司爲十七班。

[5]勵：中華本改作"勱"，其校勘記云："王懋竑《讀書記疑》謂當作'勱'，今改正。"

勵字文約，弱不好弄，喜慍不形於色。位太子洗馬，[1]母憂去職，殆不勝喪。每一思至，必徒步之墓。或遇風雨，仆臥中路，坐地號慟，起而復前，家人不能禁。景特所鍾愛，曰："吾百年後，其無此子乎。"使左右節哭。服闋，除太子中舍人。[2]景薨于郢鎮，[3]或以路遠，秘其凶問，以疾漸爲辭。勵乃奔波，屆于江夏，[4]不進水漿者七日。廬于墓所，親友隔絕。會叔父曇下詔獄，勵乃率昆弟群從同詣大理，雖門生故吏，莫能識之。後襲封吳平侯，對揚王人，悲慟嗚咽，傍人亦爲隕涕。

[1]位：汲古閣本同，殿本作“仕”。 太子洗（xiǎn）馬：官名。東宮屬官。晋時隸屬太子詹事，掌東宮圖籍、經書，太子出行則前導威儀。七品。南朝梁、陳有典經局，置太子洗馬八人，掌文翰，多取甲族有才名者任職。梁六班。洗馬，本作“先馬”，意即前驅。

[2]太子中舍人：官名。掌侍從及文翰。員四人。梁八班。

[3]郢鎮：地名。即郢州治所，在今湖北武漢市武昌區。

[4]江夏：郡名。治夏口城，在今湖北武漢市武昌區。

除淮南太守，[1]以善政稱。遷宣城內史，[2]郡多猛獸，常爲人患，及勵在任，獸暴爲息。又遷豫章內史，[3]道不拾遺，男女異路。徙廣州刺史，[4]去郡之日，吏人悲泣，數百里中，舟乘填塞，各齎酒肴以送勵。[5]勵人爲納受，隨以錢帛與之。至新淦縣圻山村，[6]有一老姥以槃擎鱐魚，自送舟側奉上之，童兒數十人入水扳舟，或歌或泣。

[1]淮南：郡名。寄治姑孰，在今安徽當塗縣。

[2]宣城：郡名。治宛陵縣，在今安徽宣城市宣州區。

[3]豫章：郡名。治南昌縣，在今江西南昌市。

[4]廣州：州名。治番禺縣，在今廣東廣州市。

[5]酒肴：汲古閣本、殿本作“糧食”。

[6]新淦：縣名。治所在今江西樟樹市。

廣州邊海，舊饒，外國舶至，多爲刺史所侵，每年舶至不過三數。及勵至，纖豪不犯，[1] 歲十餘至。俚人不賓，多爲海暴，勵征討所獲生口寶物，軍賞之外，[2] 悉送還臺。前後刺史皆營私蓄，方物之貢，少登天府。自勵在州，歲中數獻，軍國所須，相繼不絶。武帝歎曰："朝廷便是更有廣州。"有詔以本號還朝，而江西俚帥陳文徹出寇高要，[3] 又詔勵重申蕃任。未幾，文徹降附。勵以南江危險，宜立重鎮，乃表臺於高凉郡立州，[4] 敕仍以爲高州，以西江督護孫固爲刺史。[5] 徵爲太子左衛率。[6]

[1]豪：通"毫"。汲古閣本、殿本作"毫"。

[2]賞：汲古閣本同，殿本作"資"。

[3]江西：中華本改作"西江"，其校勘記云："按高要屬廣州南海郡。廣州有西江、南江，各設督護，《南齊書》所謂'西南二江，川源深遠，別置都護，專征討之'。今乙正。" 高要：縣名。治所在今廣東肇慶市。

[4]高凉：郡名。治高凉縣，在今廣東陽江市西。

[5]孫固：中華本校勘記云："按《陳書·杜僧明傳》有高州刺史孫冏，或即一人。"

[6]太子左衛率：官名。東宮屬官，與太子右衛率合稱太子二衛率，共掌東宮宿衛營兵。梁十一班。

勵性率儉，而器度寬裕，左右嘗將羹正智前翻之，[1] 顔色不異，徐呼更衣。聚書至三萬卷，披翫不倦，尤好《東觀漢記》，[2] 略皆誦憶。劉顯執卷策勵，[3] 酬應如流，乃至卷次行數亦不差失。少交結，唯與河東裴子野、范陽張纘善。[4]卒於道，贈侍中，謚曰光侯。勱弟勸。

[1]正：汲古閣本、殿本作“至”。

[2]《東觀漢記》：東漢官修紀傳體史書。

[3]劉顯：字嗣芳，沛國相（今安徽濉溪縣）人。號曰神童。本名頤，齊武帝以字難識，改名顯。博學多識，爲當時名流所推崇。本書卷五〇有附傳，《梁書》卷四〇有傳。

[4]河東：郡名。治安邑縣，在今山西夏縣西北。　裴子野：字幾原，河東聞喜（今山西聞喜縣）人。著《宋略》二十卷。曾爲著作郎，掌國史及起居注。與沛國劉顯、南陽劉之遴、陳郡殷芸、陳留阮孝緒、吳郡顧協、京兆韋棱，皆博極群書，深相賞好，顯尤推重之。本書卷三三有附傳，《梁書》卷三〇有傳。　范陽：郡名。治涿縣，在今河北涿州市。　張纘：字伯緒，范陽方城（今河北固安縣）人。起家秘書郎，與裴子野爲忘年之交。本書卷五六有附傳，《梁書》卷三四有傳。

　　勸字文蕭，少以清静自立，封西鄉侯，[1]位南康内史，[2]太舟卿。[3]大寶元年，[4]與南康王會理謀誅侯景，[5]事發遇害。

[1]西鄉：縣名。治所在今陝西西鄉縣南。

[2]南康：郡名。治贛縣，在今江西贛州市西南。

[3]太舟卿：官名。南朝梁以都水使者改稱，爲十二卿之最末者，主舟航堤渠。武帝天監七年（508）革選，定流内官職爲十八班，以班多者爲貴。太舟卿爲九班。

[4]大寶：南朝梁簡文帝蕭綱年號（550—551）。

[5]南康王會理：蕭會理。字長才。梁武帝第四子南康簡王蕭

績死，其子蕭會理嗣爵南康王。侯景反，會理入援。本書卷五三、《梁書》卷二九有附傳。　　侯景：字萬景，懷朔鎮（今内蒙古固陽縣）人。梁武帝太清元年（547）附梁，二年反，率軍攻京師建康。本書卷八〇、《梁書》卷五六有傳。

勸弟勔。
勔字文祇，封東鄉侯，[1]位太子洗馬，及勸同見害。

[1]東鄉：縣名。治所在今四川宣漢縣東北。

勔弟勃，位定州刺史，[1]封曲江鄉侯。大寶初，廣州刺史元景仲將謀應侯景，[2]西江督護陳霸先攻景仲，[3]迎勃爲刺史。時湘東王繹在荆州，[4]雖承制授職，力不能制，遂從之。勃乃鎮嶺南，爲廣州刺史。後江表定，以王琳代爲廣州，[5]以勃爲晋州刺史。[6]魏剋江陵，[7]勃復據廣州。敬帝承制，[8]加司徒。[9]紹泰中，[10]爲太尉，尋進爲太保。[11]及陳武禪代之際，舉兵不從，尋敗，遇害。

[1]定州：州名。此指南定州。治布山縣，在今廣西桂平市西南。
[2]元景仲：本北魏支屬，梁武帝普通中隨父兄歸降。《梁書》卷三九有附傳。
[3]陳霸先：即南朝陳武帝。先仕南朝梁，後梁亡，建立陳朝。本書卷九，《陳書》卷一、卷二有紀。
[4]湘東王繹：梁元帝蕭繹初封湘東王。湘東，郡名。治臨烝縣，在今湖南衡陽市。

[5]王琳：字子珩，會稽山陰（今浙江紹興市）人。以隨王僧辯平侯景功，拜湘州刺史。後又授都督、廣州刺史。本書卷六四、《北齊書》卷三二有傳。

[6]晉州：州名。梁簡文帝大寶元年（550）改豫州置，治所即晉熙郡治。治懷寧縣，在今安徽潛山市。

[7]江陵：縣名。荊州刺史鎮所。梁元帝即位，都於此。在今湖北荊州市荊州區。

[8]敬帝：南朝梁敬帝蕭方智。公元555年至557年在位。本書卷八、《梁書》卷六有紀。

[9]司徒：官名。三公之一，爲名譽宰相。梁十八班。

[10]紹泰：南朝梁敬帝蕭方智年號（555—556）。

[11]太保：官名。南朝用作贈官，無實際職掌。梁十八班。

　　昌字子建，景弟也。位衡州刺史。[1]性好酒，在州每醉，徑出人家，[2]或獨詣草野，刑戮頗無期度，醉時所殺，醒或求焉，亦無悔也。累遷兼宗正卿，[3]屢爲有司所劾。[4]久留都，忽忽不樂，遂縱酒虛悸。在石頭東齋，[5]引刀自刺而卒。[6]弟昂。

[1]衡州：州名。南朝梁武帝天監六年（507）置。治含洭縣，在今廣東英德市浛洸鎮。

[2]徑出人家：《梁書》卷二四《蕭昌傳》作“逕出入人家”。

[3]宗正卿：官名。南朝梁十二卿之一。掌皇室外戚之籍，以宗室爲之。十三班。

[4]屢：《梁書·蕭昌傳》作“屬”。

[5]石頭：即石頭城。在今江蘇南京市西清涼山。負山面江，形勢險固，爲六朝軍事要地。

[6]引刀自刺而卒：《梁書·蕭昌傳》則作“引刀自刺，左右

救之，不殊。十七年，卒，時年三十九”。

　　昂字子明，位輕車將軍，[1]監南兖州。初，兄景再爲兖州，[2]德惠在人，及昂來代，時人方之馮氏。[3]徵爲琅邪、彭城二郡太守。[4]時有女子年二十許，散髮黄衣，在武窟山石室中，[5]無所脩行，唯不甚食。或出人間，時飲少酒，鵝卵一兩枚，人呼爲聖姑。就求子往往有效，造者充滿山谷。昂呼問無所對，以爲祅惑，鞭之二十。創即差，失所在。中大通元年，[6]爲領軍將軍。久之，封湘陰侯，[7]出爲江州刺史。[8]卒，謚曰恭侯。

　　[1]輕車將軍：官名。將軍名號。梁初不詳。
　　[2]兄：汲古閣本同，殿本作“元”。
　　[3]馮氏：指漢代馮野王、馮立兄弟。野王先爲上郡太守，後立又爲上郡太守，居職公廉，治行與野王相似而多智，有恩貸，好爲條教。吏民嘉美野王、立相代爲太守，歌曰：“大馮君、小馮君，兄弟繼踵相因循，聰明賢知惠吏民，政如魯、衛德化鈞，周公、康叔猶二君。”詳見《漢書》卷七九《馮奉世傳》。
　　[4]琅邪、彭城：皆郡名。按，此處當指南琅邪、南彭城二郡。二郡寄治白下城，在今江蘇南京市北金川門外幕府山南麓。
　　[5]武窟山：《通志》作“虎窟山”，此避唐高祖祖父李虎諱改。
　　[6]中大通：南朝梁武帝蕭衍年號（529—534）。
　　[7]湘陰：縣名。治所在今湖南湘陰縣西北。
　　[8]江州：州名。初設治豫章縣，在今江西南昌市。後移治柴桑縣，在今江西九江市西南。

　　昂弟昱字子真，少而狂狷，不拘禮度，異服危冠，交遊冗雜。尤善屠牛，業以爲常。於宅内酤酒。好騎射。歷位中書侍郎。每求試邊州，武帝以其輕脱無威望，[1]抑而不許。遷給事黄門侍郎，[2]上表請自解，帝手詔責之，坐免官。因此杜門絶朝覲。

　[1]輕脱：輕佻，不穩重。
　[2]給事黄門侍郎：官名。門下省次官。與侍中俱掌侍從左右，儐相威儀，盡規獻納，糾正違缺。出入禁中，地位顯貴。員四人。梁十班。

　　普通五年，[1]坐於宅内鑄錢，爲有司所奏，下廷尉，得免死，徙臨海郡。[2]行至上虞，[3]有敕追還，令受菩薩戒。[4]既至，恂恂盡禮，改意蹈道，持戒又精潔。帝甚嘉之。

　[1]普通：南朝梁武帝蕭衍年號（520—527）。
　[2]臨海：郡名。治章安縣，在今浙江台州市椒江區章安街道。
　[3]上虞：縣名。治所在今浙江紹興市上虞區百官街道。
　[4]菩薩戒：指大乘佛教的戒律。戒，佛教的戒律。

　　爲晉陵太守，[1]下車勵名迹，除煩苛，明法憲，嚴於奸吏，旬日之間，郡中大安。俄而暴卒，百姓行號巷哭，市里爲之誼沸，設祭奠於郡庭者四百餘人。田舍有婦女夏氏年百餘歲，扶曾孫出郡，悲泣不自勝。其惠化所感如此。百姓相率爲立廟建碑，以紀其德，又詣都表求贈謚。詔贈湘州刺史，謚曰恭子。

　　[1]爲晉陵太守：《梁書》卷二四《蕭昱傳》作“以爲招遠將軍、晉陵太守”。晉陵，郡名。治晉陵縣，在今江蘇常州市。

　　文帝十男：張皇后生長沙宣武王懿、永陽昭王敷、武帝、衡陽宣王暢。李太妃生桂陽簡王融。融爲東昏所害，[1]敷、暢齊建武中卒，[2]武帝踐祚，並追封郡王。陳太妃生臨川靜惠王宏、南平元襄王偉。吳太妃生安成康王秀、始興忠武王憺。費太妃生鄱陽忠烈王恢。[3]

　　[1]東昏：指齊東昏侯蕭寶卷。永泰元年（498），齊明帝崩，第二子寶卷即位。永元三年（501）被誅，追封東昏侯。本書卷五、《南齊書》卷七有紀。
　　[2]建武：南朝齊明帝蕭鸞年號（494—498）。
　　[3]妃：汲古閣本同，殿本作“后”。

　　長沙宣武王懿字元達，[1]文帝長子也。少有令譽，解褐齊安南邵陵王行參軍，[2]襲爵臨湘縣侯。[3]歷位晉陵太守，以善政稱。永明末，爲梁、南秦二州刺史，[4]加督。是歲，魏軍入漢中，[5]遂圍南鄭。懿隨機拒擊，乃解圍遁去。又遣氐帥楊元秀攻取魏歷城等六戍。[6]魏人震懼，邊境遂寧。

　　[1]長沙宣武王懿字元達：按，王鳴盛《十七史商榷》卷六三《四嗣王傳補敘其父》云：“蕭懿於東昏有大功，無小過，且其平日居官立身皆可觀，東昏無故忌之，人屢勸其去而不從，竟爲東昏所殺。齊梁間上上人物也，其事頗似光武之有伯升，所以梁朝文告屢用伯升爲比。然懿固純乎齊臣也。弟敷、暢、融皆齊臣，敷亦有善

政，融與懿同冤死，尤可憫。此四人者，《齊書》中當特爲傳一篇，乃無傳。蕭子顯，齊高帝之孫也，豈不哀懿？但身爲梁臣，不便以懿入齊，並其三弟皆缺之。姚思廉目睹其缺，故於《四嗣王傳》補敘其父甚詳。《南史》始改以懿等立傳，是矣。子孫一併附入，不分齊梁限斷，則其謬耳。宜以四王歸齊，嗣王入梁。"周一良《南史札記·蕭懿事迹》云："蕭衍之兄蕭懿，卒於齊末。蕭子顯蓋以其爲蕭梁宗室，《南齊書》列傳未收。姚思廉《梁書》又以其卒於梁朝建立之前，故止在蕭懿之子長沙嗣王業傳開端略叙事迹，頗爲簡略。唯《南史》五一梁宗室傳記述較詳。蕭懿任豫州刺史，鎮歷陽，入建康平定崔慧景之叛亂。蕭衍使人‘下都説懿曰："誅賊之後，則有不賞之功，當明君賢主，尚或難立；況於亂朝，何以自免。若賊滅之後，仍勒兵入宮，行伊、霍故事，此萬世一時。若不欲爾，便放表還歷陽，託以外拒爲事，則威振内外，誰敢不從。一朝放兵，受其厚爵，高而無人，必生後悔。"長史徐曜甫亦苦勸，並不從’。蕭衍勸其兄之策，實爲上中下三途，亦即權臣圖謀取代之安排，劉裕、蕭道成皆依此途徑覆滅前朝，建立新政權者也。蕭懿迂闊，不從其計，爲東昏所殺，蕭衍遂采取所陳之上策而自取之矣。"（參見周一良《魏晋南北朝史札記》，中華書局1985年版，第472頁）

[2]安南：官名。安南將軍省稱。將軍名號。與安東、安西、安北將軍合稱四安將軍。爲出鎮方面的軍事長官，或作爲刺史兼理軍務的加官，權任頗重。宋三品。齊官品不詳。　邵陵王：蕭子貞。字雲松。齊武帝第十四子。齊武帝永明四年（486）立爲邵陵王。永明十年，爲東中郎將、吳郡太守。明帝建武二年（495），見誅。年十五。本書卷四四、《南齊書》卷四〇有傳。邵陵，郡名。治邵陵縣，在今湖南邵陽市。　行參軍：官名。王公軍府屬官，參掌府曹事，位次於參軍。齊官品不詳。

[3]臨湘：縣名。治所在今湖南長沙市。

[4]梁：州名。治南鄭縣，在今陝西漢中市東。　南秦：州名。僑寄今江蘇連雲港市贛榆區西。所領郡縣乏考。

[5]漢中：郡名。治南鄭縣，在今陝西漢中市東。

[6]六戍：《梁書》卷二三《長沙嗣王業傳》作“懿又遣氐帥楊元秀攻魏歷城、皋蘭、駱谷、坑池等六戍”。

　　永元二年，裴叔業據豫州反，[1]懿以豫州刺史領歷陽、南譙二郡太守討之，[2]叔業懼，遂降魏。武帝時在雍州，遣典籤趙景悦説懿興晋陽之甲，[3]誅君側之罪。懿不答。既而平西將軍崔慧景入寇，[4]奉江夏王寶玄圍臺城，[5]齊室大亂，馳信召懿。懿時方食，投箸而起，率鋭卒三千人入援。武帝馳遣虞安福下都説懿曰：“誅賊之後，則有不賞之功，當明君賢主，尚或難立；況於亂朝，何以自免。若賊滅之後，仍勒兵入宫，行伊、霍故事，[6]此萬世一時。若不欲爾，便放表還歷陽，託以外拒爲事，則威振内外，誰敢不從。一朝放兵，受其厚爵，高而無人，必生後悔。”長史徐曜甫亦苦勸，並不從。慧景遣其子覺來拒，懿擊大破之，乘勝而進，慧景衆潰，追斬之。授中書令、都督征討水陸諸軍事。[7]

　　[1]裴叔業：河東聞喜（今山西聞喜縣）人。仕齊，官至豫州刺史。東昏侯蕭寶卷即位，誅大臣，叔業疑懼，反。旋即病卒，其子植以壽春降魏。《南齊書》卷五一有傳。　豫州：州名。治壽陽縣，在今安徽壽縣。

　　[2]歷陽：郡名。治歷陽縣，在今安徽和縣。　南譙：郡名。治山桑縣，在今安徽巢湖市東南。

　　[3]典籤：官名。本爲掌管文書的小吏，南朝時，王公軍州府乃至丹陽尹皆置，掌監察、糾彈府主之大權，多由皇帝親近充任，權力尤重，時稱籤帥（參見高敏、張旭華《南朝典籤制度考略》，

《文史》第五十三輯、第五十四輯，中華書局 2001 年版；張軍《典籤制度與南朝政局》，《天津社會科學》2002 年第 2 期）。 晋陽之甲：春秋時，晋趙鞅興晋陽之甲以清君側之名，逐荀寅、士吉射。事詳《公羊傳》哀公十三年。

[4]平西將軍：官名。將軍名號。與平東、平南、平北將軍合稱四平將軍。多持節都督或監某一地區的軍事，亦可作爲刺史兼理軍務的加官。宋三品。齊官品不詳。 崔慧景：字君山，清河東武城（今河北清河縣）人。仕齊，官至護軍將軍，加侍中。東昏侯蕭寶卷即位，誅大臣，慧景不自安。裴叔業反，慧景率軍出征。行至廣陵，亦反，舉兵向京師。本書卷四五、《南齊書》卷五一有傳。

[5]江夏王寶玄：蕭寶玄。字智深，齊明帝第三子。明帝建武元年（494），爲征虜將軍，領石頭戍事，封江夏郡王。本書卷四四、《南齊書》卷五〇有傳。 臺城：六朝時臺省所在，故稱。在今江蘇南京市雞籠山南。

[6]伊、霍故事：伊，指商朝初年名臣伊尹。其早年曾佐湯滅夏，被尊爲阿衡。湯死後，其孫帝太甲不遵成湯法制，伊尹把他放逐到桐宮，後見其悔過返善，遂迎其復位。事詳《史記》卷三《殷本紀》。霍，指西漢名臣霍光。武帝崩，昭帝八歲即位，光受遺詔輔政，政事一决於光。昭帝崩，迎立昌邑王劉賀，以其淫亂廢之，立宣帝。昭、宣二帝時期，社會穩定，經濟發展，史稱"中興"。後世遂視其爲善相輔弼的大忠臣。事詳《漢書》卷六八《霍光傳》。

[7]中書令：官名。《梁書》卷二三《長沙嗣王業傳》作"尚書令"。中華本據《梁書》改，其校勘記云："按《册府元龜》二七六、二九〇及《安成康王秀傳》並作'尚書令'，《南齊書·東昏紀》同。下逕改。"

時東昏肆虐，茹法珍、王咺之等執政，[1]宿臣舊將，並見誅夷。懿既勳高，獨居朝右，[2]深爲法珍等所憚，乃説東昏，將加酷害。徐曜甫知之，密具舟江渚，勸令西奔。[3]懿不從，曰：“古皆有死，豈有叛走中書令邪？”尋見留省賜藥，與弟融俱殞。謂使者曰：“家弟在雍，深爲朝廷憂之。”中興元年，[4]贈司徒。宣德太后臨朝，[5]改贈太傅。天監元年，追崇丞相，封長沙郡王，謚曰宣武。給九旒鸞輅、黄屋左纛，[6]葬禮依晉安平王故事。[7]

[1]茹法珍：會稽（今浙江紹興市）人。齊東昏侯時爲制局監，受寵幸，佐成昏亂。梁武帝平建康，伏誅。本書卷七七有傳。

王咺之：歷仕宋、齊。東昏時，任中書舍人，與佞倖茹法珍、梅蟲兒等小人結爲唇齒，把持朝政，擅行殺戮。事見本書卷七七《恩倖傳》、《南齊書》卷七《東昏侯紀》。

[2]朝右：謂朝臣之上。

[3]西奔：指奔襄陽。時蕭懿弟衍爲雍州刺史，鎮襄陽。襄陽在建康之西，故云。

[4]中興：南朝齊和帝蕭寶融年號（501—502）。

[5]宣德太后：齊文惠太子妃王寶明。其子鬱林王即位，尊其爲皇太后，稱宣德宮。東昏侯永元三年（501）十二月，蕭衍平建康，迎后入宮稱制。本書卷一一、《南齊書》卷二〇有傳。

[6]九旒：旗名。《後漢書》卷四二《東平憲王蒼傳》云：“今詔有司加賜鸞輅乘馬，龍旂九旒，虎賁百人，奉送王行。” 鸞輅：天子之車。 黄屋：帝王車蓋以黄繒爲蓋裏，故名。漢制，唯皇帝得用黄屋。 左纛：古代帝王乘輿的裝飾物。用氂牛尾或雉尾製成，設於車衡的左邊，故稱。

[7]晉安平王故事：晉宣帝弟安平獻王司馬孚薨，晉武帝詔“以東園温明秘器、朝服一具、衣一襲、緋練百匹、絹布各五百匹、錢百萬、穀千斛以供喪事。諸所施行，皆依漢東平獻王蒼故事”。

及葬又"給鑾輅輕車、介士武賁百人，吉凶導從二千餘人，前後鼓吹，配饗太廟"。詳見《晋書》卷三七《安平獻王孚傳》。

懿名望功業素重，武帝本所崇敬。帝以天監元年四月丙寅即位，是日即見褒崇。戊辰，乃始贈第二兄敷、第四弟暢、第五弟融。[1]至五月，有司方奏追皇考皇妣尊號，遷神主于太廟。帝不親奉，命臨川王宏侍從。七月，帝臨軒，遣兼太尉、散騎常侍王份奉策上太祖文皇帝、獻皇后及德皇后尊號。既先卑後尊，又臨軒命策，識者頗致譏議焉。

[1]始：汲古閣本同，殿本作"崇"。

懿子業字静曠，[1]幼而明敏，仕齊爲太子舍人。[2]宣武之難，[3]與二弟藻、象俱逃匿於王嚴秀家。東昏知之，收嚴秀付建康獄，考掠備極，乃以鉗拔手爪，至死不言，竟以免禍。

[1]懿子業字静曠：王鳴盛《十七史商榷》卷六三《長沙王懿諸子》："長沙王懿六子：業、藻、猷、朗、明、象，疑皆冠以'淵'字，《南史》《梁書》皆避諱，去上一字。惟淵藻、淵明於他傳中可考而知；而又或改'淵'爲'深'，如《梁書·武紀》：大通三年六月，以前太子詹事蕭深猷爲中護軍。九月以太子詹事蕭深藻爲征北將軍、南兖州刺史，是也。"王說是。業，《梁書》卷二《武帝紀》作"深業"。又王鳴盛《十七史商榷·長沙王懿諸子》云："蕭子顯《齊書》既不作《長沙宣武王懿傳》，《梁書》亦但有懿子業、藻二人，其淵明與猷、朗皆無，賴《南史》補之，並及入

齊後終事，此似《南史》之有功處，然李百藥以《蕭明傳》入《北齊書》，李延壽乃但入之《南史》，尚欠妥。"

[2]仕齊爲太子舍人：《梁書》卷二三《長沙嗣王業傳》作"仕齊爲著作郎、太子舍人"。

[3]宣武之難：指梁武帝兄長沙宣武王蕭懿於永元二年（500）被齊東昏侯所害事。

天監二年，襲封長沙王，歷位秘書監，[1]侍中，都督南兗州刺史。運私邸米，僦人作甓以砌城，[2]武帝善之。徙湘州，尤著善政。零陵舊有二猛獸爲暴，[3]無故相枕而死。郡人唐睿見猛獸傍一人曰："刺史德感神明，所以兩猛獸自斃。"言訖不見，衆並異之。

[1]秘書監：官名。秘書省長官，掌國之典籍圖書。梁初第三品。

[2]僦：租賃，租用。

[3]零陵：郡名。治泉陵縣，在今湖南永州市。

業性敦篤，所在留意。[1]普通四年，爲侍中、金紫光禄大夫。[2]薨，謚曰元王。文集行於世。子孝儼嗣。

[1]意：《梁書》卷二三《長沙嗣王業傳》、《册府元龜》卷二九三作"惠"。

[2]金紫光禄大夫：官名。光禄大夫之重者加金章紫綬，稱爲金紫光禄大夫。養老疾，無職事。梁十四班。

孝儼字希莊，射策甲科，[1]除秘書郎、太子舍人。[2]

從幸華林園，[3]於坐獻《相風烏》《華光殿》《景陽山》等頌，其文甚美，帝深賞異之。薨，謚曰章。子胤嗣。業弟藻。

[1]射策：古代考試方式之一種。由主試者出試題書之於簡策，分甲乙科，列置案上。應試者抽答。主試者根據所答以定優劣，上者爲甲，次者爲乙。

[2]秘書郎：官名。秘書省屬官。佐監、丞掌國之典籍圖書。南朝宋、齊以來，爲甲族起家之選，待次入補。其居職，例數十百日便遷任。員四人。梁二班。

[3]華林園：宮苑名。初建於東吳，擴建於南朝宋。內有華光殿、景陽山、景陽樓等名勝，爲六朝諸帝宴集之所。在今江蘇南京市雞籠山南古臺城內。

藻字靖藝，仕齊位著作佐郎。[1]天監元年，封西昌縣侯，[2]爲益州刺史。[3]時鄧元起在蜀，[4]自以有尅劉季連功，[5]恃宿將，輕少藻，藻怒乃殺之。既天下草創，邊徼未安，州人焦僧護聚衆數萬，據郫、繁作亂。[6]藻年未弱冠，集僚佐議，欲自擊之。或陳不可，藻大怒，斬之階側。乃乘平肩輿，[7]巡行賊壘。賊聚弓亂射，矢下如雨，從者舉楯禦箭，又命除之，由此人心大安，賊乃夜遁。藻命騎追擊，平之。

[1]著作佐郎：官名。秘書省屬官，佐著作郎掌國史，集注起居。爲清簡之職，多由士族貴游擔任。

[2]西昌：縣名。治所在今江西泰和縣西。

[3]益州：州名。治成都縣，在今四川成都市。

　　[4]鄧元起：字仲居，南郡當陽（今湖北當陽市）人。歷仕齊、梁，官至益州刺史，封當陽縣侯。本書卷五五、《梁書》卷一○有傳。

　　[5]剋劉季連功：齊東昏侯永元三年（501）正月，蕭衍起兵討東昏侯蕭寶卷時，益州刺史劉季連持兩端。蕭衍平京邑爲梁公，命鄧元起爲益州刺史，劉季連以兵拒之。季連戰敗，降，成都平定。

　　[6]郫：縣名。治所在今四川成都市郫都區。　繁：縣名。治所在今四川成都市新都區新繁街道。

　　[7]平肩輿：用人力抬扛的轎子。其制爲二長竿，中設軟椅以坐人。

　　九年，[1]徵爲太子中庶子。[2]初，鄧元起之在蜀也，崇於聚斂，財貨山積。金玉珍帛爲一室，[3]名爲內藏；綺縠錦罽爲一室，號曰外府。藻以外府賜將帥，內藏歸王府，不有私焉。及是還朝，輕裝就路。再遷侍中。

　　[1]九：汲古閣本、殿本作“元”。《梁書》卷二三《蕭藻傳》作“九年”。
　　[2]太子中庶子：官名。東宮官員，掌侍從及文翰。員四人。梁十一班。
　　[3]珍帛：殿本同，汲古閣本作“璉帛”。

　　藻性謙退，不求聞達，善屬文，尤好古體。自非公宴，未嘗妄有所爲，縱有小文，成輒棄本。歷雍、兗二州刺史。頻蒞州鎮，人吏咸稱之。推善下人，常如弗及。普通六年，爲軍師將軍，[1]與西豐侯正德北侵渦陽，[2]輒班師，爲有司奏，免官削爵土。八年，復封爵。中大通三年，爲中軍將軍，[3]太子詹事，[4]出爲丹陽尹。[5]帝每稱其小字，歎曰：“子弟並如迦葉，吾復何憂。”入爲尚書左僕射，[6]加侍中，固辭，不許。大同五年，[7]遷中衛將軍、開府儀同三司、中書令，[8]侍中如故。

[1]軍師將軍：官名。南朝梁爲一百二十五號將軍之一，十九班。

[2]西豐：縣名。治所在今江西撫州市臨川區西南。　渦陽：縣名。治所在今安徽蒙城縣。

[3]中軍將軍：官名。南朝梁與中權、中衛、中撫將軍合稱四中將軍，衹授予在京師任職者，職任頗重。爲一百二十五號將軍之一，二十三班。

[4]太子詹事：官名。東宮官員，總理東宮庶務，或參議大政，職任甚重。梁十四班。

[5]丹陽尹：官名。京師所在丹陽郡行政長官。宋三品。梁官品不詳。丹陽，郡名。治建康縣，在今江蘇南京市。

[6]尚書左僕射：官名。佐尚書令知省事，並與尚書分領諸曹。梁十五班。

[7]大同：南朝梁武帝蕭衍年號（535—546）。

[8]中衛將軍：官名。南朝梁四中將軍之一，二十三班。　開府儀同三司：官名。非三公而儀制同於三公之稱。梁諸將軍開府儀同三司十七班。

藻性恬靜，獨處一室，牀有膝痕，宗室衣冠莫不楷則。[1]常以爵祿大過，每思屏退，門庭閑寂，賓客罕通。

簡文尤敬愛之。[2]自遭家禍，恒布衣蒲席，不食鮮禽，非公庭不聽音樂，武帝每以此稱之。

[1]衣冠：代指士大夫、官紳。

[2]簡文：梁簡文帝蕭綱。字世讚，小字六通。梁武帝第三子。武帝天監五年（506），封晉安王。中大通三年（531）爲皇太子。太清三年（549），梁武帝去世，即皇帝位。大寶二年（551）冬十月壬寅，去世，時年四十九。本書卷八、《梁書》卷四有紀。

出爲南徐州刺史。[1]侯景亂，藻遣世子彧率兵入援。及城開，加散騎常侍。侯景遣其儀同蕭邕代之據京口，[2]藻因感氣疾。或勸奔江北，[3]藻曰："吾國之台鉉，[4]任寄特隆，既不能誅翦逆賊，正當同死朝廷耳。"因不食而薨。[5]

[1]南徐州：州名。治京口城，在今江蘇鎮江市。

[2]京口：地名。南徐州鎮所。

[3]江北：長江以北。此指魏。

[4]台鉉：即臺鼎，比喻宰相重臣。鉉，鼎耳。

[5]不食而薨：按，據《梁書》卷二三《蕭藻傳》載："太清三年，薨，時年六十七。"

藻弟猷，封臨汝侯，[1]爲吳興郡守。[2]性倜儻，與楚王廟神交，飲至一斛。每酹祀，[3]盡歡極醉，神影亦有酒色，所禱必從。

[1]臨汝：縣名。治所在今江西撫州市臨川區西。

[2]吳興：郡名。治烏程縣，在今浙江湖州市。

[3]酹祀：把酒倒在地上進行祭祀。

後爲益州刺史，侍中，中護軍。時江陽人齊苟兒反，衆十萬攻州城，猷兵糧俱盡，人有異心。乃遙禱請救。是日有田老逢一騎浴鐵從東方來，問去城幾里，曰"百四十"。時日已晡，[1]騎舉稍曰："後人來，可令之疾馬，欲及日破賊。"俄有數百騎如風，一騎過請飲，田老問爲誰，曰："吳興楚王來救臨汝侯。"當此時，廟中請祈無驗。[2]十餘日，乃見侍衛土偶皆泥濕如汗者。是月，[3]猷大破苟兒。猷在州頗僭濫，客筵內遂有香橙，[4]不置連榻。[5]武帝末知之，以此爲憾。還都，以憂愧成疾，卒，謚曰靈，以與神交也。

[1]晡：即晡時，相當於下午三時至五時。

[2]祈：殿本同，汲古閣本作"所"。

[3]是月：中華本據《太平御覽》卷八二二引及《通志》改爲"是日"。

[4]香橙：中華本校勘記云："按'橙'爲'凳'之或體字。《太平御覽》卷七〇六引，注'橙'音'都稜切'，則非柑屬之香橙。"

[5]榻：殿本同，汲古閣本作"傷"。周一良認爲，橙乃几案之類，香橙略當後代之香案，除了寺院外，香橙多爲皇帝所用。連榻，當是可坐數人之榻，與獨榻相對應而言，蓋視榻所置地位之高下，而定其尊重或疏遠，蕭猷不置連榻，則賓客盡是獨榻，所以被目爲汰侈僭濫（參見周一良《魏晉南北朝史札記·南史札記》"香橙、連榻"條，第472—473頁）。

　　猷子韶字德茂，初封上甲縣都鄉侯。[1]太清初爲舍人，[2]城陷奉詔西奔。及至江陵，人士多往尋覓，令韶說城內事，韶不能人人爲說，乃疏爲一卷，客問者便示之。湘東王聞而取看，謂曰：“昔王韶之爲《隆安紀》十卷，[3]說晉末之亂離。今之蕭韶亦可爲《太清紀》十卷矣。”韶乃更爲《太清紀》。其諸議論，多謝吳爲之。韶既承旨撰著，多非實錄，湘東王德之，改超繼宣武王，封長沙王，遂至郢州刺史。

　　[1]上甲：縣名。治所在今江西湖口縣東南。
　　[2]太清：南朝梁武帝蕭衍年號（547—549）。
　　[3]王韶之：字休泰，琅邪臨沂（今山東臨沂市）人。南朝宋官吏。家貧好學，尤好史籍，博涉多聞。得父舊書，因私撰《晉安帝陽秋》。及成，時人謂宜居史職，即除著作佐郎，使續後事。本書卷二四有附傳，《宋書》卷六〇有傳。　隆安：東晉安帝司馬德宗年號（397—401）。

　　韶昔爲幼童，庾信愛之，[1]有斷袖之歡，衣食所資，皆信所給。遇客，韶亦爲信傳酒。後爲郢州，信西上江陵，途經江夏，韶接信甚薄，坐青油幕下，引信入宴，坐信別榻，[2]有自矜色。信稍不堪，因酒酣，乃徑上韶牀，踐蹋肴饌，直視韶面，謂曰：“官今日形容大異近日。”時賓客滿坐，韶甚慙耻。

　　[1]庾信：字子山，南陽新野（今河南新野縣）人。博覽群書，尤善《春秋左氏傳》。善文章辭令，爲東宮學士、建康令。

《周書》卷四一、《北史》卷八三有傳。

[2]別榻：即獨榻。不敬時亦有用別榻者。蕭韶接待庾信甚薄而讓其坐別榻就是一例（參見周一良《魏晉南北朝史札記·南史札記》"香橙、連榻"條，第472—473頁）。

韶弟駿字德款，善草隸，工文章，晚更習武，旅力絕人，與永安侯碓相類。[1]位尚書殿中郎、起武將軍，[2]封南安侯。[3]城陷，爲賊任約所禮。[4]謀召鄱陽嗣王範襲約，[5]反爲所害。

[1]永安侯碓：蕭碓。字仲正，梁邵陵王蕭綸之子。侯景陷京師，蕭碓謀射殺景，弦斷不得發，賊覺，害之。本書卷五三、《梁書》卷二九有附傳。永安，縣名。治所在今重慶奉節縣東白帝城。

[2]尚書殿中郎：官名。尚書省屬官。隸左僕射，掌駕行百官、留守名帳、宮殿禁衛、供御衣倉等事。 起武將軍：中華本改作"超武將軍"，其校勘記云："'超武'各本訛'起武'，據《册府元龜》七八六及《梁書·侯景傳》改。按梁官制有超武將軍。"按，應從改。超武將軍，將軍名號。梁置，爲武帝大通三年（529）更定之二百四十二號將軍之一。班品不詳。

[3]南安：縣名。治所在今湖北武漢市新洲區。

[4]任約：侯景將，軍敗，降梁。

[5]鄱陽嗣王範：蕭範。梁武帝弟蕭恢之。嗣父爵爲鄱陽王。本書卷五二、《梁書》卷二二有附傳。鄱陽，郡名。治鄱陽縣，在今江西鄱陽縣。

猷弟朗字靖徹，天監五年，例以王子封侯。歷太子洗馬，桂州刺史，[1]加都督。性倨而虐，群下患之。記室庾丹以忠諫見害，帝聞之，使於嶺表以功自效。丹父景休位御史中丞。[2]丹少有儁才，與伏挺、何子朗俱爲周捨所狎。[3]初景休罷巴東郡，[4]頗有資産，丹負錢數百萬，責者填門。景休怒，不爲之償。既而朝賢之丹不之景休，景休悦，乃悉爲還之。爲建康正，[5]坐事流廣州。

[1]桂州：州名。治始安縣，在今廣西桂林市。

[2]御史中丞：官名。御史臺長官。掌督司百僚。梁十一班。

[3]伏挺：字士標，平昌安丘（今山東安丘市）人。有才思，好屬文。少有盛名，又善處當世，朝中權貴多與交游。曾避罪而爲道人。侯景亂中卒。本書卷七一有附傳，《梁書》卷五〇有傳。　何子朗：字世明，東海郯（今山東郯城縣）人。早有才思，周捨每與共談，服其精理。本書卷七二、《梁書》卷五〇有附傳。　周捨：字昇逸，汝南安成（今河南汝南縣）人。梁武帝時，召拜尚書祠部郎。禮儀損益，多自捨出。本書卷三四有附傳，《梁書》卷二五有傳。

[4]巴東：郡名。治魚復縣，在今重慶奉節縣東白帝城。

[5]建康正：官名。又稱建康獄正。與建康監、平合稱建康三官，掌京師建康刑獄。梁武帝天監元年（502）置，員一人。四班。

朗弟明字靖通，少被武帝親愛，封貞陽侯。[1]太清元年，爲豫州刺史，百姓詣闕拜表，言其德政，樹碑于州門内。及碑匠採石出自肥陵，明乃廣營厨帳，多召人物，躬自率領牽至州。識者笑之，曰："王自立碑，非州人也。"

[1]貞陽：縣名。屬湘州始興郡。治所在今廣東英德市東南滃

江北。

　　武帝既納侯景，大舉北侵，使南康王會理總兵，明乃拜表求行。固請，乃許之。會理已至宿預，[1]詔改以明代爲都督水陸諸軍趣彭城，[2]大圖進取。敕曰：“侯景志清鄴、洛，以雪讎恥。其先率大軍，隨機撫定。汝等衆軍可止於寒山築堰，[3]引清水以灌彭城。大水一沉，孤城自殄，慎勿妄動。”明師次呂梁十八里，作寒山堰以灌彭城，水及于堞，不没者三板。魏遣將慕容紹宗赴救，[4]明謀略不出，號令莫行。諸將每諮事，輒怒曰：“吾自臨機制變，勿多言。”衆乃各掠居人，明亦不能制，唯禁其一軍無所侵掠。

　　[1]宿預：城名。在今江蘇宿遷市東南舊黃河東北岸古城。
　　[2]彭城：郡名。治彭城縣，徐州鎮所，在今江蘇徐州市。
　　[3]寒山：在今江蘇徐州市東南。蕭淵明攻東魏，於此築堰引泗水以灌彭城，死傷甚衆。
　　[4]慕容紹宗：鮮卑人，東魏大將。《北齊書》卷二〇、《北史》卷五三有傳。

　　紹宗至，決堰水，明命將救之，莫肯出。魏軍轉逼，人情大駭。胡貴孫謂趙伯超曰：“不戰何待。”伯超懼不能對。貴孫乃入陳苦戰，伯超擁衆弗敢救，曰：“與戰必敗，不如全軍早歸。”乃使具良馬，載其愛妾自隨。貴孫遂没。伯超子威方將赴戰，伯超懼其出，使人召之，遂相與南還。

明醉不能興，衆軍大敗，明見俘執。北人懷其不侵掠，謂之義王。及至魏，魏帝引見明及諸將帥，釋其禁，送晉陽。[1]勃海王高澄禮明甚重，[2]謂曰："先王與梁主和好十有餘年，[3]聞彼禮佛文，常云奉爲魏主并及先王，[4]此甚是梁主厚意。不謂一朝失信，致此紛擾。"因欲與梁通和，使人以明書告武帝，方致書以慰高澄。

[1]晉陽：縣名。治所在今山西太原市西南。
[2]勃海王高澄：東魏大丞相高歡之子。歡卒，澄擅權，以侯景降梁，因設間，使侯景自疑而作亂，故求與梁通好。《北齊書》卷三、《北史》卷六有紀。
[3]先王：指高澄父高歡。
[4]魏主：指東魏孝静帝元善見。

東魏除明散騎常侍。及聞社稷淪蕩，哀泣不捨晝夜。魏平江陵，齊文宣使送明至梁，[1]并前所獲梁將湛海珍等皆聽從明歸。令上黨王渙率衆送之。[2]是時太尉王僧辯、司空陳霸先在建康，[3]推晉安王方智爲太宰、都督中外諸軍事，[4]承制置百官。渙軍漸進，明與僧辯書求迎，僧辯不從。及渙破東關，[5]斬裴之橫，[6]僧辯懼，乃納明。於是梁輿東度，齊師北反。

[1]齊文宣：即北齊文宣帝高洋。字子進，渤海蓨（今河北景縣）人。北齊神武帝高歡第二子。公元550年至559年在位。《北齊書》卷四、《北史》卷七有紀。
[2]上黨王渙：高渙。北齊神武帝高歡第七子。齊文宣帝天保初，封上黨王。《北齊書》卷一〇、《北史》卷五一有傳。上黨，

郡名。治壺關城，在今山西長治市北。

[3]王僧辯：字君才，太原祁（今山西祁縣）人。初爲北魏將領，梁初隨父南渡，任湘東王蕭繹府中司馬等職。後與陳霸先收復建康。蕭繹即位後，爲太尉。梁元帝被殺，僧辯又立北齊扶持的蕭淵明爲帝。終爲陳霸先所害。本書卷六三有附傳，《梁書》卷四五有傳。　建康：城名。六朝京師，即今江蘇南京市。

[4]晋安王方智：即南朝梁敬帝蕭方智。梁武帝之孫、梁元帝之子，元帝承聖元年（552）爵晋安王。本書卷八、《梁書》卷六有紀。　太宰：官名。位居百官之首，常執朝政。東晋、南朝多用作贈官，安置元老重臣。梁十八班。　都督中外諸軍事：官名。全國最高軍事統帥。總統禁衛軍、地方軍等全國各種軍隊。權力極大，歷代不常置。

[5]東關：地名。即今安徽巢湖市東南東關。

[6]裴之横：字如岳，河東聞喜（今山西聞喜縣）人。晋安王承制，以之横爲徐州刺史，都督衆軍，出守蘄城。之横營壘未周，而齊軍大至，兵盡矢窮，遂於陣没。本書卷五八、《梁書》卷二八有附傳。

明至，望朱雀門便長慟，[1]迄至所止，道俗參問，皆以哭對之。及稱尊號，改承聖四年爲天成元年，[2]大赦境内。以方智爲太子，授王僧辯大司馬，[3]遣其子章馳到齊拜謝。齊遇明及僧辯使人，在館供給宴會豐厚，一同武帝時使。及陳霸先襲殺僧辯，復奉晋安王，是爲敬帝，而以明爲太傅、建安王。報齊云：“僧辯陰謀篡逆，故誅之。”仍請稱臣于齊，永爲蕃國。齊遣行臺司馬恭及梁人盟於歷陽。[4]明年，齊人徵明，霸先猶稱蕃，將遣使送明，疽發背死。時王琳與霸先相抗，齊文宣遣兵納永嘉王莊主梁祀，[5]追謚明曰閔皇帝。

[1]朱雀門：京師建康城南門。在今江蘇南京市中華門內，秦淮河岸。

[2]承聖：南朝梁元帝蕭繹年號（552—555）。　天成：南朝梁貞陽侯蕭淵明年號（555）。

[3]大司馬：官名。掌軍事。南朝不常授，多爲贈官。梁十八班。

[4]遣：殿本同，汲古閣本作“建”。　行臺：官署名。代行尚書臺職權的地方行政機構。此處代指行臺長官。

[5]永嘉王莊：蕭莊。梁元帝蕭繹之孫。元帝即位，封爲永嘉王。魏剋江陵之時，永嘉王莊年僅七歲，逃匿人家。後王琳迎還湘中，衛送東下。及梁敬帝立，出質於齊，請納莊爲梁主。齊文宣遣兵援送。　祀：殿本同，汲古閣本作“嗣”。

永陽昭王敷字仲達，文帝第二子也。少有學業，仕齊爲隨郡內史。招懷遠近，士庶安之，以爲前後之政莫及。明帝謂徐孝嗣曰：[1]“學士舊聞例不解理官，聞蕭隨郡唯置酒清言，而路不拾遺，行何風化以至於此？”答曰：“古者脩文德以來遠人，況止郡境而已。”帝稱善。徵爲廬陵王諮議參軍，[2]卒。武帝即位，贈司空，封永陽郡王，[3]謚曰昭。天監二年，子伯游嗣。

[1]明帝：南朝齊明帝蕭鸞。公元494年至498年在位。本書卷五、《南齊書》卷六有紀。　徐孝嗣：字始昌，東海郯（今山東郯城縣）人。永元元年（499）被東昏侯所害。和帝即位，追贈太尉。本書卷一五有附傳，《南齊書》卷四四有傳。

[2]廬陵王：蕭寶源。字智淵，齊明帝第五子。本書卷四四、《南齊書》卷五〇有傳。　諮議參軍：官名。東晉、南朝時王府、丞相府、公府、位從公府、州軍府皆置。無定員，亦不常置。品級隨府主而定，高低不等。

[3]永陽：郡名。治營浦縣，在今湖南道縣西北。

伯游字士仁，位會稽太守，薨，謚曰恭。

衡陽宣王暢，[1]文帝第四子也。有美名，仕齊位太常，封江陵縣侯。卒。天監元年，追贈開府儀同三司，封衡陽郡王，謚曰宣。

[1]衡陽：郡名。治湘西縣，在今湖南株洲市西南。

三年，子元簡位郢州刺史，卒於官，謚曰孝。葬將引，柩有聲，議者欲開視。王妃柳氏曰：“晉文已有前例，不聞開棺。無益亡者之生，徒增生者之痛。”[1]遂止。少子獻嗣。

[1]晉文：指晉文公重耳。《左傳》僖公三十二年云：“冬，晉文公卒。庚辰，將殯于曲沃。出絳，柩有聲如牛。卜偃使大夫拜，曰：‘君命大事：將有西師過軼我，擊之，必大捷焉。’”

桂陽簡王融，[1]文帝第五子也。仕齊位太子洗馬，與宣武王懿俱遇害。天監元年，贈撫軍大將軍，封桂陽郡王，謚曰簡。無子，詔以長沙宣武王第九子象嗣。

[1]桂陽：郡名。治郴縣，在今湖南郴州市。

象字世翼，容止閑雅，簡於交游，事所生母以孝聞。位丹陽尹。象生長深宮，始親庶政，舉無失德，朝廷稱之。再遷湘州刺史，加都督。湘州舊多猛獸爲暴，及象任州日，四猛獸死于郭外，自此静息，故老咸稱政德所感。歷位太常卿，[1]加侍中，兼遷秘書監。薨，謚曰敦。子慥嗣。

[1]太常卿：官名。南朝梁十二卿之一，掌禮樂、祀祠、文教。十四班。

慥字元貞，位信州刺史，[1]有威惠。太清二年，赴援臺城，[2]遇敕還蕃。尋爲張纘所構，書報湘東王曰："河東、桂陽二蕃，掎角欲襲江陵。"湘東乃水步兼行至荆鎮。慥尚軍江津，[3]不以爲意，湘東至，乃召慥，深加慰喻，慥心乃安。後留止省内，慥心知禍及，遂肆醜言。湘東大怒，付獄殺之。

[1]信州：州名。治魚復縣，在今重慶奉節縣東白帝城。
[2]臺城：六朝時的禁城。宋人洪邁《容齋續筆》卷五《臺城少城》云："晋宋間謂朝廷禁省爲臺，故稱禁城爲臺城。"按，晋及六朝之臺城，在今江蘇南京市雞籠山南，其地本三國吳後苑城，東晋成帝時改建作新宫，遂爲宫城。歷宋齊梁陳，皆爲臺省（中央政府）和宫殿所在地。
[3]江津：戍名。一名奉城，在今湖北荆州市沙市東南，爲屯兵要地。

臨川靜惠王宏字宣達，[1]文帝第六子也。長八尺，美鬚眉，容止可觀。仕齊爲北中郎桂陽王功曹史。[2]宣武之難，兄弟皆被收。道人釋惠思藏宏。及武帝師下，宏至新林奉迎。[3]建康平，[4]爲中護軍，[5]領石頭戍事。[6]天監元年，封臨川郡王，位揚州刺史，[7]加都督。

[1]臨川靜惠王宏字宣達：按，王鳴盛《十七史商榷》卷六三《臨川王宏與〈梁書〉大異》："標題云'靜惠'，文中作'靖惠'，標題傳寫誤。張敦頤《六朝事迹》卷下《墳陵》《碑刻》二門皆作'靖惠'，是。"靜、靖古字通用。又王鳴盛《十七史商榷·臨川王宏與〈梁書〉大異》云："臨川靜惠王宏，梁武帝之嫡弟也。《南史》於其傳醜言詆斥，不遺餘力，始則武帝使之侵魏，部分乖方，無故自却，使百萬精兵一朝奔潰。其平日則藏匿殺人之賊於府内，有司無如之何。又武帝遇之恩甚篤，而宏謀弑武帝，且奢侈無度，恣意聚斂，驅奪民間田宅。又與永興公主私通，公主，武帝之女，於宏爲嫡姪女，遂復與同謀弑逆，以齋日使二僮挾刀入幕下，事覺搜得刀，帝乃殺僮而秘其事。若《梁書》本傳，則於宏事全篇皆用襃詞，其北伐係因征役久，奉詔班師，且盛稱其孝行及居喪盡禮，又叙其政事之美，在揚州刺史二十餘年，寬和篤厚，生平竟一無玷缺。《南史》與《齊》《梁書》多異，而此傳尤乖剌之甚者，此則恐《南史》爲得其實。姚思廉父子或與之有連，爲隱諱，未可知也。宏之子正德與同產妹奸，鳥獸行；又鉤致侯景，賣國與賊。正德弟正表臣事侯景，又據地叛投齊，想其家法必有所自來，則乃父之逆惡，理宜有之。《通鑑》第一百四十六卷書臨川無故規避，奔潰喪師，殘民誤國之罪甚詳，皆與《南史》合。"

[2]仕齊爲北中郎桂陽王功曹史：按，《梁書》卷二二《臨川王宏傳》在此句前有"齊永明十年，爲衛軍廬陵王法曹行參軍，遷太子舍人。時長沙王懿鎮梁州，爲魏所圍。明年，給宏精兵千人赴

援，未至，魏軍退。遷驃騎晋安王主簿”一段。北中郎，官名。北中郎將之省稱。東、西、南、北四中郎將之一，統兵征伐，或鎮守某一地區爲方面大員。南朝多以宗室諸王擔任，職任頗重。宋四品。齊官品不詳。桂陽王，蕭昭粲。齊文惠太子第四子。本書卷四四、《南齊書》卷五〇有傳。功曹史，官名。軍州郡府屬官，掌官吏選舉賞罰事。齊官品不詳。

[3]新林：地名。即今江蘇南京市西南西善橋鎮。

[4]建康平：齊東昏侯永元三年（501），蕭衍軍包圍京師建康。十二月，城内誅東昏侯，送首蕭衍。建康城平定。事詳《梁書》卷一《武帝紀上》。

[5]中護軍：官名。資輕於護軍而職掌同。掌京畿以外諸軍，職任甚重。宋三品。齊官品不詳。

[6]領：官制術語。已有實授主職，又兼任較低職務而不居其位。　石頭戍：即石頭城。

[7]楊州：州名。亦作“揚州”。治建康縣，在今江蘇南京市。

　　四年，武帝詔宏都督諸軍侵魏。宏以帝之介弟，[1]所領皆器械精新，軍容甚盛，北人以爲百數十年所未之有。軍次洛口，[2]前軍剋梁城。[3]宏部分乖方，多違朝制，諸將欲乘勝深入，宏聞魏援近，畏懦不敢進，召諸將欲議旋師。吕僧珍曰：[4]“知難而退，不亦善乎。”宏曰：“我亦以爲然。”柳惔曰：[5]“自我大衆所臨，何城不服，何謂難乎？”裴邃曰：[6]“是行也，固敵是求，何難之避？”馬仙琕曰：[7]“王安得亡國之言。天子掃境内以屬王，有前死一尺，無却生一寸。”昌義之怒鬚盡磔，[8]曰：“吕僧珍可斬也。豈有百萬之師，輕言可退，何面目得見聖主乎！”朱僧勇、胡辛生拔劍而起曰：“欲退自退，下官當前向取死！”議者已罷，僧珍謝諸將曰：“殿下昨來風動，意不在軍，深恐大致沮喪，欲使全師而反。”又私裴邃曰：“王非止全無經略，庸怯過甚。吾與言軍事，都不相入。觀此形勢，豈能成功。”宏不敢便違群議，停軍不前。魏人知其不武，遺以巾幗。北軍歌曰：“不畏蕭娘與呂姥，但畏合肥有韋武。”武謂韋叡也。[9]僧珍歎曰：“使始興、吳平爲元帥，我相毗輔，中原不足平。今遂敵人見欺如此。”乃欲遣裴邃分軍取壽陽，[10]大衆停洛口。宏固執不聽，乃令軍中曰：“人馬有前行者斬。”自是軍政不和，人懷憤怒。

[1]介弟：愛弟。

[2]洛口：地名。即今安徽淮南市東北青洛河與高塘湖北入淮河之口。

[3]梁城：城名。在今安徽淮南市田家庵附近。

[4]呂僧珍：字元瑜，東平范（今山東梁山縣）人，世居廣陵。家甚寒微。梁武帝以僧珍爲輔國將軍、步兵校尉，出入臥內，宣通意旨。及武帝受禪，爲冠軍將軍、前軍司馬，封平固縣侯。本書卷五六、《梁書》卷一一有傳。

[5]柳惔：字文通，河東解（今山西臨猗縣）人。梁武帝起兵，惔舉漢中應義。武帝天監四年（505），大舉北伐，臨川王宏都督衆軍，以惔爲副。本書卷三八有附傳，《梁書》卷一二有傳。

[6]裴邃：字深明（《梁書》作“淵明”），河東聞喜（今山西聞喜縣）人。齊東昏侯時，始安王蕭遙光爲揚州刺史，引邃爲參軍。遙光敗，邃還壽陽，會刺史裴叔業以壽陽降魏，遂隨衆北徙。魏宣武帝雅重之。仕魏爲魏郡太守。魏遣王肅鎮壽陽，邃固求隨肅，密圖南歸。梁武帝天監初，自拔南還。本書卷五八、《梁書》

卷二八有傳。

[7]馬仙琕：字靈馥，扶風郿（今陝西眉縣）人。仕齊位豫州刺史。梁武帝天監四年，興師侵魏，仙琕每戰，恒冠三軍，與諸將論議，口未嘗言功。本書卷二六有附傳，《梁書》卷一七有傳。

[8]昌義之：歷陽烏江（今安徽和縣）人。本書卷五五、《梁書》卷一八有傳。

[9]武：《通志》作“虎”，此避唐高祖祖父李虎諱改。　韋叡：字懷文，京兆杜陵（今陝西西安市長安區）人。本書卷五八、《梁書》卷一二有傳。

[10]壽陽：縣名。治所在今安徽壽縣。

魏奚康生馳遣楊大眼謂元英曰：[1]“梁人自尅梁城已後，久不進軍，其勢可見，當是懼我。王若進據洛水，彼自奔敗。”元英曰：“蕭臨川雖騃，其下有好將韋、裴之屬，亦未可當。望氣者言九月賊退，今且觀形勢，未可便與交鋒。”

[1]奚康生：北魏大將。其先胡人，性驍勇，官至右衛將軍。《魏書》卷七三、《北史》卷三七有傳。　元英：北魏宗室，爵中山王，官至尚書僕射。《魏書》卷一九下、《北史》卷一八有附傳。

張惠紹次下邳，[1]號令嚴明，所至獨剋，下邳人多有欲來降。惠紹曰：“我若得城，諸卿皆是國人；若不能破賊，徒令公等失鄉，非朝廷弔人本意也。今且安堵復業，勿妄自辛苦。”降人咸悦。

[1]張惠紹：字德繼，義陽（今河南信陽市）人。少有武幹，

仕齊爲竟陵橫桑戍主。聞梁武帝起兵，乃自歸，累有戰功。本書卷
五五、《梁書》卷一八有傳。 下邳：縣名。治所在今江蘇睢寧縣
西北古邳鎮東。

九月，洛口軍潰，宏棄衆走。其夜暴風雨，軍驚，
宏與數騎逃亡。諸將求宏不得，衆散而歸。棄甲投戈，
填滿水陸，捐棄病者，强壯僅得脱身。宏乘小船濟江，
夜至白石壘，[1]款城門求入。臨汝侯登城謂曰："百萬之
師，一朝奔潰，國之存亡，未可知也。恐姦人乘間爲
變，城門不可夜開。"宏無辭以對，乃縋食饋之。惠紹
聞洛口敗，亦退軍。

[1]白石壘：地名。宋張敦頤《六朝事迹編類》卷三《白下縣
城》云："按《圖經》及《寰宇記》引《輿地志》云：'本江乘之白
石壘也。'齊武帝以其地帶江山，移琅琊居之。"在今江蘇南京
市北。

六年，遷司徒，領太子太傅。[1]八年，爲司空、揚
州刺史。十一年正月，爲太尉。其年冬，以公事左遷驃
騎大將軍、開府同三司之儀，[2]未拜，遷揚州刺史。十
二年，加司空。十五年，所生母陳太妃薨，去職。尋起
爲中書監，驃騎大將軍、揚州刺史如故。

[1]太子太傅：官名。掌輔導太子，由德高望重者出任。梁十
六班。
[2]驃騎大將軍：官名。位在諸將軍之上，南朝爲優禮大臣的
最高榮譽稱號。 開府同三司之儀：《資治通鑑》卷一五七《梁紀

十三》胡三省注云："梁開府儀同三司之下，又有開府同三司之儀。"

宏妾弟吳法壽性麤狡，恃宏無所畏忌，輒殺人。死家訴，有敕嚴討。法壽在宏府內，無如之何。武帝制宏出之，即日償辜。南司奏免宏司徒、驃騎、揚州刺史。[1]武帝注曰："愛宏者兄弟私親，免宏者王者正法，所奏可。"

[1]南司：指御史中丞。因御史臺在尚書省之南，故稱南臺，其長官稱"南司"。

宏自洛口之敗，常懷愧憤，都下每有竊發，輒以宏爲名，屢爲有司所奏，帝每貰之。十七年，帝將幸光宅寺，[1]有士伏於驃騎航待帝夜出。[2]帝將行心動，乃於朱雀航過。[3]事發，稱爲宏所使。帝泣謂宏曰："我人才勝汝百倍，當此猶恐顛墜，汝何爲者。我非不能爲周公、漢文，[4]念汝愚故。"宏頓首曰："無是，無是。"於是以罪免。而縱恣不悛，奢侈過度，脩第擬於帝宮，後庭數百千人，皆極天下之選。所幸江無畏服玩侔於齊東昏潘妃，寶屧直千萬。好食鯽魚頭，常日進三百，其佗珍膳盈溢，後房食之不盡，棄諸道路。江本吳氏女也，世有國色，親從子女徧游王侯後宮，男免兄弟九人，[5]因權勢橫於都下。

[1]光宅寺：佛寺名。建於梁武帝天監六年（507）。《建康實

錄》卷一七云：“（天監六年）置光宅寺，西去縣十里。”

[2]驃騎航：又名小航。在今江蘇南京市南秦淮河上。

[3]朱雀航：浮橋名。又名朱爵桁、朱雀橋、大航，在今江蘇南京市南秦淮河上。宋張敦頤《六朝事迹編類》卷二《朱雀航》云：“晋咸康二年作朱雀門，新立朱雀浮航，在縣城東南四里，對朱雀門。南渡淮水，亦名朱雀橋。《輿地志》云：吳南津大航橋也。王敦作亂，温嶠燒絶。至是始用杜預河橋法作之。《地志》云：朱雀門孔對吳都城宣陽門，相去六里，爲御道，夾御溝植柳。”

[4]周公：即周公旦。周武王去世後，輔佐成王。事見《史記》卷三三《魯周公世家》。 漢文：即西漢文帝。《史記》卷一〇、《漢書》卷四有紀。

[5]男：汲古閣本同，殿本作“難”。

　　宏未幾復爲司徒。普通元年，遷太尉、揚州刺史，侍中如故。七年四月薨，自疾至薨，輿駕七出臨視。及薨，詔贈侍中、大將軍、揚州牧，[1]假黄鉞，[2]并給羽葆、鼓吹一部，[3]增班劍爲六十人，謚曰靖惠。

[1]揚：殿本同；汲古閣本作“大”，誤。

[2]黄鉞：以黄金爲飾的鉞，古代天子帝王用爲儀仗。大將軍加黄鉞者，權位極重，在三公之上。在軍事行動中，假黄鉞有誅殺持節將軍的權力。

[3]羽葆：以鳥羽爲飾的儀仗。南朝諸王大臣有殊功者，加羽葆。 鼓吹：樂名。本軍樂，皇帝出行亦奏。漢魏以下，亦用以贈賜有功之臣。

　　宏以介弟之貴，無佗量能，恣意聚斂。庫室垂有百間，在內堂之後，關籥甚嚴。有疑是鎧仗者，密以聞。武帝於友于甚厚，殊不悅。宏愛妾江氏寢膳不能暫離，上佗日送盛饌與江曰："當來就汝懽宴。"唯攜布衣之舊射聲校尉丘佗卿往，與宏及江大飲，半醉後謂曰："我今欲履行汝後房。"便呼後閤輿徑往屋所。宏恐上見其賄貨，顏色怖懼。上意彌信是仗，屋屋檢視。宏性愛錢，百萬一聚，黃牓標之，千萬一庫，懸一紫標，如此三十餘間。帝與佗卿屈指計見錢三億餘萬，餘屋貯布絹絲綿漆蜜絍蠟朱沙黃屑雜貨，但見滿庫，不知多少。帝始知非仗，大悅，[1]謂曰："阿六，汝生活大可。"方更劇飲，至夜舉燭而還。兄弟情方更敦睦。

[1]大：殿本同，汲古閣本作"太"。

宏都下有數十邸出懸錢立券，每以田宅邸店懸上文券，期訖便驅券主，奪其宅。都下東土百姓，失業非一。帝後知，制懸券不得復驅奪，自此後貧庶不復失居業。晉時有《錢神論》，[1]豫章王綜以宏貪吝，[2]遂爲《錢愚論》，其文甚切。帝知以激宏，宣旨與綜："天下文章何限，那忽作此？"雖令急毀，而流布已遠，宏深病之，聚斂稍改。

[1]《錢神論》：魯襃著。襃字元道，南陽（今河南南陽市）人。好學多聞，以貧素自立。晉惠帝元康之後，綱紀大壞，襃傷時之貪鄙，乃隱姓名，而著《錢神論》以刺之。見《晉書》卷九四《魯襃傳》。

[2]豫章王綜：蕭綜。梁武帝子。本書卷五三、《梁書》卷五五有傳。豫章，郡名。治南昌縣，在今江西南昌市。

宏又與帝女永興主私通，因是遂謀弒逆，許事捷以爲皇后。帝嘗爲三日齋，諸主並豫，永興乃使二僮衣以婢服。僮踰閫失屨，閣帥疑之，密言於丁貴嬪，欲上言懼或不信，乃使宮帥圖之。帥令內與人八人，纏以純綿，立於幕下。齋坐散，主果請間，帝許之。主升階，而僮先趣帝後。八人抱而擒之，帝驚墜於牀。搜僮得刀，辭爲宏所使。帝秘之，殺二僮於內，以漆車載主出。主恚死，帝竟不臨之。帝諸女臨安、安吉、長城三主並有文才，而安吉最得令稱。

宏性好內樂酒，沈湎聲色，[1]侍女千人，皆極綺麗。慎衛寡方，故屢致降免。

[1]沈：通“沉”。汲古閣本同，殿本作“沉”。

宏子十人許，可知者七人，長子正仁字公業，位秘書丞，早卒，諡哀世子。正仁弟正義嗣。

正義字公威，初以王子封平樂侯，[1]位太常卿，南徐州刺史。屬武帝幸朱方，[2]正義修解宇以待興駕。初，京城之西有別嶺入江，高數十丈，三面臨水，號曰北固。[3]蔡謨起樓其上，以置軍實。是後崩壞，頂猶有小亭，登降甚狹。及上升之，下輦步進。正義乃廣其路，傍施欄楯。翌日上幸，遂通小興。上悅，登望久之，敕曰：“此嶺不足須固守，然京口實乃壯觀。”乃改曰北顧。

賜正義束帛。後爲東揚州刺史，[4]薨。正義弟正德。

[1]平樂：縣名。治所在今廣西平樂縣東北恭城河西北岸。
[2]朱方：丹徒縣之古名，治所在今江蘇鎮江市丹徒區東南。
[3]北固：即北固樓。在今江蘇鎮江市北長江邊北固山上。
[4]東揚州：州名。治山陰縣。在今浙江紹興市。

　　正德字公和，少而凶愿，招聚亡命，破冢屠牛，兼好弋獵。齊建武中，武帝胤嗣未立，養以爲子。及平建康，生昭明太子，[1]正德還本。天監初，封西豐縣侯，累遷吴郡太守。[2]正德自謂應居儲嫡，心常怏怏，每形於言。普通三年，以黄門侍郎爲輕車將軍，[3]置佐史。頃之奔魏。初去之始，爲詩一絶，内火籠中，即詠竹火籠，曰："楩榦屈曲盡，蘭麝氛氲銷，欲知懷炭日，正是履冰朝。"至魏稱是被廢太子。時齊蕭寶夤先在魏，[4]乃上表魏帝曰：[5]"豈有伯爲天子，父作揚州，棄彼密親，遠投佗國。不若殺之。"魏既不禮之，正德乃殺一小兒稱爲己子，遠營葬地，魏人不疑，又自魏逃歸。見於文德殿，[6]至庭叩頭。武帝泣而誨之，特復本封。

[1]昭明太子：蕭統。梁武帝太子。謚號昭明，故稱。本書卷五三、《梁書》卷八有傳。
[2]吴郡：郡名。治吴縣，在今江蘇蘇州市。
[3]黄門侍郎：官名。即給事黄門侍郎。門下省次官，與侍中共掌侍從左右、關通中外、儐相威儀等。出入禁中，權勢顯要。員四人。梁十班。
[4]蕭寶夤：齊明帝蕭鸞第六子，初封建安王，後改封鄱陽王。

《南齊書》卷五〇、《魏書》卷五九、《北史》卷二九有傳。清趙翼《廿二史劄記》卷九《齊書書法用意處》云："蕭寶寅避梁武之難逃入魏，封齊王。"錢大昕《廿二史考異》云："按，寶夤起兵不克奔魏，事見《魏史》。"

[5]魏帝：北魏孝明帝元詡。公元516年至527年在位。《魏書》卷九、《北史》卷四有紀。

[6]文德殿：又稱文德省。京師建康宮城內殿省名。

正德志行無悛，常公行剝掠。時東府有正德及樂山侯正則；[1]潮溝有董當門子暹，[2]世謂之董世子者也；南岸有夏侯夔世子洪。此四凶者，爲百姓巨蠹，多聚亡命，黃昏多殺人於道，謂之"打稽"。時勳豪子弟多縱恣，以淫盜屠殺爲業，父祖不能制，尉邏莫能禦。車服牛馬，號西豐駱馬，樂山烏牛。董暹金帖織成戰襖，[3]直七百萬。後正則爲劫，殺沙門，徙嶺南死。洪爲其父夔奏繫東冶，[4]死於徙。暹坐與永陽王妃王氏亂，誅。三人既除，百姓少安。正德淫虐不革，尋除給事黃門侍郎。

[1]樂山侯正則：蕭正則。梁臨川王蕭宏之子。初封樂山縣侯。樂山，縣名。治所在今廣東四會市北。

[2]潮溝：溝渠名。在京師建康城北。三國時吳鑿，以引江潮。六朝貴官多宅於其附近。

[3]襖：棉軍服。

[4]東冶：梁京師建康有東、西冶，爲冶鑄之所。東冶在建康城東南。

六年爲輕車將軍，隨豫章王北侵。正德輒棄軍委走，爲有司所奏下獄。帝復詔曰："汝以猶子，情兼常愛，故越先汝兄，剖符連郡。往年在蜀，昵近小人，猶謂少年情志未定。更於吳郡殺戮無辜，劫盜財物，雅然無畏。及還京師，專爲逋逃，乃至江乘要道，[1]湖頭斷路，[2]遂使京邑士女，早閉晏開。又奪人妻妾，略人子女，徐敖非直失其配匹，乃橫屍道路；王伯敖列卿之女，誘爲妾媵。我每加掩抑，冀汝自新，了無悛革，怨讎逾甚。遂匹馬奔亡，志懷反噬。遣信慰問，冀汝能還，果能來歸，遂我夙志。謂汝不好文史，志在武功，令汝杖節，董戎前驅。豈謂汝狼心不改，包藏禍胎，志欲覆敗國計，以快汝心。今當宥汝以遠，無令房累自隨。[3]敕所在給汝稟餼。王新婦、見理等當停太尉間，汝餘房累悉許同行。"於是免官削爵土，徙臨海郡。未至徙所，道追赦之。八年，復封爵。

[1]江乘：縣名。治所在今江蘇句容市北。
[2]湖頭：《資治通鑑》卷一四一《齊紀七》胡三省注云："湖頭，玄武湖頭也。其地東接蔣山西巖下，西抵玄武湖隄，地勢坦平，當京口大路。"
[3]房累：家眷。

正德北還，求交朱异。[1]帝既封昭明諸子，异言正德失職。大通四年，[2]特封臨賀郡王。[3]後爲丹陽尹，坐所部多劫盜，復爲有司所奏，去職。出爲南兗州，在任苛刻，人不堪命。廣陵沃壤，[4]遂爲之荒，至人相食噉。

既累試無能，從是黜廢，轉增憤恨，乃陰養死士，常思國釁。聚蓄米粟，宅內五十間室，並以爲倉。自征虜亭至于方山，[5]悉略爲墅。蓄奴僮數百，皆黥其面。

[1]朱异：字彥和，吳郡錢唐（今浙江杭州市）人。梁武帝寵臣。本書卷六二、《梁書》卷三八有傳。朱，殿本同，汲古閣本作"宋"。

[2]大通：南朝梁武帝蕭衍年號（527—529）。

[3]臨賀：郡名。南朝齊改臨慶國置。治臨賀縣，在今廣西賀州市東南。按，梁武帝大通無四年，本書卷六《梁武帝紀》立正德爲臨賀郡王在中大通四年（532）。

[4]廣陵：郡名。治廣陵縣，在今江蘇揚州市西北蜀岡上。

[5]征虜亭：在今江蘇南京市西北。　方山：山名。在今江蘇南京市江寧區東南。

太清二年秋，侯景反，知其有姦心。景黨徐思玉在北經與正德相知，至是景遣思玉至建鄴，[1]具以事告。又與正德書曰："今天子年尊，姦臣亂國，以景觀之，計日必敗。大王屬當儲貳，中被廢辱，天下義士，竊所忿慨。大王豈得顧此私情，棄茲億兆。景雖不武，實思自奮。"正德得書大喜，曰："侯景之意，暗與人同，天贊我也。"遂許之。及景至，正德潛運空舫，詐稱迎荻，以濟景焉。朝廷未知其謀，以正德爲平北將軍，[2]屯朱雀航。景至，正德乃北向望闕三拜跪辭，歔欷流涕，引賊入宣陽門。[3]與景交揖馬上，退據左衛府。先是，其軍並著絳袍，袍裏皆碧，至是悉反之。賊以正德爲天子，號曰正平元年。初童謡有之，故以應也；又世人相很，必稱正平耳。

[1]建鄴：即建康。

[2]平：殿本同，汲古閣本作"斗"。

[3]宣陽門：都城建康的南面正門。約在今江蘇南京市中山路以南的淮海路一帶。

　　正德乃以長子見理爲太子，以女妻景。景爲丞相，與約曰："平城之日，不得全二宮。"又令畿内王侯三日不出者，誅之。及臺城開，正德率衆揮刀欲入，賊先使其徒守門，故正德不果。乃復太清之號，降正德爲侍中、大司馬。正德入問訊，拜且泣。武帝曰："恡其泣矣，何嗟及矣。"正德知爲賊所賣，深自咎悔，密書與鄱陽嗣王契，以兵入。賊遮得書，乃矯詔殺之。

　　先是，正德妹長樂主適陳郡謝禧，[1]正德姦之，燒主第，縛一婢，加玉釧於手，以金寶附身，聲云主被燒死，檢取婢屍并金玉葬之。仍與主通，呼爲柳夫人，生二子焉。[2]日月稍久，風聲漸露。後黄門郎張準有一雉媒，正德見而奪之。尋會重雲殿爲净供，[3]皇儲以下莫不畢集。準於衆中吒罵曰："張準雉媒非長樂主，何可略奪！"皇太子恐帝聞之，令武陵王和止之乃休，[4]及出，送雉媒還之。其後梁室傾覆既由正德，百姓至聞臨賀郡名亦不欲道。童謡云："寧逢五虎入市，不欲見臨賀父子。"其惡之如是。[5]

[1]陳郡：郡名。治陳縣，在今河南周口市淮陽區。

[2]二：汲古閣本、殿本作"一"。

[3]重雲殿：殿名。在京師建康華林園內。

[4]武陵王：蕭紀。字世詢，梁武帝第八子，封武陵王。本書卷五三、《梁書》卷五五有傳。

[5]惡之如是：高敏《南北史考索》以爲：以上數段均爲《梁書》卷五五《蕭正德傳》所無，本書補也。因有此補，梁武帝之過於遷就子侄及蕭正德之無行無能之狀，方得以暴露於世（第242頁）。

見理字孟節，性甚凶矗，長劍短衣，出入廛里，不爲宗室所齒。及肆逆，甚得志焉。招聚群盜，每夜輒掠劫，於大航爲流矢所中死。正德弟正則。

正則字公衡，天監初，以王子封樂山侯。累遷太子洗馬、舍人。恒於第內私械百姓令養馬，又盜鑄錢。大通二年，坐匿劫盜，削爵徙鬱林。[1]帝敕廣州日給酒肉，南中官司猶處以侯禮。

[1]鬱林：郡名。治布山縣，在今廣西桂平市西南古城。

正則滋怨諸父，與西江督護靳山顧通室，[1]招誘亡命，將襲番禺。[2]未及期而事發，遂鳴鼓會將攻州城。刺史元景仲命長史元孝深討之。正則敗，逃于廁，村人縛送之，詔斬於南海。[3]有司請絕屬籍，收妻子。詔聽絕屬籍，[4]妻子特原。正則弟正立。

[1]西江都護：官名。南朝時在西江地區設置以管控少數民族

的官職。西江，即古鬱水，珠江幹流，在今廣東西部。

[2]番禺：縣名。治所在今廣東廣州市。

[3]南海：郡名。治番禺縣，在今廣東廣州市。

[4]屬籍：《資治通鑑》卷一三七《齊紀三》胡三省注云："宗屬之籍也，今謂之玉牒。"此處指皇族之籍。

正立字公山，初封羅平侯。[1]母江有寵。初，正仁之亡，宏溺情曲制，以正立爲世子。正立微有學，宏薨後，知非朝議，表求讓兄，帝甚嘉焉。諸侯例封五百户，正立改封實土建安縣侯，食邑一千户。後位丹楊尹，薨，謐曰敏。子賁嗣。

[1]羅平：縣名。南朝齊置。治所在今廣東羅定市羅平鎮。

賁字世文，性躁薄。正德爲侯景所立，賁出投之，專監造攻具，以攻臺城，常爲賊耳目。南康嗣王會理謀襲景，賁與中宿世子子邕告之，賊矯封賁竟陵王，子邕隨郡王，並改姓侯氏。賁爲宗正卿，子邕都官尚書，[1]專權陵蔑朝政，[2]居嘗晝卧，見柳敬禮、蕭勸入室敺之，[3]賁驚起乞恩。俄而賊惡其翻覆，殺之。

[1]都官尚書：官名。尚書省列曹尚書之一，掌刑法、水利工程等。梁十三班。

[2]朝政：《通志》卷八三作"朝士"。

[3]柳敬禮：河東解（今山西臨猗縣）人。少以勇烈知名。起家著作佐郎。侯景渡江，與景頻戰，身先士卒，甚有威名。臺城没，敬禮與其兄仲禮俱見於景，景留敬禮爲質，以爲護軍。會景征

晉熙，敬禮與南康王會理共謀襲其城，却被建安侯蕭賁知而告之，遂遇害。本書卷三八有附傳，《梁書》卷四三有傳。

正立弟正表，封封山侯，[1]後奔樂山。表弟正信。[2]

[1]封山：縣名。治所在今廣西靈山縣南。

[2]後奔樂山。表弟正信：中華本校勘記云：“錢大昕《廿二史考異》：‘樂山二字誤，當云後奔東魏。’又‘正表’各本脱‘正’字，據《通志》補。”

正信字公理，封武化侯。[1]與正立同生，亦被宏鍾愛。然幼不慧，常執白團扇，湘東王取題八字銘玩之。正信不知嗤之，終常搖握。位給事中，卒。

[1]武化：縣名。治所在今廣西象州縣東北。

南史　卷五二

列傳第四十二

梁宗室下

安成康王秀 秀子機[1] 機弟推
南平元襄王偉 偉子恪[2] 恪弟恭 恭子静 恭弟祗
鄱陽忠烈王恢 恢子範[3] 範子嗣 範弟諮 諮弟脩 脩弟泰
始興忠武王憺 憺子亮[4] 亮弟暎 暎弟曄

　　[1]秀子機：汲古閣本同，殿本作“子機”。
　　[2]偉子恪：汲古閣本同，殿本作“子恪”。
　　[3]恢子範：汲古閣本同，殿本作“子範”。
　　[4]憺子亮：汲古閣本同，殿本作“子亮”。

　　安成康王秀字彦達，[1]文帝第七子也。[2]年十三，吳太妃亡，[3]秀母弟始興王憺時年九歲，[4]與秀並以孝聞。居喪累日不進飲，文帝親取粥授之。哀其早孤，命側室陳氏并母二子。陳亦無子，[5]有母德，視二子如己生。

秀美風儀，性方靜，雖左右近侍，非正衣冠弗之見，由是親友及家人咸敬焉。仕齊爲太子舍人。[6]

［1］安成康王：安成王，封爵名。即安成郡王。安成，郡名。治平都縣，在今江西安福縣東南。康，爲蕭秀謚號。

［2］文帝：南朝梁武帝父蕭順之。字文緯，謚曰懿。

［3］年十三，吳太妃亡：《梁書》卷二二《安成王秀傳》作"年十二，所生母吳太妃亡"。

［4］始興王憺：蕭憺。蕭順之第十一子。本書卷五二、《梁書》卷二二有傳。始興王，封爵名。始興，郡名。治曲江縣，在今廣東韶關市南武水西岸。

［5］陳亦無子：張森楷《南史校勘記》云："按上卷傳序言臨川王宏、南平王偉並陳太妃所生，則陳非無子也。此或別一陳氏之妾，與宏、偉母別一人歟？然'亦'字誼可不有，容誤衍文。"

［6］太子舍人：官名。東宮屬官，掌文記。按，《梁書·安成王秀傳》載曰："齊世，弱冠爲著作佐郎，累遷後軍法曹行參軍，太子舍人。"

長沙王懿平崔慧景後，[1]爲尚書令，[2]居端右。[3]衡陽王暢爲衛尉，[4]掌管籥。東昏日夕逸游，[5]衆頗勸懿廢之，懿弗聽。東昏左右惡懿勳高，又慮廢立，並間懿。懿亦危之，自是諸親咸爲之備。及難作，[6]臨川王宏以下諸弟姪俱隱人間，[7]罕有發泄，唯桂陽王融及禍。[8]武帝兵至新林，[9]秀及諸親並自拔赴軍。建康平，[10]爲南徐州刺史。[11]天監元年，[12]封安成郡王。京口自崔慧景亂後，累被兵革，人户流散，秀招懷撫納，惠愛大行。仍屬飢年，以私財贍百姓，所濟甚多。

[1]長沙王懿：長沙宣武王蕭懿。字元達，梁武帝長兄。仕齊，以平崔慧景之亂功高，授尚書令、都督征討水陸諸軍事。遭東昏侯忌憚，服藥賜死。梁武帝即位後追贈長沙宣武王。本書卷五一有傳。 崔慧景：字君山，清河東武城（今河北清河縣）人。仕齊，官至護軍將軍，加侍中。東昏侯即位，誅大臣，慧景不自安。時豫州刺史裴叔業降魏，慧景率軍出征，行至廣陵，反，舉兵響京師。蕭懿率軍平之。本書卷四五、《南齊書》卷五一有傳。

[2]尚書令：官名。兩晋、南朝宋爲尚書省長官，綜理全國政務，參議大政，實權有如宰相，如録尚書事缺，則兼有宰相之名義。齊録尚書事定爲官號，令爲其副貳。

[3]端右：尚書臺官的別稱。

[4]衡陽王暢：衡陽宣王蕭暢。梁文帝第四子。有美名，仕齊位太常，封江陵縣侯。梁武帝天監元年（502），追贈開府儀同三司，封衡陽郡王，謚曰宣。本書卷五一有傳。 衛尉：官名。掌宮門屯兵。宋三品。齊官品不詳。

[5]東昏：指齊東昏侯蕭寶卷。永泰元年（498），齊明帝崩，第二子寶卷即位。永元三年（501）被誅，追封東昏侯。本書卷五、《南齊書》卷七有紀。

[6]難作：指齊東昏侯永元二年，東昏侯害蕭懿事。

[7]臨川王宏：臨川静惠王蕭宏。字宣達，梁文帝第六子。天監元年，封臨川郡王。本書卷五一、《梁書》卷二二有傳。

[8]桂陽王融：桂陽簡王蕭融。梁文帝第五子。仕齊位太子洗馬，與宣武王懿俱遇害。武帝天監元年，贈撫軍大將軍，封桂陽郡王，謚曰簡。本書卷五一有傳。

[9]武帝：南朝梁武帝蕭衍。字叔達，小字練兒，南蘭陵（今江蘇常州市武進區）中都里人。南朝梁開國皇帝。公元502年至549年在位。本書卷六、卷七，《梁書》卷一至卷三有紀。 新林：地名。在今江蘇南京市西南。

[10]建康平：齊東昏侯永元三年（501），蕭衍軍包圍京師建

康。十二月，城內誅東昏侯蕭寶卷，送首蕭衍，建康城平定。事詳《梁書》卷一《武帝紀上》。

[11] 爲南徐州刺史：王鳴盛《十七史商榷》卷六三《安成王秀書銜不同》：“《南史·梁宗室·安成康王秀傳》：‘建康平，爲南徐州刺史。’《梁書》則先言‘高祖以秀爲輔國將軍’，下乃云‘建康平，爲使持節、都督南徐兖二州諸軍事。南徐州刺史、輔國將軍如故’。此下天監六年爲使持節、都督江州諸軍事，平南將軍、江州刺史，而《南史》但云爲江州刺史。又其下遷都督荆湘雍益寧南北梁南北秦州九州諸軍事，平西將軍、荆州刺史，而《南史》則云遷荆州刺史，加都督。又其下有使持節、都督郢司霍三州諸軍事，安西將軍、郢州刺史，而《南史》則云爲郢州刺史、加都督。又其下遷使持節、都督雍梁南北秦四州，郢州之竟陵、司州之隨郡諸軍事，鎮北將軍、寧蠻校尉、雍州刺史，而《南史》則云遷雍州刺史。《南史》書都督、刺史最亂道，說總見後，先於此發之，其病不可勝摘，就其淺者，如同一都督而有書有不書，不書某某等幾州，而其卒也，乃云‘四州人哀哭迎送’，請問四州者爲何四州乎？秀墓碑，劉孝綽撰，朱氏彝尊親見之，此文今載《孝綽集》。《梁書》秀年四十四，《劉集》作四十五，《南史》削去，碑文中所叙與梁史皆合，末云：‘祗承帝命，來仕王家。兔園晚春，叨從者之賜；高唐暮天，奉作賦之私。’《梁書》以孝綽與王僧孺、陸倕、裴子野同游王門，與碑亦合，惟《梁書·孝綽傳》言爲平西安成王記室、鎮南安成王諮議，考《秀傳》，但有平西，無鎮南之目，此必有誤。《南史》盡削去諸號，但云某州刺史，或云某州刺史加都督而已。”南徐州，州名。治京口城，在今江蘇鎮江市。

[12] 天監：南朝梁武帝蕭衍年號（502—519）。

六年，爲江州刺史。[1] 將發，主者求堅船以爲齋舫。[2] 秀曰：“吾豈愛財而不愛士。”乃教以牢者給參佐，[3]下者載齋物。既而遭風，齋舫遂破。及至州，聞前刺史取徵士陶潛曾孫爲里司，[4]歎曰："陶潛之德，豈可不及後胤。"即日辟爲西曹。[5]時夏水汎長，津梁斷絕，外司請依舊僦度，[6]收其價。秀教曰："刺史不德，水潦爲患，可利之乎。"給船而已。

[1]江州：州名。治柴桑縣，在今江西九江市西南。

[2]齋舫：裝載齋庫財物的船隻。

[3]乃教以牢者給參佐：《梁書》卷二二《安成王秀傳》作"乃教所由，以牢者給參佐"。所由，南北朝時慣用語，等於説負責人（參見周一良《魏晉南北朝史札記》，中華書局 1985 年版，第 340頁）。

[4]徵士陶潛曾孫爲里司：《文選》顏延年《陶徵士誄》："有晉徵士，尋陽陶淵明，南嶽之幽居者也。"張銑題注："陶潛隱居，有詔禮徵爲著作郎，不就，故謂徵士。"徵士，朝廷徵聘而不願就仕的人。陶潛，字淵明，或云字深明，名元亮。尋陽柴桑（今江西九江市）人。晉大司馬陶侃之曾孫。東晉末，棄官歸田，隱居不仕，以高潔稱。南朝宋文帝元嘉四年（427），將復徵命，會卒。世號靖節先生。本書卷七五、《晉書》卷九四、《宋書》卷九二有傳。里司，古代地方下級官吏。

[5]西曹：官名。西曹書佐之省稱。州府屬官。掌諸吏及選舉事。

[6]外司：指地方官。 僦度：出租船隻以渡。度，同"渡"。

七年，遭慈母陳太妃憂，[1]詔起視事。尋遷荆州刺史，[2]加都督。[3]立學校，招隱逸。辟處士河東韓懷明、南平韓望、南郡庾承先、河東郭麻等。[4]是歲，魏縣瓠

城人反，[5]殺豫州刺史司馬懷悅，[6]引司州刺史馬仙
琕，[7]仙琕籤荆州求應赴。[8]衆咸謂宜待臺報。[9]秀曰：
"彼待我爲援，援之宜速，待救非應急也。"即遣兵赴
之。及沮水暴長，[10]頗敗人田，秀以穀二萬斛贍之。使
長史蕭琛簡州貧老單丁吏，[11]一日散遣百餘人，百姓甚
悅。荆州嘗苦旱，咸欲徙市開渠，秀乃責躬，親祈楚
望。俄而甘雨即降，遂獲有年。又武寧太守爲弟所
殺，[12]乃僞云士反，[13]秀照其姦慝，望風首款，咸謂之
神。於荆州起天居寺，[14]以武帝游梁館也。及去任，行
次大雷，風波暴起，船艫淪溺，秀所問唯恐傷人。

　　[1]遭慈母陳太妃憂：《隋書·禮儀志三》："（天監）七年，安
成王慈太妃喪。"慈母，指撫育自己成長的庶母或保母。此處指庶
母。憂，此指母喪。
　　[2]荆州：州名。治江陵縣，在今湖北荆州市荆州區。
　　[3]都督：官名。地方軍政長官，亦稱都督諸州軍事。領駐在
州刺史，兼理民政，無固定品級，多帶將軍名號，分使持節、持
節、假節三種，職權各有不同。
　　[4]處士：沒有做官或不願做官的士人。　　河東韓懷明：按，
本書卷七四《孝義傳下》、《梁書》卷四七《孝行傳》均有《韓懷
明傳》，言其爲上黨人，而非河東人。但傳中又言"與鄉人郭麻俱
師南陽劉虯"，《梁書》卷二二《安成王秀傳》作"鄉人郭麐"，此
處亦言"河東郭麻"，或有兩"韓懷明"，亦未可知。河東，郡名。
治安邑縣，在今山西夏縣西北。　　南平：郡名。治孱陵縣，在今湖
北公安縣西。　　南郡：郡名。治江陵縣，在今湖北荆州市荆州區。
　　庾承先：字子通，潁川鄢陵（今河南鄢陵縣）人。受學於南陽劉
虯。辟功曹不就，乃與道士王僧鎮同游衡嶽。晚以弟疾還鄉里，遂

居土臺山。梁武帝中大通三年（531），卒。本書卷七六、《梁書》卷五一有傳。此人籍貫又與本文所載不同，是否爲一人，亦未可知。

[5]縣瓠城：城名。即懸瓠城。在今河南汝南縣。六朝時爲南北軍事要地。

[6]豫州：北魏州名。治懸瓠城。 司馬懷悅：按，《梁書·安成王秀傳》，《魏書》卷三七《司馬悅傳》，《資治通鑑》卷一四五《梁紀一》、卷一四七《梁紀三》及《冊府元龜》卷四一四並無“懷”字。司馬悅，字慶宗。北魏宣武帝初，除鎮遠將軍、豫州刺史。悅與鎮南將軍元英攻義陽，克之。論義陽之勳，封漁陽縣開國子。宣武帝永平元年（508），城人白早生謀爲叛逆，遂斬悅首，送蕭衍。

[7]司州：州名。治孝昌縣，在今湖北孝感市北。 馬仙琕：字靈馥，扶風郿（今陝西眉縣）人。起家郢州主簿。南朝齊永元中，蕭遙光、崔慧景亂，累有戰功，以勳至前將軍。魏豫州人白早生殺其刺史司馬悅，以懸瓠來降。高祖使仙琕赴之，又遣直閤將軍武會超、馬廣率衆爲援。後進爵爲侯，遷豫州刺史，加都督。本書卷二六有附傳，《梁書》卷一七有傳。

[8]籤：指寫公文。

[9]臺：指朝廷。

[10]沮水：水名。即今湖北漳河西源沮水。

[11]長史：官名。公府屬吏，爲府之幕僚長，主政務。 蕭琛：字彥瑜，南蘭陵（今江蘇常州市武進區）人。有縱橫才辯。起家齊太學博士。本書卷一八有附傳，《梁書》卷二六有傳。簡：選。

[12]武寧：郡名。治樂鄉縣，在今湖北荆門市北。

[13]土：中華本據《冊府元龜》卷六九〇改作“土”。

[14]天居寺：佛寺名。在今湖北荆州市。

十三年，爲郢州刺史，[1]加都督。郢州地居衝要，賦斂殷煩，人力不堪，至以婦人供作。[2]秀務存約己，省去游費，百姓安堵，[3]境內晏然。夏口常爲戰地，[4]多暴露骸骨，秀於黃鶴樓下祭而埋之。[5]一夜夢數百人拜謝而去。每冬月，常作襦袴以賜凍者。[6]時司州叛蠻田魯生、魯賢、超秀據蒙籠來降，[7]武帝以魯生爲北司州刺史，[8]魯賢北豫州刺史，[9]超秀定州刺史，[10]爲北境捍蔽。而魯生、超秀互相讒毀，有去就心。秀撫喻懷納，各得其用，當時賴之。

[1]郢州：州名。治夏口城，在今湖北武漢市武昌區。

[2]供作：供役。

[3]安堵：平安。

[4]夏口：城名。在今湖北武漢市武昌區。

[5]黃鶴樓：在今湖北武漢市黃鵠山上。

[6]袴（kù）：即褲子。初時加縛膝部，褲腳窄小，後褲腳舒散闊大。本爲北方少數民族之服，便於騎射，兩漢至魏晉，始爲軍服逐漸傳入中原。《晉書·輿服志》：“袴褶之制，未詳所起，近世凡車駕親戎，中外戒嚴服之。”到南北朝時盛行，南方衹作爲戎服和行旅之服，北方則以之爲官員朝服和常服，甚至平民、婦女亦着之。

[7]蒙籠：城名。在今湖北麻城市東北。

[8]北司州：州名。周振鶴主編，胡阿祥、孔祥軍、徐成著《中國行政區劃通史·三國兩晉南朝卷（下冊）》言梁武帝天監三年（504），司州設，《資治通鑑》係此事於天監十三年二月，則在司州淪陷期間，梁曾置北司州，然此北司州爲處蠻夷而置，地望乏考（復旦大學出版社 2014 年版，第 1230 頁）。

　　[9]北豫州：州名。南朝梁武帝天監中置。治湖陂城，在今湖北麻城市西南。

　　[10]定州：州名。治蒙籠城，在今湖北麻城市東北。

　　遷雍州刺史，在路薨。[1]武帝聞之，甚痛悼焉。遣南康王績緣道迎候。[2]初，秀之西也，[3]郢州人相送出境，聞其疾，百姓商賈咸爲請命。及薨，四州人裂裳爲白帽哀哭以迎送之。雍州蠻迎秀，聞薨，祭哭而去。喪至都，贈司空，謚曰康。

　　[1]雍州：州名。治襄陽縣，在今湖北襄陽市。按，據《梁書》卷二二《安成王秀傳》，蕭秀遷雍州刺史在梁武帝天監十六年（517），“十七年春，行至竟陵之石梵，薨，時年四十四”。

　　[2]南康王績：南康簡王蕭績。字世謹，梁武帝第四子。武帝天監八年，封南康郡王。本書卷五三、《梁書》卷二九有傳。南康，郡名。治贛縣，在今江西贛州市西南。

　　[3]西：指雍州。因雍州在郢州之西，故云。

　　秀美容儀，每在朝，百寮屬目。性仁恕，喜慍不形於色。左右嘗以石擲殺所養鵓，齋帥請按其罪。[1]秀曰：“吾豈以鳥傷人。”在都旦臨公事，厨人進食，誤覆之，去而登車，竟朝不飯，亦弗之誚也。時諸王並下士，建安、安成二王尤好人物，[2]世以二安重士，方之“四豪”。

　　[1]齋帥：官名。在皇帝或州郡長官左右擔任侍衛及灑掃鋪設等事的官員。多由寒人充任，地位較低（參見周一良《從〈禮儀

志〉考察官制》,《魏晋南北朝史論集續編》,北京大學出版社 1991
年版,第 125—133 頁)。

[2]建安:指南平元襄王蕭偉。梁武帝天監元年(502),封建
安郡王。本書卷五二、《梁書》卷二二有傳。

秀精意學術,搜集經記,招學士平原劉孝標使撰
《類苑》,[1]書未及畢,而已行於世。秀於武帝布衣昆弟,
及爲君臣,小心畏敬,過於疏賤者,帝益以此賢之。少
偏孤,於始興王憺尤篤。憺久爲荆州刺史,常以所得奉
中分秀,[2]秀稱心受之,不辭多也。昆弟之睦,時議歸
之。佐史夏侯亶等表立墓碑誌,[3]詔許焉。當世高才遊
王門者,東海王僧孺、吳郡陸倕、彭城劉孝綽、河東裴
子野,[4]各製其文,欲擇用之,而咸稱實録,遂四碑並
建。[5]世子機嗣。

[1]平原劉孝標:劉峻。字孝標,平原(今山東平原縣)人。
家貧好學,博覽群書。安成王秀好峻學,引爲户曹參軍。後以病歸
東陽講學,注《世說新語》。本書卷四九有附傳,《梁書》卷五〇
有傳。 《類苑》:書名。《隋書·經籍志三》載曰:“《類苑》一百
二十卷。梁征虜刑獄參軍劉孝標撰。”《藝文類聚》卷五八梁劉之
遴《與劉孝標書》:“間聞足下作《類苑》,括綜百家,馳騁千載;
彌綸天地,纏絡萬品。撮道略之英華,搜群言之隱賾。鉛摘既畢,
殺青已就。義以類聚,事以群分。述作之妙,楊班儔也。擅此博
物,何快如之!雖復子野調聲,寄知音於後世;文信摛《覽》,懸
百金於當時,居然無以相尚。自非沉鬱澹雅之思,安能閉志經年,
勤成若此!吾嘗聞爲之者勞,觀之者逸。足下已勞於精力,宜令吾
見異書。”按,《類苑》今不存。

[2] 奉：即俸，指俸禄。

[3] 夏侯亶（dǎn）：字世龍，譙郡譙（今安徽亳州市）人。亶美風儀，寬厚有器量，涉獵文史，能專對。本書卷五五有附傳，《梁書》卷二八有傳。

[4] 東海王僧孺：字僧孺，東海郯（今山東郯城縣）人。好學，善屬文。仕齊，起家王國左常侍、太學博士。梁武帝天監初，除臨川王後軍記室參軍，待詔文德省。後領著作。普通三年（522），卒，時年五十八。本書卷五九、《梁書》卷三三有傳。吳郡陸倕：字佐公，吳郡吳（今江蘇蘇州市）人。少勤學，善屬文。梁武帝天監初，爲右軍安成王主簿。武帝雅愛倕才，乃敕撰《新漏刻銘》，其文甚美。遷太子中舍人，又詔爲《石闕銘》，敕褒美之，賜絹三十匹。本書卷四八有附傳，《梁書》卷二七有傳。彭城劉孝綽：字孝綽，本名冉，彭城（今江蘇徐州市）人。七歲能屬文，號曰神童。梁武帝天監初，起家著作佐郎。武帝大同五年（539），卒官，時年五十九。本書卷三九有附傳，《梁書》卷三三有傳。 裴子野：字幾原，河東聞喜（今山西聞喜縣）人。繼承先業，著《宋略》二十卷。曾爲著作郎，掌國史及起居注。與沛國劉顯、南陽劉之遴、陳郡殷芸、陳留阮孝緒、吳郡顧協、京兆韋棱，皆博極群書，深相賞好。本書卷三三有附傳，《梁書》卷三〇有傳。

[5] 四碑：裴子野《司空安成康王行狀》，見《藝文類聚》卷四五。劉孝綽《司空安成康王碑銘》，見《藝文類聚》卷四七。其餘不存。

機字智通，位湘州刺史，[1]薨於州。[2]機美姿容，善吐納，家既多書，博學強記。然而好弄尚力，遠士子，邇小人。爲州專意聚斂，無政績，頻被案劾。將葬，有司請謚，詔曰：“王好内怠政，宜謚曰煬。”所著詩賦數千言。元帝集而序之。[3]子操嗣。

[1]湘州：州名。治臨湘縣，在今湖南長沙市。

[2]薨於州：《梁書》卷二二《蕭機傳》有“天監二年，除安成國世子。六年，爲寧遠將軍、會稽太守。還爲給事中。普通元年，襲封安成郡王，其年爲太子洗馬，遷中書侍郎。二年，遷明威將軍、丹陽尹。三年，遷持節、督湘衡桂三州諸軍事、寧遠將軍、湘州刺史。大通二年，薨于州，時年三十”這一部分記載，可補本書。

[3]元帝集而序之：《隋書·經籍志四》有云：“梁又有《安成煬王集》五卷。亡。”元帝，梁元帝蕭繹。字世誠，梁武帝蕭衍第七子。公元552年至555年在位。本書卷八、《梁書》卷五有紀。

　　機弟推字智進，少清敏，好屬文，深爲簡文所親賞。[1]普通六年，[2]以王子封南浦侯，[3]歷淮南、晋陵、吳郡太守。[4]所臨必赤地大旱，吳人號“旱母”焉。侯景之亂，[5]守東府，[6]城陷，推握節死之。

[1]簡文：梁簡文帝蕭綱。字世纘，小字六通。梁武帝第三子。本書卷八、《梁書》卷四有紀。

[2]普通：南朝梁武帝蕭衍年號（520—527）。

[3]南浦：縣名。治所在今重慶市萬州區東長江南岸。

[4]淮南：郡名。寄治姑孰，在今安徽當塗縣。　晋陵：郡名。治晋陵縣，在今江蘇常州市。

[5]侯景：字萬景。梁武帝太清元年（547），侯景附梁，二年反，進攻京邑建康。本書卷八〇、《梁書》卷五六有傳。

[6]東府：城名。梁揚州鎮所，在今江蘇南京市通濟門附近，臨秦淮河。

　　南平元襄王偉字文達，文帝第八子也。幼清警好學，仕齊爲晉安王驃騎外兵參軍。[1]武帝爲雍州，慮天下將亂，求迎偉及始興王憺。俄聞已入沔，[2]帝欣然謂佐史曰：“阿八、十一行至，[3]吾無憂矣。”及起兵，留行雍州州府事。[4]及帝剋郢、魯，[5]下尋陽，[6]圍建鄴，[7]而巴東太守蕭惠訓子瓛及巴西太守魯休烈起兵逼荊州，[8]蕭穎胄憂憤暴卒，[9]西朝兇懼，[10]徵兵於偉。偉乃割州府將吏配始興王憺往赴之。憺至，瓛等皆降。齊和帝詔以偉爲都督、雍州刺史。[11]

[1]晉安王：即蕭寶義。字智勇，齊明帝蕭鸞長子。明帝建武元年（494）封晉安郡王，入梁後改封巴陵郡王。本書卷四四、《南齊書》卷五〇有傳。晉安，郡名。治候官縣，在今福建福州市。驃騎：官名。此指驃騎大將軍。晉安王蕭寶義曾任此。地位尊崇，多加於權臣元老。宋一品。齊官品不詳。　外兵參軍：官名。諸公軍府屬官。掌本府軍事政令。齊官品不詳。

[2]沔：即沔水。今湖北武漢市以下長江古時通稱沔水。

[3]阿八、十一行至：南平元襄王蕭偉爲文帝第八子，始興王蕭憺爲文帝第十一子。

[4]行雍州州府事：代行雍州州府政事。錢大昕《廿二史考異》卷二六云：“六朝時，府僚多領郡縣職……凡諸王幼沖出鎮開府，多以長史行州府事，或府主以事它出，亦以府僚行事。”

[5]郢：指郢州城。在今湖北武漢市武昌區。　魯：指魯城。地在今湖北武漢市漢陽區東北隅。

[6]尋陽：郡名。治柴桑縣，在今江西九江市西南。

[7]建鄴：即建康。在今江蘇南京市。東吳、東晉、南朝宋齊梁陳六代京師之地。西晉愍帝建興元年（313），因避愍帝司馬鄴諱，改建鄴爲建康。

[8]巴東：郡名。治魚復縣，在今重慶奉節縣東白帝城。　蕭惠訓：南蘭陵（今江蘇常州市武進區）人。事見本書卷一八《蕭琛傳》、《南齊書》卷三八《蕭穎胄傳》。　瓛（guī）：蕭瓛。南齊將領。齊明帝永泰元年（498），爲豫州刺史裴叔業所領軍主，渡淮與魏軍作戰。　巴西：郡名。治涪縣，在今四川綿陽市東。　魯休烈：南朝齊前期，曾先後任巴郡太守、荆州軍主，與叛氐和魏軍作戰。及南康王在江陵稱帝，時任巴西太守的魯休烈又與巴東郡舉兵荆州。事見《南齊書·蕭穎胄傳》、卷五九《氐傳》。

[9]蕭穎胄：字雲長，南蘭陵蘭陵（今江蘇常州市武進區）人。金紫光禄大夫蕭赤斧之子，齊高帝侄子。和帝即位，穎胄爲尚書令，都督中外諸軍事。梁武已平江、郢，圍建康。時穎胄輔帝主，有安重之勢。自以職居上將，不能拒制瓛等，憂愧發疾而卒。本書卷四一、《南齊書》卷三八有附傳。

[10]西朝：指荆州蕭寶融朝。因其在京師建康之西，故稱。齊東昏侯即位後，改封蕭寶融爲南康王，授荆州刺史。蕭衍兵起，寶融響應。蕭寶融於東昏侯永元三年（501）即位於江陵，江陵在建康之西，故稱西朝。

[11]齊和帝：蕭寶融。字智昭，齊明帝第八子。初封隨郡王，後改封南康王，荆州刺史。東昏侯永元二年十一月，長史蕭穎胄奉寶融在江陵起兵，雍州刺史蕭衍上表勸進，次年三月，寶融在江陵即位，改元中興（501），是爲和帝。本書卷五、《南齊書》卷七有紀。

　　天監元年，封建安王。初，武帝軍東下，用度不足，偉取襄陽寺銅佛，毀以爲錢。富僧藏鏹，多加毒害，後遂惡疾。十三年，累遷爲左光禄大夫，[1]加親信四十人，歲給米萬斛，藥直二百四十萬，廚供月二十萬，并二衞兩營雜役二百人，陪先置防閣、白直左右職局一百人。[2]以疾甚，故不復出蕃而加奉秩。

[1]左光禄大夫：官名。作爲在朝顯職的加官，以示優崇。或授予年老有病者爲致仕之官，亦常用爲卒後贈官，無職掌。其禮遇與特進同。以爲加官者，唯授章綬、禄賜、班位而已。梁十六班。

[2]陪：汲古閣本同，殿本作“倍”。 防閤：官名。諸王的侍從護衛。南朝宋始置。梁四班至二班。《資治通鑑》卷一四七《梁紀三》武帝天監七年胡三省注云：“梁制：上宫、東宫置直閤，王公置防閤。” 白直：南北朝時在官府當值無月給的人員，爲諸王鎮帥隨從，出則夾車護衛。 職局：當是服力役，從事於低級侍衛職務的百姓（參見周一良《從〈禮儀志〉考察官制》，《魏晉南北朝史論集續編》，第125—133頁）。

十五年，所生母陳太妃薨，毁頓過禮，水漿不入口累日。帝每臨幸抑譬之。[1]偉雖奉詔，而殆不勝喪，惡疾轉增，因求改封。十七年，改封南平郡，位侍中、左光禄大夫、開府儀同三司。[2]大通四年，[3]爲中書令、大司馬。[4]薨，贈侍中、太宰，謚曰元襄。

[1]抑譬：勸説，抑制。

[2]開府儀同三司：官名。大臣加號，意謂與三司（太尉、司徒、司空）禮制、待遇相同，許開設府署，自辟僚屬。諸將軍、光禄大夫以上優者即可加此號。梁十七班。

[3]大通：按，大通僅三年，應據《梁書》卷二二《南平王偉傳》補“中”字。

[4]中書令：官名。中書省長官之一。梁時位在中書監下，僅掌文章之事。十三班。 大司馬：官名。掌全國軍事。魏晉爲上公

之一，位在三公之上。南北朝或置或不置，南朝不常授。

　　偉性端雅，持軌度。少好學，篤誠通恕。趨賢重士，常如弗及，由是四方游士、當時知名者莫不畢至。疾呕喪明，便不復出。齊世青溪宮改爲芳林苑，[1]天監初，賜偉爲第。又加穿築，果木珍奇，窮極彫靡，有侔造化。立游客省，寒暑得宜，冬有籠爐，夏設飲扇，每與賓客游其中，命從事中郎蕭子範爲之記。[2]梁蕃邸之盛無過焉。而性多恩惠，尤愍窮乏。常遣腹心左右歷訪閭里，人士有貧困吉凶不舉者，即遣贍卹之。平原王曼穎卒，[3]家貧無以殯，友人江革往哭之。[4]其妻兒對革號訴，革曰：“建安王當知，必爲營理。”言未訖，而偉使至，給其喪事，得周濟焉。每祁寒積雪，則遣人載樵米，隨乏絕者賦給之。晚年崇信佛理，尤精玄學，著《二晷義》，[5]製《性情》《幾神》等論。義僧寵及周捨、殷鈞、陸倕並名精解而不能屈。[6]朝廷得失，時有匡正。子姪邪僻，義方訓誘。斯人斯疾，而不得助主興化，梁政漸替，自公薨焉。世子恪嗣。

　　[1]芳林苑：苑囿名。在今江蘇南京市雞籠山南古臺城內。宋張敦頤《六朝事迹編類》卷上“芳林苑”條：“《寰宇記》云：芳林苑……本齊高帝舊宅，在府城之東，秦淮大路北。”

　　[2]從事中郎：官名。王公府屬官，掌本府官吏。梁九班至八班。　蕭子範：字景則。蕭子恪第六弟。本書卷四二、《梁書》卷三五有附傳。

　　[3]平原王曼穎：《梁書》卷二二《南平王偉傳》“平原”作

"太原"。王曼穎，梁初高士，學兼孔釋，解貫玄儒。梁釋慧皎《高僧傳》末附有曼穎與慧皎往復書札。按，《高僧傳》成書於梁武帝天監十八年（519）以後，其時王曼穎尚在。而建安王蕭偉天監十七年改封南平王，是"王曼穎卒"，"革曰：建安王當知"云云，顯然有誤。本書蓋誤以王曼穎父琰卒爲王曼穎卒（參見曹道衡、沈玉成《中古文學史料叢考》卷四《〈梁書〉記王曼穎事誤》，中華書局2003年版，第642頁）。

[4]江革：字休映，濟陽考城（今河南民權縣）人。本書卷六〇、《梁書》卷三六有傳。

[5]《二暗義》：中華本據《梁書·南平王偉傳》及《册府元龜》卷二九三改爲"二旨義"。

[6]義僧寵及周捨、殷鈞、陸倕並名精解而不能屈：《梁書·南平王偉傳》作"其義，僧寵及周捨、殷鈞、陸倕並名精解，而不能屈"。僧寵，南朝梁高僧法寵。唐釋道宣《續高僧傳》卷五一有傳。周捨，字昇逸。善誦《詩》《書》，音韻清辯。梁武帝時，召拜尚書祠部郎。禮儀損益，多自捨出。本書卷三四有附傳，《梁書》卷二五有傳。殷鈞，字季和，陳郡長平（今河南西華縣）人。好學有思理，善隸書，爲當時楷法。梁武帝與其父殷叡少故舊，以女永興公主妻殷鈞，拜駙馬都尉。本書卷六〇、《梁書》卷二七有傳。

　　世子恪字敬則，[1]弘雅有風則，姿容端麗。位雍州刺史。年少未閑庶務，委之群下，百姓每通一辭，數處輸錢，方得聞徹。賓客有江仲舉、蔡蓮、王臺卿、庾仲容四人，[2]俱被接遇，並有蓄積。故人間歌曰："江千萬，蔡五百，王新車，庾大宅。"遂達武帝。帝接之曰："主人憒憒不如客。"尋以廬陵王代爲刺史。[3]恪還奉見，武帝以人間語問之，恪大慙，不敢一言。後折節學問，所歷以善政稱。

[1]恪：按《梁書》無蕭恪傳，疑佚脱。

[2]容：殿本同，汲古閣本作“雍”。中華本校勘記云：“按《庾仲容傳》，仲容不與恪相關涉，此或別爲一人，然‘仲容’‘仲雍’亦未詳孰是。”

[3]廬陵王：廬陵威王蕭續。字世訴，梁武帝第五子。武帝天監八年（509），封廬陵郡王。武帝普通三年（522）、中大通二年（530）先後爲雍州刺史。本書卷五三、《梁書》卷二九有傳。

太清中，[1]爲郢州刺史。及亂，[2]邵陵王至郢，[3]恪郊迎之，讓位焉，邵陵不受。及王僧辯至郢，[4]恪歸荆州。元帝以爲尚書令、司空。賊平，爲揚州刺史。[5]時帝未遷都，以恪宗室令譽，故先使歸鎮社稷。大寶三年，[6]薨于長沙，[7]未之鎮也。贈太尉，謚曰靖節王。恪弟恭。

[1]太清：南朝梁武帝蕭衍年號（547—549）。

[2]亂：指侯景之亂。

[3]邵陵王：邵陵攜王蕭綸。字世調，梁武帝第六子。武帝天監十三年（514），封邵陵郡王。侯景構逆，加征討大都督，率衆討景。簡文帝大寶元年（550），綸至郢州，刺史南平王恪讓州於綸，綸不受。本書卷五三、《梁書》卷二九有傳。

[4]王僧辯：字君才，太原祁（今山西祁縣）人。初爲北魏將領，梁初隨父南渡，任湘東王蕭繹府中司馬等職。後與陳霸先收復建康。蕭繹即位後，爲太尉。梁元帝被殺，僧辯又立北齊扶持的蕭淵明爲帝。終爲陳霸先所害。本書卷六三有附傳，《梁書》卷四五

有傳。

[5]揚州：州名。治建康縣，在今江蘇南京市。

[6]大寶：南朝梁簡文帝蕭綱年號（550—551）。

[7]長沙：郡名。治臨湘縣，在今湖南長沙市。

恭字敬範，天監八年，封衡山縣侯。[1]初，樂山侯正則有罪，[2]敕讓諸王，獨謂元襄王曰："汝兒非直無過，並有義方。"[3]

[1]衡山：縣名。治所在今湖南衡山縣南。

[2]樂山侯正則：臨川王蕭宏子蕭正則。字公衡。梁武帝天監初，以王子封樂山侯。武帝大通二年（528），坐匿劫盜，削爵徙鬱林。正則滋怨諸父，與西江督護靳山顧通室，招誘亡命，將襲番禺。未及期而事發，遂鳴鼓會將攻州城。刺史元景仲命長史元孝深討之。正則敗，逃於廁，村人縛送之，詔斬於南海。本書卷五一有附傳。樂山，縣名。治所在今廣東四會市北。

[3]義方：做人的正道。《左傳》隱公三年云："石碏諫曰：'臣聞愛子教之以義方，弗納於邪。'"

歷位監南徐州事。時衡州刺史武會超在州，[1]子姪縱暴，州人朱朗聚黨反，武帝以恭爲刺史。時朗已圍始興，恭至緩服徇賊，示以恩信。群賊伏其勇，是夜退三舍以避。軍吏請追，恭曰："賊以政苛致叛，非有陳、吳之心。[2]緩之則自潰，急之則併力，諸君置之。"明日，朗遣使請降，恭杖節受之，一無所問。即日收始興太守張寶生及會超弟之子子仁斬之軍門，以其賄而虐也。有司奏恭縱罪人，專戮二千石，有詔宥之。

[1]衡州：州名。治含洭縣，在今廣東英德市浛洸鎮。

[2]陳、吳之心：陳指陳勝，吳指吳廣。秦末，陳勝、吳廣率民起義。

遷湘州刺史，善解吏事，所在見稱。而性尚華侈，廣營第宅，重齋步閣，[1]模寫宮殿。尤好賓友，酣宴終辰，坐客滿筵，言談不倦。時元帝居蕃，頗事聲譽，勤心著述，卮酒未嘗妄進。恭每從容謂曰：“下官歷觀時人，多有不好懽興，乃仰眠牀上，看屋梁而著書，千秋萬歲，誰傳此者。勞神苦思，竟不成名。豈如臨清風，對朗月，登山泛水，肆意酣歌也。”

[1]步閣：《梁書》卷二二《蕭恭傳》作“步檐”，指走廊。

尋除寧蠻校尉、雍州刺史，[1]便道之鎮。簡文少與恭游，特被賞狎，至是手令勗以政事。[2]恭至州，政績有聲，百姓請於城南立碑頌德，詔許焉，名爲政德碑。是夜聞數百人大叫碑石，[3]明旦視之，碑涌起一尺。恭命以大柱置于碑上，使力士數十人抑之不下，又以酒脯祭之，使人守視，俄而自復，視者竟不見之。恭聞而惡焉。

[1]寧蠻校尉：官名。掌雍州少數民族事務，立府治事。梁由雍州刺史兼任。

[2]令：皇后、皇太子及諸王發布的文書。

[3]是夜聞數百人大叫碑石：中華本據《通志》補“下”字，

作"是夜聞數百人大叫碑石下"。

先是，武帝以雍爲邊鎮，運數州粟以實儲倉。恭乃多取官米，還贍私宅；又典籤陳保印侵剋百姓，[1]爲荆州刺史廬陵王所啓，被詔徵還。在都朝謁，白服隨例。[2]帝曰："白衣者爲誰？"對曰："前衡山侯恭。"帝厲色曰："不還我陳保印，吾當白汝未已。"而保印實投湘東王，[3]王改其姓名曰袁逢。恭竟不叙用。侯景亂，卒於城中，詔特復本封。元帝追謚曰僖侯。

[1]典籤：官名。亦稱典籤帥或籤帥。州府王國屬吏，由皇帝派遣並直接向皇帝匯報地方情況，故品級雖不高，但實權在長史之上。

[2]例：中華本據《通志》改作"列"。

[3]湘東王：即梁元帝蕭繹。字世誠，小字七符，自號金樓子，梁武帝第七子。梁武帝天監十三年（514）封蕭繹爲湘東郡王。本書卷八、《梁書》卷五有紀。

子靜字安仁，少有美名，號爲宗室後進。有文才，而篤志好學。既内足於財，多聚經史，散書滿席，手自讎校。何敬容欲以女妻之，[1]靜忌其太盛，拒而不納，時論服焉。然好戲笑，輕論人物，時以此少之。位給事黄門侍郎，[2]深爲簡文所愛賞。太清三年卒，贈侍中。

[1]何敬容：字國禮，廬江灊（今安徽霍山縣）人，太常卿何攸之之孫，吏部尚書何昌㝢之子。以名家子，弱冠選尚齊武帝女長城公主，拜駙馬都尉。本書卷三〇有附傳，《梁書》卷三七有傳。

[2]給事黄門侍郎：官名。門下省次官，與侍中共掌侍從左右，儐相威儀，盡規獻納，糾正違缺等。出入宮禁，職任顯要。員四人。梁十班。

　　恭弟祇字敬謨，美風儀，幼有令譽。天監中，封定襄縣侯。[1]後歷位北兗州刺史。[2]侯景亂，與從弟湘潭侯退謀起兵内援，[3]會州人反城應景，祇遂奔東魏。[4]

　　[1]定襄：縣名。治所在今湖北荆州市荆州區東北。
　　[2]北兗州：州名。僑寄淮陰縣，在今江蘇淮安市淮陰區西南甘羅城。
　　[3]湘潭侯退：蕭退。梁武帝弟鄱陽王蕭恢子。侯景起兵，建康城陷，與蕭祇俱入東魏。《北齊書》卷三三、《北史》卷二九有傳。湘潭，縣名。治所在今湖南衡山縣東。
　　[4]祇遂奔東魏：《北齊書》卷三三《蕭祇傳》載曰：“太清二年，侯景圍建鄴。祇聞臺城失守，遂來奔。以武定七年至鄴，文襄令魏收、邢卲與相接對。歷位太子少傅，領平陽王師，封清河郡公。齊天保初，授右光禄大夫，領國子祭酒。時梁元帝平侯景，復與齊通好，文宣欲放祇等還南。俄而西魏尅江陵，遂留鄴都，卒。贈中書監、車騎大將軍，揚州刺史。”有的略與本書本傳記載不同，總體上較本書本傳詳盡。《北史》卷二九《蕭祇傳》還載其子《蕭放傳》曰：“子放，字希逸，隨祇至鄴。祇卒，放居喪以孝聞。所居廬室前，有二慈烏來集，各據一樹爲巢，自午以前，馴庭飲啄；午後更不下樹。每臨時舒翅悲鳴，全似哀泣。家人則之，未嘗有闕。時以爲至孝之感。服闋，襲爵。武平中，待詔文林館。放性好文詠，頗善丹青，因此在宫中披覽書史及近世詩賦，監畫工作屏風等雜物。見知，遂被眷待。累遷太子中庶子、散騎常侍。”蕭放傳，《南史》無。

　　鄱陽忠烈王恢字弘達，[1]文帝第十子也。[2]幼聰穎，七歲能通《孝經》《論語》義，發擿無遺。[3]及長，美風儀，涉獵史籍。仕齊位北中郎外兵參軍，[4]前軍主簿。[5]宣武王之難，[6]逃在都下。武帝起兵，恢藏伏得免。大軍至新林，乃奉迎。

　　[1]鄱陽：郡名。治鄱陽縣，在今江西鄱陽縣。

　　[2]十：《梁書》卷二二《鄱陽王恢傳》作“九”。按，《册府元龜》卷二六四、卷二七〇、卷二七六、卷二八〇並作“九”。

　　[3]發擿（tī）：解説疑難。

　　[4]北中郎：官名。即北中郎將。四中郎將之一，南朝進爲優禮大臣的榮譽稱號。

　　[5]前軍：官名。前軍將軍之省稱。將軍名號。與左軍、右軍、後軍合稱四軍將軍，爲禁衛軍主要將領之一。掌宮禁宿衛。齊品秩不詳。

　　[6]宣武王之難：指梁武帝兄長沙宣武王蕭懿於齊東昏侯永元二年（500）被東昏侯所害事。

　　天監元年，封鄱陽郡王。除郢州刺史，加都督。初，郢城内疾疫死者甚多，不及藏殯。恢下車遽命埋瘞，又遣四使巡行州部，境内大寧。時有進筒中布者，恢以奇貨異服，即命焚之，於是百姓仰德。累遷都督、益州刺史。[1]成都去新城五百里，陸路往來，悉訂私馬，百姓患焉，累政不能改。恢乃市馬千匹以付所訂之家，須則以次發之，百姓賴焉。再遷開府儀同三司、都督、荊州刺史。普通七年，薨於州。[2]詔贈侍中、司徒，諡曰忠烈。

　　[1]益州：州名。治成都縣，在今四川成都市。
　　[2]普通七年，薨於州：《梁書》卷二二《鄱陽王恢傳》載曰：
"（普通）七年九月，薨于州，時年五十一。"

　　恢美容質，善談笑，愛文酒，有士大夫風則。所在
雖無皎察，亦不傷物。有孝性，初鎮蜀，所生費太妃猶
停都。後於都不豫，[1]恢未之知，一夜忽夢還侍疾。及
覺，憂惶廢寢食。俄而都信至，太妃已瘳。後有目疾，
久廢視瞻。有道人慧龍得療眼術，恢請之。及至，空中
忽見聖僧。及慧龍下針，豁然開朗，咸謂精誠所致。

　　[1]不豫：有病的婉稱。《史記》卷三三《魯周公世家》："武王
有疾不豫。"

　　恢性通恕，輕財好施，凡歷四州，所得奉禄，隨而
散之。在荊州，嘗從容問賓僚曰："中山好酒，趙王好
吏，[1]二者孰愈？"眾未有對者。顧謂長史蕭琛曰："漢時
王侯，蕃屏而已，視事親人，自有其職。中山聽樂，可
得任悅；[2]彭祖代吏，近於侵官。今之王侯，不守蕃國，
當佐天子臨人，清白其優乎。"坐者咸服。有男女百人，
男封侯者三十九人，女主三十八人。世子範嗣。

　　[1]中山好酒，趙王好吏：中山，即漢景帝子中山王劉勝，
"樂酒好内"。趙王，即劉勝兄趙王劉彭祖，"好爲吏"。劉勝與彭
祖相非曰："兄爲王，專代吏治事。王者當日聽音樂，御聲色。"趙
王亦曰："中山王但奢淫，不佐天子拊循百姓，何以稱爲藩臣！"事

見《漢書》卷五三《景十三王傳》。

[2]任悦:《梁書》卷二二《鄱陽王恢傳》作“任性”。“性”“悦”蓋涉形近而訛。

範字世儀，温和有器識。爲衛尉卿，[1]每夜自巡警，武帝嘉其勞苦。出爲益州刺史。行至荆州而忠烈王薨，因停自解。武帝不許，詔權監荆州。及湘東王至，範依舊述職，遣弟湘潭侯退隨喪而下。大同元年，[2]以開通劍道，[3]尅復華陽增封。[4]尋徵爲領軍將軍、侍中。[5]

[1]衛尉卿:官名。梁十二卿之一，掌宮門屯兵。梁十二班。

[2]大同:南朝梁武帝蕭衍年號（535—546）。

[3]劍道:即劍閣道。在今四川劍閣縣東北大劍山、小劍山之間。

[4]華陽:郡名。治所在今四川廣元市境。

[5]領軍將軍:官名。掌禁衛軍及京都諸軍。梁十五班。

範雖無學術，而以籌略自命。愛奇翫古，招集文才，率意題章，亦時有奇致。嘗得舊琵琶，題云“齊竟陵世子”。[1]範嗟人往物存，攬筆爲詠，以示湘東王，王吟詠其辭，作《琵琶賦》和之。

[1]竟陵世子:蕭昭胄。字景胤，蕭子良子。本書卷四四、《南齊書》卷四〇有附傳。竟陵，即竟陵王蕭子良。字雲英，齊武帝第二子。敦義好古，後於西邸起古齋，多聚古人器服以充之。

後爲都督、雍州刺史。範作牧荏人，[1]甚得時譽，撫循將士，盡獲歡心。於是養士馬，脩城郭，聚軍糧於私邸。時廬陵王爲荊州，既是都督府，又素不相能，乃啓稱範謀亂。範亦馳啓自理，武帝恕焉。時論者猶謂範欲爲賊。又童謠云："莫怱怱，且寬公，誰當作天子，草覆車邊已。"時武帝年高，諸王莫肯相服。簡文雖居儲貳，亦不自安，而與司空邵陵王綸特相疑阻。綸時爲丹陽尹，[2]威震都下。簡文乃選精兵以衛宮內。兄弟相貳，聲聞四方。範以名應謠言而求爲公，未幾，加開府儀同三司。範心密喜，以爲謠驗，武帝若崩，諸王必亂，範既得衆，又有重名，謂可因機以定天下。乃更收士衆，希望非常。

[1]範作牧莅人：《梁書》卷二二《蕭範傳》作"範作牧莅民"，此處作"人"避唐太宗李世民之諱。

[2]丹陽尹：官名。京師所在丹陽郡長官，掌京城行政諸務並詔獄，地位頗重。丹陽，治所在今江蘇南京市東南。

太清元年，大舉北侵。初謀元帥，帝欲用範。時朱异取急外還，[1]聞之遽入曰："嗣王雄豪蓋世，得人死力，然所至殘暴非常，非弔人之材。昔陛下登北顧亭以望，謂江右有反氣，骨肉爲戎首。今日之事，尤宜詳擇。"帝默然曰："會理何如？"[2]對曰："陛下得之，臣無恨矣。"會理懦而無謀，所乘襻輿施版屋，冠以牛皮。帝聞不悦，行至宿預，[3]貞陽侯明請行，[4]又以明代之，而以範爲征北大將軍，[5]總督漢北征討諸軍事，尋遷南豫州刺史。[6]

　　[1]朱异：字彦和，吴郡錢唐（今浙江杭州市）人。梁武帝寵臣。本書卷六二、《梁書》卷三八有傳。

　　[2]會理：蕭會理。字長才。梁武帝第四子蕭績死，其子會理嗣爵南康王。侯景反，會理入援。本書卷五三、《梁書》卷二九有附傳。

　　[3]宿預：城名。今江蘇宿遷市東南舊黄河東北岸古城。

　　[4]貞陽侯明：即蕭淵明，唐代避高祖李淵名諱，刪其“淵”字稱蕭明，或轉“淵”爲“深”，稱蕭深明。字靖通，梁武帝蕭衍兄子。封貞陽侯。先爲東魏所俘，後在北齊扶持下返歸建康登基稱帝，改承聖四年（555）爲天成元年，同年九月被陳霸先廢黜，降爲建安王。北齊追謚爲閔皇帝。本書卷五一有附傳，其事亦見《梁書》卷六《敬帝紀》。貞陽，縣名。治所在今廣東英德市東南瀟江北。

　　[5]征北大將軍：官名。征北將軍爲四征將軍之一，多出鎮地方，地位顯要。梁設將軍之號爲二十四班，班多者爲貴，征北將軍爲二十三班，加大，則進一階。

　　[6]南豫州：州名。梁武帝太清元年（547）七月，以壽春（今安徽壽縣）爲南豫州。平定侯景之亂後，徙鎮至姑孰（今安徽當塗縣）。

　　侯景敗於渦陽，[1]退保壽陽，[2]乃改範爲合州刺史，[3]鎮合肥。時景不臣迹露，範屢啓言之，朱异每抑而不奏。及景圍都，範遣世子嗣與裴之高等入援。[4]遷開府儀同三司。臺城不守，範乃棄合肥，出東關，[5]請兵于魏，遣二子爲質。魏人據合肥，竟不助範。範進退無計，乃泝流西上，軍於巉陽，[6]遣信告尋陽王大心。[7]大心要還九江，[8]欲共兵西上。範得書大喜，乃引軍至盆城，[9]以晉熙爲晉州。[10]遣子嗣爲刺史，江州郡縣，輒更改易。於是尋陽政令所行，唯在一郡，又疑畏範，市糴不通。範乃復遣其弟觀寧侯永將兵通南川，助莊鐵。[11]時二鎮相猜，無復圖賊之志。範數萬之衆，皆無復食，人多餓死。範竟發背而薨。[12]衆秘不發喪，奉弟南安侯恬爲主，[13]有衆數千。範將侯瑱襲莊鐵於豫章，[14]殺之，盡併其軍。乃迎喪往郡，於松門遇風，柩沈于水，鈎求得之。及于慶之逼豫章，侯瑱以範子十六人降賊，賊盡於石頭坑殺之。[15]

[1]渦陽：縣名。治所在今安徽蒙城縣。

[2]壽陽：縣名。治所在今安徽壽縣。侯景附梁，北齊遣將慕容紹宗追之，景潰退，奔至壽陽。

[3]合州：州名。梁武帝太清元年（547）置。治合肥城，在今安徽合肥市。

[4]裴之高：字如山。侯景之亂，裴之高爲西豫州刺史，率衆入援。南豫州刺史鄱陽嗣王範命之高總督江右援軍諸軍事，頓張公洲。柳仲禮至橫江，之高遣船舸迎致仲禮，與韋粲等俱會青塘。及城陷，之高還合肥，與鄱陽王範西上。元帝遣召之，以爲侍中、護軍將軍，到江陵。本書卷五八、《梁書》卷二八有附傳。

[5]東關：地名。即今安徽巢湖市東南東關。

[6]嶷陽：中華本據《梁書》卷二二《蕭範傳》、《資治通鑑》卷一六二《梁紀十八》武帝太清三年改爲“樅陽”。樅陽，縣名。治所在今安徽樅陽縣。

[7]尋陽王大心：蕭大心。梁簡文帝子。封爲尋陽王。侯景反，大心招集士卒，赴援京師。本書卷五四、《梁書》卷四四有傳。尋陽，郡名。治柴桑縣，在今江西九江市西南。

[8]九江：地名。在今江西九江市西南。

[9]盆城：城名。在今江西九江市。

[10]晉熙：郡名。治懷寧縣，在今安徽潛山市。

[11]莊鐵：梁歷陽太守。侯景進攻歷陽，莊鐵降。事見本書卷五四《尋陽王大心傳》、卷八〇《侯景傳》。

[12]發背：背部毒瘡發作。

[13]南安侯恬：蕭恬。梁鄱陽王蕭恢之子。南安，縣名。治所在今四川榮縣西。

[14]侯瑱：字伯玉，巴西充國（今四川閬中市）人。本書卷六六、《陳書》卷九有傳。 豫章：郡名。治南昌縣，在今江西南昌市。

[15]石頭：城名。在今江蘇南京市西清涼山。其負山面江，控扼江險，南臨秦淮河口，時爲建康西南軍防要地。

世子嗣字長胤，容貌豐偉，腰帶十圍。性驍果，有膽略，倜儻不護細行，而復傾身養士，皆得死力。範之薨也，嗣猶據晉熙，城中食盡，士皆乏絕。侯景遣任約攻嗣。[1]時賊方盛，咸勸且止。嗣按劍叱之曰：“今日之戰，蕭嗣效命死節之秋也。”及戰，遇流矢中頸，不許拔，帶箭手殺數人，賊退方命拔之，應時氣絕。妻子爲任約所禽。初，範既與尋陽王大心相持，及嗣之死，猶未敢發範喪。

[1]任約：侯景部將。兵敗降梁，任晉安王司馬、征南將軍、南豫州刺史、征南大將軍。後起兵反擊陳霸先，兵敗後歸順北齊。

範弟諮字世恭，位衛尉卿，封武林侯。[1]簡文即位之後，景周衛轉嚴，外人莫得見，唯謐及王克、殷不害並以文弱得出入臥內，[2]晨昏左右，天子與之講論六藝，不輟於時。及南康王會理事敗，克、不害懼禍乃自疏，謐不忍離帝，朝覲無絕。賊惡之，令其仇人刁戌刺殺謐於廣莫門外。[3]

[1]武林：縣名。治所在今廣西平南縣東南。

[2]王克：仕梁歷司徒右長史、尚書僕射。臺城陷，仕侯景，位太宰、侍中、錄尚書事。仕陳，位尚書右僕射。本書二三有附傳。　殷不害：字長卿，陳郡長平（今河南西華縣）人。性至孝，士大夫以篤行稱之。侯景之亂，從簡文入臺。及臺城陷，簡文在中書省，景帶甲將兵，入朝陛見，過謁簡文，衝突左右，甚不遜，侍衛者莫不驚恐辟易，唯不害與中庶子徐摛侍側不動。簡文爲景所幽，遣人請不害與居處，景許之，不害供侍益謹。本書卷七四、《陳書》卷三二有傳。

[3]廣莫門：建康都城北門之一。

謐弟脩字世和，[1]封宜豐侯。[2]局力貞固，風儀嚴整。九歲通《論語》，十一能屬文。鴻臚卿裴子野見而賞之。性至孝，年十一，[3]丁所生徐氏艱，自荊州反葬，中江遇風，前後部伍多致沈溺，脩抱柩長號，血淚俱下，隨波搖蕩，終得無佗。葬訖，因廬墓次。先時山中多猛獸，至是絕迹。野鳥馴狎，棲宿簷宇。武帝嘉之，以班告宗室。

[1]脩：《北史》卷九《周文帝紀》、《資治通鑑》卷一六五《梁紀二十一》元帝承聖元年同，而《梁書》卷五《元帝紀》、卷

六《敬帝紀》，《周書》卷一《文帝紀》、卷四二《劉璠傳》並作
"循"。《周書》卷二九《楊紹傳》"時梁宜豐侯蕭循"，中華本校勘
記云："'脩''循'二字古籍每多混淆，本書和《梁書》都作蕭循，
《南史》本傳作'脩'，但南、北《史》都'循''脩'（或修）互
見。《漢魏南北朝墓誌集釋·蕭翹墓誌》（圖版五〇五）稱翹爲
'太保公宜豐王第四子'，循未嘗封王，但可證……其名爲'循'。"

　　[2]宜豐：縣名。治所在今江西宜豐縣北。

　　[3]年十一：殿本同，汲古閣本作"年十二"。

　　爲兼衛尉卿。美姿貌，每屯兵周衛，武帝視之移
輦。初，嗣王範爲衛尉，夜中行城，常因風便鞭箠宿
衛，欲令帝知其勤。及脩在職，夜必再巡，而不欲人
知。或問其故，曰"夜中警邏，實有其勞，主上慈愛，
聞之容或賜止。違詔則不可，奉詔則廢事。且胡質之
清，[1]尚畏人知，此職司之常，何足自顯。"聞者歎服。

　　[1]胡質：字文德，楚國壽春（今安徽壽縣）人。三國魏官
吏。號稱清節之士。《三國志》卷二七有傳。

　　時王子侯多爲近畿小郡，歷試有績，乃得出爲邊
州。帝以脩識量宏達，自衛尉出鎮鍾離，[1]徙爲梁、秦
二州刺史。[2]在漢中七年，移風改俗，人號慈父。長史
范洪胄有田一頃，將秋遇蝗，脩躬至田所，深自咎責。
功曹史琅邪王廉勸脩捕之，脩曰："此由刺史無德所致，
捕之何補。"言卒，忽有飛鳥千群蔽日而至，瞬息之間，
食蟲遂盡而去，莫知何鳥。迥有臺使見之，[3]具言於帝，

璽書勞問，手詔曰："犬牙不入，無以過也。"州人表請立碑頌德。嗣王範在盆城，頗有異論，武陵王大生疑防，流言噂𠴲。脩深自分釋，求送質子，并請助防。武陵王乃遣從事中郎蕭固諭以當世之事，具觀脩意。脩泣涕爲言忠臣孝子之節，王敬納之。故終脩之時，不爲不義。一夕，忽有狗據脩所卧牀而卧。脩曰："此其戎乎。"因大脩城壘。

[1]鍾離：縣名。治所在今安徽鳳陽縣臨淮關鎮。

[2]梁：州名。治南鄭縣，在今陝西漢中市東。　秦：州名。僑置。治南鄭縣，在今陝西漢中市東。

[3]迥：中華本據《册府元龜》卷六八一改作"適"。

　　承聖元年，[1]魏將達奚武來攻，[2]脩遣記室參軍劉璠至益州，[3]求救於武陵王紀，[4]遣將楊乾運援之，拜脩隨郡王。[5]璠還至嶓冢，[6]乃降于魏，乾運班師。璠至城下，説城中降魏。脩數之曰："卿不能死節，反爲説客邪！"命射之。間信遣至荆州，元帝遣與相聞。

[1]承聖：南朝梁元帝蕭繹年號（552—555）。

[2]達奚武：字成興，代（今河北蔚縣）人。《周書》卷一九、《北史》卷六五有傳。

[3]記室參軍：官名。公府、軍府佐吏。掌書記文翰，起草表章文書。

[4]武陵王紀：蕭紀。字世詢，梁武帝第八子。武帝天監十三年（514），封爲武陵郡王。太清中，侯景亂，紀不赴援。梁帝去世後，紀乃僭號於蜀，改年曰天正。太清五年（551，簡文帝大寶二

年）夏四月，紀帥軍東下至巴郡，以討侯景爲名，將圖荆陜。後被殺之於硤口，時年四十六。本書卷五三、《梁書》卷五五有傳。武陵，郡名。治臨沅縣，在今湖南常德市。趙翼《廿二史劄記》卷一二《南朝陳地最小》云："是時蕭繹在江陵，乞師於西魏，令蕭循以南鄭與西魏，西魏遂取漢中。繹稱帝于江陵，武陵王紀自成都起兵伐之，西魏使尉遲迥攻成都以救繹，及紀爲繹所殺，而迥亦取成都，於是蜀地盡入於西魏矣。"

[5]隨郡：郡名。治隨縣，在今湖北隨州市。

[6]嶓冢：山名。在今陜西寧强縣西北。

　　脩中直兵參軍陳晷甚勇有口，[1]求爲覘候，見獲，以辭烈被害。乃遣諮議虞馨致武牛酒。武謂曰："梁已爲侯景所敗，王何爲守此孤城？"脩答守之以死，誓爲斷頭將軍。魏相安定公宇文泰遣書喻之，[2]力屈乃降。安定公禮之甚厚，未幾令還江陵，厚遣之，以文武千家爲綱紀之僕。元帝慮其爲變，中使覘伺，不絶於道。至之夕，命劫竊之。及旦，脩表輸馬仗而後帝安。脩入覲，望閤悲不自勝，元帝亦慟，盡朝皆泣。

　　[1]中直兵參軍：官名。職掌本府中直兵曹事務，兼備參謀咨詢。其品位隨府主地位高低不等。魏晋南北朝時，王公督府分職列曹，中直兵爲諸曹之一，内統兵政，外事征伐。　口：《通志》作"力"，疑是。

　　[2]宇文泰：字黑獺，代郡武川（今内蒙古武川縣西）人。北周太祖文皇帝。《周書》卷一、《北史》卷九有紀。

　　尋拜湘州刺史。長沙頻遇兵荒，人户凋弊。[1]脩勸稽務分，未期，流人至者三千餘家。元帝多忌，動加誅翦。脩靜恭自守，埋聲晦迹。元帝亦以宗室長年，深相敬禮。及江陵被圍問至，即日登舟赴救。至巴陵西，[2]而江陵覆滅。敬帝立，[3]遙授脩太尉，遷太保。時王室浸微，脩雖圖義舉，力弱不能自振，遂發背歐血而薨，年五十二。

[1]人户：汲古閣同，殿本作“人口”。
[2]巴陵：郡名。治巴陵縣，在今湖南岳陽市。
[3]敬帝：南朝梁敬帝蕭方智。字慧相，小字法真，梁元帝蕭繹第九子。公元 555 年至 557 年在位。本書卷八、《梁書》卷六有紀。

脩弟泰字世怡，封豐城侯。[1]歷位中書舍人，傾竭財產，以事時要，超爲譙州刺史。[2]江北人情獷彊，前後刺史並綏撫之。泰至州，便徧發人丁，[3]使擔腰輿扇繖等物，[4]不限士庶。恥爲之者，重加杖責，多輸財者，即放免之，於是人皆思亂。及侯景至，人無戰心，乃先覆敗。

[1]豐城：縣名。治所在今江西豐城市南。
[2]譙州：州名。治桑根山下，在今安徽全椒縣西北。
[3]徧：汲古閣本同，殿本作“偏”。
[4]繖：古“傘”字。

始興忠武王憺字僧達，文帝第十一子也。仕齊爲西中郎外兵參軍。[1]武帝起兵，憺爲相國從事中郎，與南平王偉留守。齊和帝即位，以憺爲給事黃門侍郎。時巴東太守蕭惠訓子璝等兵逼荆州，蕭穎胄暴卒，尚書僕射夏侯詳議迎憺行荆州事。[2]憺率雍州將吏赴之，以書喻璝等皆降。是冬，武帝平建鄴。明年，和帝詔以憺爲都督、荆州刺史。

[1]西中郎：官名。即西中郎將。與東、南、北中郎將合爲四中郎將。梁武帝普通六年（525）增置四中郎將入鎮兵將軍班。爲宗王專用之將軍號。大通三年（529）改爲武職三十四班中的二十七班。

[2]尚書僕射：官名。尚書省次官。或單置，或並置左右，輔助尚書令執行政務，參議大政，諫静得失，監察糾彈百官，可封還詔旨，常受命主管官吏選舉。梁十五班。 夏侯詳：字叔業，歷仕宋、齊、梁，官至尚書右僕射。本書卷五五、《梁書》卷一〇有傳。

天監元年，加安西將軍，[1]封始興郡王。時軍旅之後，公私匱乏，憺屬精爲政，廣闢屯田，減省力役，存問兵死之家，供其窮困，人甚安之。是歲嘉禾生，一莖六穗，甘露降于黃閣。[2]四年，荆州大旱，憺使祠于天井，有巨蛇長二丈出遶祠壇，俄而注雨，歲大豐。憺自以少年始居重任，開導物情，辭訟者皆立待符教，決於俄頃，曹無留事，下無滯獄。

[1]安西將軍：官名。與安東、安南、安北將軍合稱四安將軍。常爲出鎮某一地區的軍事長官，或作爲刺史等地方官員的加官，權任很重。梁二十一班。

[2]黃閣：漢代丞相、太尉和漢以後的三公官署避用朱門，廳門塗黃色，以區別於天子之色。漢衛宏《漢舊儀》曰："丞相聽事門曰黃閣。"後常以黃閣指丞相府。

六年，州大水，江溢堤壞，憺親率將吏，冒雨賦丈尺築之，而雨甚水壯，衆皆恐，或請避焉。憺曰："王尊尚欲身塞河堤，我獨何心以免。"乃登堤歎息，終日輟膳，刑白馬祭江神。酹酒於流，以身爲百姓請命，言終而水退堤立。邴洲在南岸，[1]數百家見水長驚走，登屋緣樹。憺募人救之，一口賞一萬。估客數十人應募，[2]洲人皆以免，吏人歎服，咸稱神勇。又分遣諸郡遭水死者給棺槽，[3]失田者與糧種。是歲嘉禾生于州界，吏人歸美焉。

[1]邴洲：地名。在今湖北荆州市長江南岸。《梁書》卷二二《始興王憺傳》作"邴州"。
[2]估客：販賣貨物的商人。
[3]槽：粗陋而薄的木棺。

七年，慈母陳太妃薨，水漿不入口六日，居喪過禮，武帝優詔勉之，使攝州任。是冬，詔徵以本號還朝。人歌曰："始興王，人之爹，徒我反。赴人急，如水火，何時復來哺乳我。"荆土方言謂父爲爹，故云。後爲中衛將軍、中書令，[1]領衛尉卿。憺性好謙，降意接士，常與賓客連榻坐，時論稱之。

[1]中衞將軍：官名。將軍名號。爲一百二十五號將軍之一，二十三班。

九年，拜都督、益州刺史。舊守宰丞尉歲時乞丐，躬歷村里，百姓苦之，習以爲常。憺至州，停斷嚴切，百姓以蘇。又興學校，祭漢蜀郡太守文翁，[1]由是人多向方者。[2]

[1]文翁：廬江舒（今安徽廬江縣）人。少好學，通《春秋》。景帝末，爲蜀郡守，仁愛好教化。又修起學官於成都市中。至武帝時，乃令天下郡國皆立學校官，自文翁爲之始云。文翁終於蜀，吏民爲立祠堂，歲時祭祀不絕。至今巴蜀好文雅，文翁之化也。《漢書》卷八九有傳。

[2]方：指正道。

十四年，遷都督、荆州刺史。同母兄安成王秀將之雍州，薨于道。憺聞喪自投于地，席槀哭泣，不飲不食者數日，傾財産賻送，[1]部伍大小皆取足焉，天下稱其悌。

[1]賻（fù）：贈送財物助人治喪。

十八年，徵爲侍中、中撫軍將軍、開府儀同三司、領軍將軍，[1]即開府黃閤。[2]薨，二宮悲惜，輿駕臨幸者七焉。贈司徒，謚曰忠武。憺未薨前，夢改封中山王，策授如他日，意頗惡之，數旬而卒。憺有惠西土，[3]荆州人聞薨，皆哭於巷，嫁娶有吉日，移以避哀。子亮嗣。

[1]中撫軍將軍：官名。即中撫將軍。與中軍、中衛、中權將軍合稱四中將軍，專授予在京師任職的官員，地位顯要。

[2]開府黃閤：張森楷《南史校勘記》："《梁書》無'撫'下'軍'字。'開府'即開黃閤，此文重複，疑有脫衍。"

[3]西土：指荆州。因其在建康之西，故稱。

亮弟暎字文明，年十二，爲國子生。[1]天監十七年，詔諸生口策，宗室可否。[2]帝知暎聰解，特令問策，又口對，並見奇。謂祭酒袁昂曰："吾家千里駒也。"

[1]國子生：國子監學生。國子學（監），國立儒學最高學府。晋武帝咸寧二年（276）始設。據《周禮》"國之貴族子弟國子受教於師"之意而名。咸寧四年，置國子祭酒、博士各一人，助教十五人，以教生徒。從此國子學與太學並立。南北朝時，或設國子學、或設太學，或兩者同設。南朝梁國子學隸屬太常卿，設祭酒一員、博士二員、助教十員、太學博士八員，又有限外博士員。

[2]詔諸生口策，宗室可否：口策、可否，中華本據《册府元龜》卷二七〇改作"答策""則否"。

起家淮南太守，諸兄未有除命，乃抗表讓焉。暎美容儀。普通二年，封廣信縣侯。[1]丁父憂，隆冬席地，哭不絶聲，不嘗穀粒，唯飲冷水，因患癥結。[2]除太子洗馬。[3]詔以懀艱難王業，追增國封。嗣王陳讓，既不獲許，乃乞頒邑諸弟。帝許之，改封新渝縣侯。[4]後居太妃憂泣血，三年服闋，爲吳興太守。[5]郡累不稔，[6]中大通三年，[7]野穀生武康，[8]凡二十二處，自此豐穰。暎製《嘉穀頌》以聞，中詔稱美。

[1]廣信：縣名。治所在今廣西梧州市。
[2]瘕結：《史記》卷一〇五《扁鵲倉公列傳》：“以此視病，盡見五藏瘕結。”張守節正義云：“五藏謂心、肺、脾、肝、腎也。”
[3]太子洗馬：官名。東宮屬官。洗亦作先。先馬，即前驅。掌賓贊受事，太子出行則爲前導。梁置八員，六班，隸詹事所轄典經局。
[4]新渝：縣名。治所在今江西新餘市南。
[5]吳興：郡名。治烏程縣，在今浙江湖州市。
[6]不稔：歉收。
[7]中大通：南朝梁武帝蕭衍年號（529—534）。
[8]武康：縣名。治所在今浙江德清縣西。

後爲北徐州刺史，[1]在任弘恕，人吏懷之。常載粟帛遊於境內，有遇貧者，即以振焉。[2]勝境名山，多所尋履。及徵將還，鍾離人顧思遠挺叉行部伍中。暎見甚老，使人問，對曰：“年一百一十二歲。凡七娶，有子十二，死亡略盡。今唯小者，年已六十，又無孫息，家闕養乏，是以行役。”暎大異之，召賜之食，食兼於人。檢其頭有肉角長寸，遂命後舟載還都，謁見天子。與之言往事，多異所傳，擢爲散騎侍郎，[3]賜以奉宅，朝夕進見，年百二十卒。又普通中北侵，攻穰城，[4]城內有人年二百四十歲，不復能食穀，唯飲曾孫婦乳。簡文帝命勞之，賜以束帛。荊州上津鄉人張元始年一百一十六歲，膂力過人，進食不異，至年九十七方生兒，兒遂無影。將亡，人人告別，乃至山林樹木處處履行，少日而終，時人以爲知命。湘東王愛奇重異，遂留其枕。

[1]北徐州：州名。南朝齊改徐州置。治燕縣，在今安徽鳳陽縣臨淮關鎮。

[2]振：殿本同，汲古閣本作“賑”。

[3]散騎侍郎：官名。侍從皇帝左右，顧問諫諍，平尚書奏事。梁八班。

[4]穰城：縣名。治所在今河南鄧州市。北魏孝文帝時於穰城置荆州。《魏書·地形志下》：“荆州，後漢治漢壽，魏、晋治江陵，太延中治上洛，太和中治穰城。”《讀史方輿紀要》卷五一《河南六·鄧州》云：“後魏盛時亦置荆州於穰縣，以控臨沔北。其後宇文泰欲經略江、漢，使楊忠都督三荆，鎮穰城，而沔口以西遂拱手取之矣。”

瑛後歷給事黄門侍郎，衛尉卿，廣州刺史，[1]卒官，謚曰寬侯。[2]

[1]廣州：州名。治番禺縣，在今廣東廣州市。

[2]謚曰寬侯：張森楷《南史校勘記》：“《隋書·經籍志》有新渝惠侯《蕭映賦集》五十卷，當即其人，而‘寬’‘惠’各異。”

瑛弟曄字通明，美姿容，善談吐。初封安陸侯。[1]憺特所鍾愛，常目送之曰：“吾所深憂。”左右問其故，答曰：“其過俊發，恐必無年。”及憺不豫，侍疾衣不釋帶，言與淚并。憺薨，扶而後起。服闋，改封上黄侯，[2]位兼宗正卿。簡文入居監撫，[3]曄獻《儲德頌》，遷給事黃門侍郎。

［1］安陸：縣名。治所在今湖北安陸市。

［2］上黃：縣名。治所在今湖北南漳縣東南。

［3］居監撫：監撫，指監國與撫軍。《左傳》閔公二年："（太子）君行則守，有守則從。從曰撫軍，守曰監國，古之制也。"居監撫即居太子之位。

出爲晋陵太守。美才仗氣，言多激揚。常乘折角牛，縠木履，被服必於儒者。名盛海内，爲宗室推重，特被簡文友愛。與新渝、建安、南浦並預密宴，號東宫四友。簡文日有五六使來往。曄初至郡，屬旱，躬自祈禱，果獲甘潤。郡雀林村舊多猛獸爲害，曄在政六年，此暴遂息。卒于郡。初，曄寢疾歷年，官曹擁滯，有司案諡法"言行相違曰替"，乃諡替侯。

論曰：自昔王者創業，莫不廣植親親，割裂州國，封建子弟。是以大斾少帛，[1]崇於魯、衛，[2]盤石犬牙，寄深梁、楚。[3]梁武遠遵前軌，蕃屏懿親，至於戚枝，咸被任遇。若蕭景才辯，固亦梁之令望者乎。臨川不才，頻叨重寄，古者睦親之道，粲而不殊，加之重名，則有之矣。而宏屢黷彝典，一撓師徒，梁之不綱，於斯爲甚。[4]正德穢行早顯，逆心夙構，比齊襄而迹可足，似吴濞而勢不侔，[5]徒爲賊景之階梯，竟取國敗而身滅，哀哉！安成、南平、鄱陽、始興俱以名迹著美，蓋亦有梁之間、平也。[6]

[1]大旂少帛：龍旗、雜帛。魯周公、衛康公有功於王室，周天子賜大旂、少帛以襃其功。參《史記》卷三七《衛康叔世家》裴駰集解。

[2]魯、衛：周代諸侯國名。

[3]梁、楚：西漢諸侯國名。

[4]"臨川不才"至"於斯爲甚"：王鳴盛《十七史商榷》卷六三《臨川王宏與〈梁書〉大異》："此李延壽自撰，不襲《梁書》斷語，亦錚錚有之矣。下當有脱落，言尊之以高爵則有之，未有明知其不才，而以軍國重任作顯榮皇弟之用，使之僨事者。'一'當作'大'，大撓大岨也。"

[5]吳濞：吳王劉濞。漢高祖劉邦之侄，封吳王。後不滿朝廷削藩，於景帝三年（前154）聯合楚、趙等七個諸侯王起兵反叛，史稱"吳楚之亂"或"七國之亂"。劉濞兵敗後逃入東越，爲越人所殺。《史記》卷一〇六有傳。

[6]間、平：指西漢河間王劉德與東漢東平王劉蒼。《漢書》卷五三《景十三王傳》贊云："漢興，至於孝平，諸侯王以百數，率多驕淫失道……夫唯大雅，卓爾不群，河間獻王近之矣。"《後漢書》卷四二《光武十王傳》贊云："東平好善，辭中委相。謙謙恭王，實惟三讓。"

南史　卷五三

列傳第四十三

梁武帝諸子

　　武帝八男。丁貴嬪生昭明太子統、簡文皇帝、廬陵威王續。[1]阮脩容生孝元皇帝。[2]吳淑媛生豫章王綜。[3]董昭儀生南康簡王績。[4]丁充華生邵陵攜王綸。[5]葛脩容生武陵王紀。

　　[1]丁貴嬪：名令光，譙國（今安徽亳州市）人。世居襄陽。本書卷一二、《梁書》卷七有傳。　簡文：梁簡文帝蕭綱。字世贊，小字六通，梁武帝第三子，昭明太子蕭統同母弟，母爲貴嬪丁令光。公元 550 元至 551 年在位。南朝梁第二位皇帝。本書卷八、《梁書》卷四有紀。

　　[2]阮脩容：即文宣阮太后，名令嬴，會稽餘姚（今浙江餘姚市）人。謚曰宣。元帝即位，有司奏追崇爲文宣太后。本書卷一二、《梁書》卷七有傳。脩容，后妃名號，九嬪之一。

　　[3]吳淑媛：姓吳，名景暉。事見《洛陽伽藍記》卷二《城東·龍華寺》。《資治通鑑》卷一五〇《梁紀六》武帝普通六年胡

三省注曰：“魏文帝置淑媛；宋明帝以淑媛爲九嬪之首，齊、梁因之。”

　　[4]董昭儀：本傳下文又作“董淑媛”，《梁書》卷二九《南康王績傳》作“董淑儀”。疑“淑媛”“昭儀”並“淑儀”之訛。淑儀，后妃名號，九嬪之一。

　　[5]充華：后妃名號，九嬪之一。

　　昭明太子統字德施，小字維摩，武帝長子也。[1]以齊中興元年九月生于襄陽。[2]武帝既年垂强仕，方有冢嗣；時徐元瑜降；[3]而續又荆州使至，[4]云：“蕭穎冑暴卒。”[5]時人謂之三慶。少日而建鄴平，[6]識者知天命所集。

　　[1]武帝：南朝梁武帝蕭衍。字叔達，小字練兒，南蘭陵（今江蘇常州市武進區）中都里人。梁朝梁開國皇帝。公元502年至549年在位。本書卷六、卷七，《梁書》卷一至卷三有紀。

　　[2]中興：南朝齊和帝蕭寶融年號（501—502）。　襄陽：縣名。治所在今湖北襄陽市。

　　[3]徐元瑜：本齊末東昏侯將，梁武帝攻建康，徐元瑜以東府城降。梁初曾任廣州刺史。後遇始興人士反，因掠元瑜財產。元瑜走歸廣州，借兵於樂藹，託欲討賊，而實謀襲藹。藹覺之，誅元瑜。事見本書卷六《梁武帝紀上》、卷五六《樂藹傳》，《梁書》卷一《武帝紀上》、卷一九《樂藹傳》。

　　[4]荆州：州名。治江陵縣，在今湖北荆州市荆州區。

　　[5]蕭穎冑：字雲長，南蘭陵蘭陵（今江蘇常州市武進區）人，金紫光禄大夫蕭赤斧之子，齊高帝蕭道成侄。和帝即位，穎冑爲尚書令，都督中外諸軍事。時梁武已平江、郢，圍建康，穎冑輔帝主，有安重之勢。自以職居上將，不能拒制蕭璝等，憂愧發疾而

卒。本書卷四一、《南齊書》卷三八有附傳。

　　[6]建鄴：東晉、南朝都城，又稱建業、建康，在今江蘇南京市。東漢獻帝建安十六年（211），孫權徙治丹陽郡秣陵縣，次年改名建業。吳大帝黃龍元年（229），正式定都於建業。西晉滅吳，恢復秣陵舊名。晉武帝太康三年（282），分秦淮水爲界兩分秣陵縣境，以南爲秣陵，以北爲建業，並改名建鄴。愍帝建興元年（313）因避愍帝司馬鄴諱，改名建康。其後宋、齊、梁、陳沿用爲都城，故稱六朝古都。《太平寰宇記》卷九〇《江南東道二·昇州》引《金陵記》云“梁都之時，城中二十八萬餘户。西至石頭城，東至倪塘，南至石子岡，北過蔣山，東西南北各四十里。”城市西界至石頭城，位於今江蘇南京市水西門以北至清凉山；東界爲倪塘，在今江蘇南京市江寧區上坊街道泥塘社區附近；南界石子岡，是包含今雨花臺在内的城南東西走向的一系列岡阜；北界逾過蔣山，也就是鍾山，今稱紫金山（參見張學鋒《南朝建康的都城空間與葬地》，《中華文史論叢》2019年第3期）。

　　天監元年十一月，[1]立爲皇太子。時年幼，依舊於内，[2]拜東宫官屬，文武皆入直永福省。[3]五年五月庚戌，[4]出居東宫。

　　[1]天監：南朝梁武帝蕭衍年號（502—519）。

　　[2]依舊於内：《梁書》卷八《昭明太子傳》作“依舊居於内”。内，指後宫内。

　　[3]直：同“值”。　永福省：宫省名。位於建康皇宫内。南朝宋以來爲太子未冠時所居之所，取福祚永長之意。與東宫有别，故又稱西省。

　　[4]五月庚戌：中華本校勘記云：“按五月乙丑朔，無庚戌，六月甲午朔，庚戌爲十七日。據《通鑑》改。”

太子生而聰叡，三歲受《孝經》《論語》，五歲徧讀《五經》，悉通諷誦。性仁孝，自出宮，恒思戀不樂。帝知之，每五日一朝，多便留永福省，或五日三日乃還宮。八年九月，於壽安殿講《孝經》，盡通大義。講畢，親臨釋奠于國學。[1]

[1]釋奠：置爵於神前而祭。《禮記·文王世子》：“凡學，春，官釋奠于其先師。秋冬亦如之。凡始立學者，必釋奠於先聖先師。”《隋書·禮儀志四》：“梁天監八年，皇太子釋奠。”

年十二，於内省見獄官將讞事。[1]問左右曰：“是皁衣何爲者？”曰：“廷尉官屬。”召視其書，曰：“是皆可念，我得判否？”有司以統幼，紿之曰：“得。”其獄皆刑罪上，統皆署杖五十。有司抱具獄，不知所爲，具言於帝，帝笑而從之。自是數使聽訟，每有欲寬縱者，即使太子決之。建康縣讞誣人誘口，獄翻，縣以太子仁愛，故輕當杖四十。令曰：“彼若得罪，便合家孥戮，今縱不以其罪罪之，豈可輕罰而已，可付冶十年。”

[1]内省：指門下省。因在禁内，故稱。　讞：即讞文，向上司申報的議刑之文。

十四年正月朔旦，帝臨軒，[1]冠太子於太極殿。[2]舊制太子著遠游冠、金蟬翠緌纓，[3]至是詔加金博山。[4]太子美姿容，善舉止，讀書數行並下，過目皆憶。每游宴祖道，[5]賦詩至十數韻，或作劇韻，[6]皆屬思便成，無所點易。[7]帝大弘佛教，親自講説。太子亦素信三寶，[8]徧覽衆經。乃於宮內別立慧義殿，專爲法集之所。[9]招引名僧，自立《三諦》《法義》。[10]普通元年四月，[11]甘露降于慧義殿，咸以爲至德所感。時俗稍奢，太子欲以己率物，服御朴素，身衣浣衣，膳不兼肉。

[1]臨軒：皇帝不坐正殿而至殿前。殿前堂陛之間，近簷之處兩邊有檻楯，如車之軒，故亦稱軒。

[2]冠：古代男子成年時舉行加冠的禮儀。古代禮制，王十五而冠。　太極殿：梁建康宮正殿。梁武帝天監十二年（513）新作，共十三間。

[3]遠遊冠：冠名。《續漢書·輿服志下》："遠遊冠，制如通天，有展筩横之於前，無山述。諸王所服也。"　金蟬翠緌纓：裝飾有金蟬的冠帶。

[4]金博山：冠名。陳依梁制，《隋書·禮儀志六》云："皇太子，金璽龜鈕，朱綬，朝服，遠遊冠，金博山。"

[5]祖道：古人稱出行前祭祀路神爲祖道，後用以稱餞行。

[6]劇韻：字少而難押的韻。

[7]點易：修改。

[8]三寶：佛教以佛、法、僧爲三寶。此處用以代稱佛教。

[9]法集：佛教徒講法的集會。

[10]《三諦》《法義》：中華本改作"二諦""法身義"，其校勘記云："'二諦'各本作'三諦'；'法身義'各本脱'身'字。按《全梁文》載蕭統《令旨解二諦義》及《令旨解法身義》，謂二諦爲'真諦''俗諦'。謂'法者，軌則爲旨；身者，有體之義。軌則之體，故曰法身'。今據正。"按，所説是，應據改。二諦，即真諦、俗諦。昭明太子有《令旨解二諦》文，見唐釋道宣撰《廣弘明集》卷二一。法身，佛教稱佛的真身爲法身。昭明太子《令旨

解法身義》，見《廣弘明集》卷二一。

[11]普通：南朝梁武帝蕭衍年號（520—527）。

　　三年十一月，始興王憺薨。[1]舊事以東宮禮絶傍親，書翰並依常儀。太子以爲疑，命僕劉孝綽議其事。[2]孝綽議曰：“案張鏡撰《東宮儀記》，[3]稱‘三朝發哀者，踰月不舉樂；[4]鼓吹寢奏，服限亦然’。[5]尋傍絶之義，義在去服，服雖可奪，情豈無悲。鐃歌輟奏，[6]良亦爲此。既有悲情，宜稱兼慕，卒哭之後，[7]依常舉樂，稱悲竟，此理例相符。謂猶應兼慕，請至卒哭。”[8]僕射徐勉、左率周捨、家令陸襄並同孝綽議。[9]太子令曰：“張鏡《儀記》云，‘依《士禮》，[10]終服月稱慕悼’。又云，‘凡三朝發哀者，踰月不舉’。[11]劉僕議云，‘傍絶之義，義在去服，服雖可奪，情豈無悲。卒哭之後，依常舉樂，稱悲竟，此理例相符’。尋情悲之説，非止卒哭之後，緣情爲論，此自難一也。[12]用張鏡之‘舉樂’，棄張鏡之‘稱悲’。一鏡之言，取捨有異，此自難二也。陸家令止云‘多歷年所’，恐非事證。雖復累稔所用，[13]意常未安。近亦嘗以此問外，由來立意，謂猶應有慕悼之言。張豈不以舉樂爲大，稱悲事小。[14]所以用小而忽大，良亦有以。至如元正六佾，[15]事爲國章，雖情或未安，而禮不可廢。鐃吹軍樂，比之亦然，書疏方之，[16]事則成小。差可緣心。聲樂自外，書疏自内，樂自他，書自己。劉僕之議，即情未安。可令諸賢更共詳衷。”司農卿明山賓、步兵校尉朱异議，[17]稱“慕悼之辭，[18]宜終服月”。於是付典書遵用，[19]以爲永準。

[1]始興王憺：蕭憺。字僧達，梁文帝第十一子。武帝天監元年（502），封始興郡王，十八年去世，謐曰忠武。本書卷五二、《梁書》卷二二有傳。按，本卷言始興王憺死於武帝普通三年（522）十一月，與本書卷二《武帝紀中》、《梁書》卷二二《始興王憺傳》不同。

[2]僕：汲古閣本、殿本作“僕射”，《梁書》卷八《昭明太子傳》作“僕”。僕，爲太子僕之省稱。東宮屬官，主車馬。梁十班。　劉孝綽：本名冉，字孝綽，彭城（今江蘇徐州市）人。七歲能屬文，號曰神童。梁武帝天監初，起家著作佐郎。後爲太子僕，掌東宮管記。時昭明太子好士愛文，孝綽與陳郡殷芸、吳郡陸倕、琅邪王筠、彭城到洽等同見禮。太子起樂賢堂，乃使先圖孝綽。太子文章，群才咸欲撰録，太子獨使孝綽集而序之。本書卷三九有傳，《梁書》卷三三有附傳。

[3]張鏡：吳郡吳（今江蘇蘇州市）人，張茂度之子。任新安太守，有盛名，早卒。本書卷三一有附傳。　《東宮儀記》：《隋書·經籍志二》著録“《宋東宮儀記》二十三卷，宋新安太守張鏡撰”，《舊唐書·經籍志上》著録“《東宮儀記》二十二卷，張鏡撰”，《新唐書·藝文志二》著録“張鏡《宋東宮儀記》二十三卷”。

[4]三朝發哀者，踰月不舉樂：兩晉時，凡國之大喪，主喪者於祭禮後三日，每朝臨哭之儀式。發哀，舉行哀悼儀式。《晉書·禮志中》晉武帝咸寧二年（276）詔：“諸王公大臣薨，應三朝發哀者，逾月舉樂，其一朝發哀者，三日不舉樂也。”

[5]鼓吹寢奏，服限亦然：鼓吹，樂名。本軍樂，皇帝出行時亦奏。魏晉以下亦用以贈賜有功之臣。服限，喪禮規定穿喪服的範圍。

[6]鐃歌：軍樂。晉人崔豹《古今注》曰：“短簫鐃歌，軍樂也……漢有黃門鼓吹，天子所以宴群臣。短簫鐃歌，鼓吹之一章耳，亦以賜有功諸侯。”

[7]卒哭：古代喪禮，百日祭後，停止無時之哭爲朝夕一哭，

稱爲卒哭。見《儀禮·既夕禮》"三虞卒哭"鄭玄注。

[8]謂猶應兼慕，請至卒哭：據《梁書·昭明太子傳》作"謂猶應稱兼慕，請至卒哭"。

[9]僕射：官名。尚書僕射之省稱。尚書省次官。或單置，或並置左右，輔助尚書令執行政務，參議大政，諫諍得失，監察糾彈百官，可封還詔旨，常受命主管官吏選舉。梁十五班。 徐勉：字脩仁，東海郯（今山東郯城縣）人。領太子中庶子，侍東宮。昭明太子尚幼，敕知宮事。太子禮之甚重，每事詢謀。嘗於殿內講《孝經》。歷任尚書右僕射、尚書僕射等職。本書卷六〇、《梁書》卷二五有傳。 左率：官名。太子左衞率之省稱。與太子右衞率共掌東宮宿衞營兵。梁十一班。 周捨：字昇逸，汝南安成（今河南汝南縣）人。梁武帝時，召拜尚書祠部郎。後歷任員外散騎常侍、太子左衞率等職。禮儀損益，多自捨出。本書卷三四有附傳，《梁書》卷二五有傳。 家令：官名。太子家令之省稱。太子三卿之一，掌東宮刑獄、錢穀、飲食。梁十班。 陸襄：字師卿，吳郡吳（今江蘇蘇州市）人。本名袞，字趙卿，有奏事者誤字爲襄，梁武帝乃改爲襄字師卿。武帝天監三年，起家擢拜著作佐郎。昭明太子聞襄業行，啓高祖引與遊處，除太子洗馬，遷中舍人，並掌管記。後累遷國子博士，太子家令等。本書卷四八有附傳，《梁書》卷二七有傳。

[10]《士禮》：《儀禮》的別名。

[11]凡三朝發哀者，踰月不舉：《梁書·昭明太子傳》作"凡三朝發哀者，逾月不舉樂"。

[12]自難：自相矛盾。

[13]累稔：累年。

[14]張豈不以舉樂爲大，稱悲事小：《梁書·昭明太子傳》作"張豈不知舉樂爲大，稱悲事小"。

[15]元正：正月初一。 六佾：古代諸侯所用的樂舞，舞者分六列，列六人。

[16]書疏：同上文"書翰"，泛指書札。

[17]司農卿：官名。梁十二卿之一，主農功倉廩。梁十一班。

明山賓：字孝若，平原鬲（今山東平原縣）人。博通經傳，掌吉禮。歷中書侍郎，國子博士，太子率更令等。著《吉禮儀注》二百二十四卷，《禮儀》二十卷，《孝經喪服義》十五卷。本書卷五〇有附傳，《梁書》卷二七有傳。　步兵校尉：官名。與屯騎、射聲、越騎、長水校尉合爲禁軍五校尉，掌宮廷宿衛，不領營兵，梁七班。　朱异：字彥和，吳郡錢唐（今浙江杭州市）人。梁武帝寵臣。梁初開五館，异服膺於博士明山賓。徧覽《五經》，尤明《禮》《易》。本書卷六二、《梁書》卷三八有傳。

[18]慕悼之辭：《梁書·昭明太子傳》作“慕悼之解”。

[19]典書：官名。主文書。官品不詳。

七年十一月，貴嬪有疾，太子還永福省，朝夕侍疾，衣不解帶。及薨，步從喪還宮，至殯，水漿不入口，每哭輒慟絕。武帝敕中書舍人顧協宣旨曰：[1]“毀不滅性，[2]聖人之制，不勝喪比於不孝。[3]有我在，那得自毀如此。可即強進飲粥。”太子奉敕，乃進數合，[4]自是至葬，日進麥粥一升。武帝又敕曰：“聞汝所進過少，轉就羸瘦。[5]我比更無餘病，[6]政爲汝如此，[7]胷中亦填塞成疾。故應彊加饘粥，不俟我恒爾懸心。”[8]雖屢奉敕勸逼，終喪日止一溢，[9]不嘗菜果之味。體素壯，腰帶十圍，至是減削過半。每入朝，士庶見者莫不下泣。

[1]中書舍人：官名。中書省屬官，舊掌入值閣內，呈奏案章。劉宋時漸用寒人及皇帝親信擔任，奪中書侍郎出令權。至梁則選以才能，掌中書詔誥。多以他官兼領。梁四班。　顧協：字正禮，吳郡吳（今江蘇蘇州市）人。舉秀才，尚書令沈約覽其策而歎曰：

"江左以來，未有此作。"拜通直散騎侍郎，兼中書通事舍人，累遷步兵校尉，守鴻臚卿，員外散騎常侍。本書卷六二、《梁書》卷三〇有傳。

　　[2]毀不滅性：哀傷而不危及性命。《孝經·喪親》云："子曰：'孝子之喪親也……毀不滅性，此聖人之政也。'"

　　[3]不勝喪比於不孝：《禮記·曲禮上》云："居喪之禮，頭有創則沐，身有瘍則浴，有疾則飲酒食肉，疾止復初。不勝喪，乃比於不慈不孝。"

　　[4]合（gě）：量詞。古代十合爲一升。

　　[5]羸瘦：《梁書》卷八《昭明太子傳》作"羸瘵"。瘵（zhài），病也。從下文"我比更無餘病"來看，《梁書》似乎更確。

　　[6]比：近來。

　　[7]政：《梁書·昭明太子傳》作"正"，文義更爲順通。

　　[8]不俟我恒爾懸心：《梁書·昭明太子傳》及《太平御覽》卷八五九引"不俟"並作"不使"。

　　[9]溢：古代計量單位。一指重量，一指容量。此指容量，一升之二十四分之一。《儀禮·既夕禮》："歠粥，朝一溢米，夕一溢米。不食菜果。"

　　太子自加元服，[1]帝便使省萬機，内外百司奏事者填塞於前。太子明於庶事，每所奏謬誤巧妄，皆即辯析，示其可否，徐令改正，未嘗彈糾一人。平斷法獄，多所全宥，天下皆稱仁。性寬和容衆，喜愠不形於色。引納才學之士，賞愛無倦。恒自討論墳籍，或與學士商榷古今，繼以文章著述，率以爲常。于時東宮有書幾三萬卷，名才並集，文學之盛，晉、宋以來未之有也。

[1]加元服：指行冠禮。元服，即冠。《漢書》卷七《昭帝紀》顏師古注：“元，首也。冠者，首之所著，故曰元服。”

　　性愛山水，於玄圃穿築，[1]更立亭館，與朝士名素者遊其中。[2]嘗泛舟後池，番禺侯軌盛稱“此中宜奏女樂”。[3]太子不答，詠左思《招隱詩》云：[4]“何必絲與竹，山水有清音。”軌慙而止。出宮二十餘年，[5]不畜音聲。未薨少時，敕賜太樂女伎一部，[6]略非所好。

[1]玄圃：即玄圃園。梁東宮苑囿名。《資治通鑑》卷一六一《梁紀十七》武帝太清二年胡三省注：“自蕭齊以來，東宮有玄圃。崐崘之山三級，下曰樊桐，二曰玄圃，三曰層城，太帝之所居，東宮次於帝居，故立玄圃。”

[2]名素：素來有名望的人。

[3]番禺：縣名。治所在今廣東廣州市。

[4]左思：字太沖，齊國臨淄（今山東淄博市臨淄區）人。著名文學家。《晉書》卷九二有傳。　《招隱詩》：見《文選》卷二二。

[5]出宮：指自禁中出居東宮。

[6]太樂：官署名。屬太常，掌樂人及奏樂事。

　　普通中，大軍北侵，都下米貴。太子因命菲衣減膳。每霖雨積雪，遣腹心左右周行閭巷，視貧困家及有流離道路，以米密加振賜，[1]人十石。又出主衣絹帛，[2]年常多作襦袴，各三千領，冬月以施寒者，不令人知。若死亡無可斂，則爲備棺槥。[3]每聞遠近百姓賦役勤苦，輒斂容變色。常以戶口未實，重於勞擾。吳郡屢以水災不熟，[4]有上言當漕大瀆以瀉浙江。[5]中大通二年春，[6]詔遣前交州刺史王弈假節發吳、吳興、信義三郡人丁就役。[7]太子上疏曰："伏聞當遣王弈等上東三郡人丁開漕溝渠，導洩震澤，[8]使吳興一境無復水災，蹔勞永逸，必獲後利。未萌難覩，竊有愚懷。所聞吳興累年失收，人頗流移，吳郡十城，亦不全熟，唯信義去秋有稔，[9]復非恒役之民。即日東境穀稼猶貴，[10]劫盜屢起，在所有司，皆不聞奏。今征戍未歸，强丁疏少，此雖小舉，竊恐難合。吏一呼門，動爲人蠹。又出丁之處，遠近不一，比得齊集，已妨蠶農。去年稱爲豐歲，公私未能足食，如復今兹失業，慮恐爲弊更深。且草竊多伺候人間虛實，[11]若善人從役，則抄盜彌增。吳興未受其益，内地已離其弊。不審可得權停此功，待優實以不？"[12]武帝優詔以喻焉。

[1]振：通"賑"。

[2]主衣：即主衣局，梁東宮官署名。主東宮衣物。

[3]橇（huì）：小棺。

[4]吳郡：《梁書》卷八《昭明太子傳》作"吳興郡"。按，下文云"使吳興一境無復水災"，故此處"吳"下脱"興"字。吳興，郡名。治烏程縣，在今浙江湖州市。

[5]浙江：即今浙江錢塘江、富春江。

[6]中大通：南朝梁武帝蕭衍年號（529—534）。

[7]詔遣前交州刺史王弈假節發吳、吳興、信義三郡人丁就役：《梁書·昭明太子傳》"王弈"作"王弁"，"信義"作"義興"。中華本校勘記云："義興自晋歷宋齊爲郡，見《州郡志》。梁廢義興置信義，見《隋志·地理志》。陳後主有子祗封信義王，見《陳

書·後主諸子傳》。隋平陳後廢義興爲縣，見《隋志·毗陵郡》。《南史》修成於唐，故改義興爲信義。"交州，州名。治龍編縣，在今越南北寧省仙游縣東。假節，古代大臣奉皇帝之命出行，持節以爲憑證，稱爲假節。魏晉以降以爲官名，有假節、持節、使持節之分，權力亦有小大之别。多爲都督諸州軍事及刺史總軍戎者。在軍事行動中，假節可殺犯軍令者。吳郡，郡名。治吳縣，在今江蘇蘇州市。義興，郡名。治陽羨縣，在今江蘇宜興市。

[8]震澤：即今江蘇太湖。

[9]稔：《説文解字·禾部》："稔，穀熟也。"

[10]即：汲古閣本同，殿本作"今"，《梁書·昭明太子傳》作"即"。

[11]草竊：草野盜賊。

[12]以不：即"與否"，六朝人習語。

太子孝謹天至，每入朝，未五鼓便守城門開。[1]東宫雖燕居内殿，一坐一起，恒向西南面臺。[2]宿被召當入，危坐達旦。[3]

[1]五鼓：五更。顏之推《顏氏家訓·書證》："漢魏以來，謂爲甲夜、乙夜、丙夜、丁夜、戊夜；又云鼓，一鼓、二鼓、三鼓、四鼓、五鼓；亦云一更、二更、三更、四更、五更，皆以五爲節。"

[2]恒向西南面臺：《資治通鑑》卷一五五《梁紀十一》武帝中大通三年胡三省注："必西向者，不敢背上臺也。"

[3]危坐：直腰而坐。

三年三月，游後池，乘彫文舸摘芙蓉。姬人蕩舟，没溺而得出，因動股，恐貽帝憂，深諱不言，以寢疾聞。[1]武帝敕看問，輒自力手書啓。及稍篤，[2]左右欲啓聞，猶不許，曰："云何令至尊知我如此惡。"因便嗚咽。四月乙巳，暴惡，馳啓武帝，比至已薨，時年三十一。帝臨哭盡哀，詔斂以袞冕，謚曰昭明。五月庚寅，葬安寧陵，[3]詔司徒左長史王筠爲哀册文。[4]朝野愓愕，都下男女奔走宮門，號泣滿路。四方甿庶及墰徼之人，[5]聞喪皆哀慟。

[1]寝疾：臥病。關於昭明太子蕭統之死，明人張溥《漢魏六朝百三家集・梁蕭統集題辭》云："《南史》所云埋鵝啓釁，蕩舟寝疾，世疑其誣。於是論昭明者斷以姚書爲質矣。"今人亦有深入探討者，如辛明應認爲，"李延壽關於昭明太子的臨終敘事，在歷史真實性上容有疑義，在文學的表現上却無疑是成功的。這一敘事扣緊蕩舟、摘芙蓉等核心意象，編織出統臨終的歷史畫面，將《左傳》的歷史記憶與蕭統的時代聯絡起來，形成了經史的互文"（辛明應《蕭梁王室與蕩舟記憶——兼釋經史與文學意象的互文性》，《復旦大學學報》2017 年第 6 期）。

[2]篤：病危。

[3]安寧陵：昭明太子統陵墓。《建康實錄》卷一八有云："陵在建康縣北三十五里。"《元和郡縣圖志》卷二五《江南道一・上元縣》條有云："梁昭明太子安寧陵，在縣東北五十四里查硎山。"

[4]司徒左長史：官名。司徒府屬官，佐司徒掌諸曹事。梁十二班。 王筠：字元禮，一字德柔，琅邪臨沂（今山東臨沂市）人。本書卷二二有附傳，《梁書》卷三三有傳。 哀册：文體之一種。用於遷移皇帝棺木、對太子及后妃諸王大臣死者的哀悼的策書。也作哀策。《梁書》卷八《昭明太子傳》記載了這一哀策内容。

[5]墰：殿本同，汲古閣本作"疆"。

太子性仁恕，見在宮禁防捉荆子者，問之，云以清
道驅人。太子恐復致痛，使捉手板代之。頻食中得蠅蟲
之屬，密置柈邊，恐厨人獲罪，不令人知。又見後閣小
兒攤戲，後屬有獄牒攤者法，士人結流徒，[1]庶人結徒。
太子曰："私錢自戲，不犯公物，此科太重。"令注刑止
三歲，士人免官。獄牒應死者必降長徒，自此以下莫不
減半。

　[1]徒：《通志》卷八三下作"徙"。

　　所著文集二十卷，又撰古今典誥文言爲《正序》十
卷，五言詩之善者爲《英華集》二十卷，[1]《文選》三
十卷。

　[1]《英華集》二十卷：《梁書》卷八《昭明太子傳》作
"《文章英華》二十卷"，《隋書·經籍志四》同。

　　薨後，長子東中郎將南徐州刺史華容公歡封豫章郡
王，[1]次子枝江公譽封河東郡王，[2]曲江公譽封岳陽郡
王，[3]詧封武昌郡王，[4]鑒封義陽郡王，[5]各三千户。[6]女
悉同正主。蔡妃供侍一同常儀，唯別立金華宮爲異。[7]
帝既廢嫡立庶，海内噂嗒，故各封諸子大郡以慰其心。
岳陽王詧流涕受拜，累日不食。

　[1]東中郎將：官名。與西、南、北中郎將合稱四中郎將。南
朝爲榮譽加號。開府者位從公秩一品。　　南徐州：州名。治京口

城，在今江蘇鎮江市。　華容公歡：蕭歡。字孟孫，蕭統長子。蕭統死後，梁武帝没有立嫡孫蕭歡，而是立其三子晉安王蕭綱爲太子，封蕭歡爲豫章郡王。華容，縣名。治所在今湖北監利市北。豫章：郡名。治南昌縣，在今江西南昌市。

［2］枝江：縣名。治所在今湖北枝江市西南。　河東：郡名。治松滋縣，在今湖北松滋市西北。

［3］曲江公詧：即後梁宣帝蕭詧。字理孫，梁武帝之孫，昭明太子蕭統之子。初封曲江公，武帝中大通三年（531）進封岳陽郡王。後與梁元帝蕭繹有隙，暗通西魏，被封爲梁王。又與西魏合兵攻破江陵，殺蕭繹，稱帝於江陵東城，嗣梁大統，年號大定。史稱西梁或後梁，實爲西魏附庸。後被北周擄入關中，憂病而死。謚號宣帝，廟號中宗。《周書》卷四八、《北史》卷九三有傳。　岳陽：郡名。治岳陽縣，在今湖南汨羅市長樂鎮。

［4］武昌：郡名。治武昌縣，在今湖北鄂州市。

［5］義陽：郡名。寄治安鄉縣，在今湖南安鄉縣西南。

［6］各三千户：中華本校勘記云：“‘二’各本作‘三’。按梁制諸王户封數以二千爲限，《册府元龜》二六四《封建三》，自臨川靖惠王宏至簡文子樂梁王大圜共二十二王皆然。《梁書·河東王譽傳》：‘改封河東郡王，邑二千户。’今據改。”

［7］蔡妃供侍一同常儀，唯别立金華宫爲異：梁昭明太子妃蔡氏，昭明死後，蔡氏别居金華宫，謚號敬，故稱金華敬妃。

初，丁貴嬪薨，太子遣人求得善墓地，將斬草，有賣地者因閹人俞三副求市，若得三百萬，許以百萬與之。三副密啓武帝，言太子所得地不如今所得地於帝吉，帝末年多忌，便命市之。葬畢，有道士善圖墓，云“地不利長子，若厭伏或可申延”。乃爲蠟鵝及諸物埋墓側長子位。有宫監鮑邈之、魏雅者，二人初並爲太子所愛，邈之晚見疏於雅，密啓武帝云：“雅爲太子厭禱。”帝密遣檢掘，果得鵝等物。大驚，將窮其事。徐勉固諫得止，於是唯誅道士，由是太子迄終以此憋慨，故其嗣不立。[1]後邵陵王臨丹楊郡，[2]因邈之與鄉人爭婢，議以爲誘略之罪牒宮，簡文追感太子冤，揮淚誅之。邈之兄子僧隆爲宮直，前未知邈之姪，即日驅出。

[1]“初，丁貴嬪薨”至“故其嗣不立”：趙翼《廿二史劄記》卷一〇《〈南史〉增〈梁書〉有關係處》云：“‘初，丁貴嬪薨’至‘故其嗣不立’爲《南史》增《梁書》之一例。”

[2]邵陵王：即蕭綸。字世調，梁武帝第六子。封邵陵郡王。本書卷五三、《梁書》卷二九有傳。邵陵，郡名。治邵陵縣，在今湖南邵陽市。

先是人間謠曰：“鹿子開城門，城門鹿子開，當開復未開，使我心徘徊。城中諸少年，逐歡歸去來。”鹿子開者，反語爲來子哭，云帝哭也。歡前爲南徐州，太子果薨，遣中書舍人臧厥追歡於崇正殿解髮臨哭。歡既嫡孫，次應嗣位，而遲疑未決。帝既新有天下，恐不可以少主主大業，又以心銜故，意在晉安王，猶豫自四月上旬至五月二十一日方決。歡止封豫章王還任。往謠言“心徘徊”者，未定也。“城中諸少年，逐歡歸去來”，復還徐方之象也。歡字孟孫，位雲麾將軍、江州刺史。[1]薨，謚安王。子棟嗣。

[1]雲麾將軍：官名。南朝梁武帝天監七年（508）置爲將軍

名號，與武臣、爪牙、龍騎將軍取代舊置前、後、左、右將軍，爲武職二十四班中的十八班。　江州：州名。初治豫章縣，在今江西南昌市。後移治柴桑縣，在今江西九江市西南。

　　棟字元吉。及簡文見廢，侯景奉以爲主。[1]棟方與妃張氏鋤葵，而法駕奄至，[2]棟驚不知所爲，泣而升輦。及即位，升武德殿，[3]欻有迴風從地涌起，[4]翻飛華蓋，[5]徑出端門，[6]時人知其不終。於是年號天正，追尊昭明太子曰昭明皇帝，安王爲安皇帝，金華敬妃蔡氏爲敬皇后，太妃王氏爲皇太后，妃爲皇后。未幾，行禪讓禮，棟封淮陰王，[7]及二弟橋、樛，並鎖於密室。景敗走，兄弟相扶出，逢杜崱於道，[8]崱去其鎖。弟曰：“今日免橫死矣。”棟曰：“倚伏難知，吾猶有懼。”初，王僧辯之爲都督，[9]將發，諮元帝曰：[10]“平賊之後，嗣君萬福，未審有何儀注？”帝曰：“六門之内，自極兵威。”僧辯曰：“平賊之謀，臣爲己任，成濟之事，請別舉人。”由是帝別敕宣猛將軍朱買臣使行忍酷。[11]會簡文已被害，棟等與買臣遇見，呼往船共飲，未竟，並沈于水。

　　[1]侯景：字萬景。原爲東魏大將，後叛至南朝梁，在梁發動叛亂，史稱“侯景之亂”。本書卷八〇、《梁書》卷五六有傳。
　　[2]法駕：皇帝御用車駕的一種。《史記》卷九《吕太后本紀》：“迺奉天子法駕，迎代王於邸。”裴駰集解引蔡邕曰：“天子有大駕、小駕、法駕。法駕上所乘，曰金根車，駕六馬，有五時副車，皆駕四馬，侍中參乘，屬車三十六乘。”

[3]武德殿：京師建康宮城殿省名。

[4]欻（xū）：形容匆忙。此指忽然、突然。

[5]華蓋：帝王或貴官所用傘形遮蔽物。因貴族之車有華蓋，故亦以華蓋爲車之別名。

[6]端門：宮殿的正南門。

[7]淮陰：郡名。治淮陰縣，在今江蘇淮安市淮陰區西南甘羅城。

[8]杜崱（zè）：京兆杜陵（今陝西西安市長安區）人，世居於襄陽。梁武帝太清三年（549），隨岳陽王來襲荆州，元帝與崱兄岸有舊，密書邀之。崱乃夜歸元帝，以爲武州刺史，封枝江縣侯，令隨領軍王僧辯東討侯景。至巴陵，景遁。加侍中，進爵爲公，仍隨僧辯追景至石頭。景敗，崱入據臺城。景平，加散騎常侍、江州刺史。本書卷六四、《梁書》卷四六有傳。

[9]王僧辯：字君才，太原祁（今山西祁縣）人。初爲北魏將領，梁初隨父南渡，任湘東王蕭繹府中司馬等職。後與陳霸先收復建康。蕭繹即位後，爲太尉、司徒等。梁元帝蕭繹被殺，僧辯又立北齊扶持的蕭淵明爲帝。終爲陳霸先所害。本書卷六三有附傳、《梁書》卷四五有傳。

[10]元帝：南朝梁元帝蕭繹。字世誠，梁武帝蕭衍第七子。公元552年至555年在位。本書卷八、《梁書》卷五有紀。

[11]朱買臣：本閹人，受梁元帝賞識，歷仕武昌太守、宣猛將軍，力主遷都建業。

　　河東王譽字重孫，普通二年，封枝江縣公。中大通三年，改封河東郡王。累遷南中郎將、湘州刺史。[1]未幾，侯景寇建鄴，譽入援，至青草湖，[2]臺城没，有詔班師。譽還湘鎮。

　　[1]湘州：州名。治臨湘縣，在今湖南長沙市。

　　[2]青草湖：湖名。即今湖南洞庭湖東南部。

　　時元帝軍于武城，[1]新除雍州刺史張纘密報元帝曰：[2]“河東起兵，[3]岳陽聚米，[4]將來襲江陵。”[5]元帝甚懼，沈米斷纜而歸。因遣諮議周弘直至譽所督其糧衆。[6]譽曰：“各自軍府，何忽疑人。”[7]使三反，譽並不從。元帝大怒，遣世子方等征之，反爲譽敗死。又令信州刺史鮑泉討譽，[8]并陳示禍福。譽謂曰：“欲前即前，無所多説。”[9]泉軍于石榔寺，[10]譽逆擊不利而還。泉進軍橘洲，[11]譽攻之又見敗。於是遂圍之。譽幼而有驍勇，馬上用弩，兼有膽氣，能撫士卒，甚得衆心。元帝又遣領軍王僧辯代鮑泉攻譽。譽將潰圍而出，會其麾下將慕容華引僧辯入城，遂被執。謂守者曰：“勿殺我，得一見七官，[12]申此讒賊，死無恨。”主者曰：“奉令不許。”遂斬首，送荆鎮。[13]元帝返其首以葬焉。

　　[1]武城：城名。又名武口，古武湖水入長江之口，在今湖北武漢市黃陂區東南。

　　[2]雍州：州名。治襄陽縣，在今湖北襄陽市。　張纘：字伯緒，范陽方城（今河北固安縣）人。出繼從伯弘籍，梁武帝舅也。尚武帝第四女富陽公主，拜駙馬都尉，封利亭侯。武帝太清二年（548），徙授領軍，俄改雍州刺史。本書卷五六、《梁書》卷三四有附傳。

　　[3]河東：指河東王蕭譽。

　　[4]岳陽：指岳陽王蕭詧。

　　[5]江陵：縣名。荆州鎮所。時梁元帝蕭繹爲荆州刺史，鎮此。

治所在今湖北荆州市荆州區。

[6]諮議：官名。諮議參軍省稱。王公府屬官，掌諷議。梁九班至六班。　周弘直：字思方，汝南安成（今河南汝南縣）人。仕梁爲西中郎湘東王外兵記室參軍。梁元帝承制，封湘濱縣侯。累遷昌州刺史。王琳之舉兵，弘直在湘州，琳敗，乃入陳，位太常卿、光禄大夫，加金章紫綬。本書卷三四有附傳，《陳書》卷二四有傳。

[7]何忽疑人：《梁書》卷五五《河東王譽傳》作“何忽隸人”。

[8]信州：州名。梁武帝普通四年（523）析益州置。治魚復縣，在今重慶奉節縣東白帝城。　鮑泉：字潤岳，東海（今山東郯城縣）人。曾爲蕭繹湘東王國常侍。本書卷六二、《梁書》卷三〇有傳。

[9]“譽謂曰”至“無所多説”：《梁書·河東王譽傳》作：“謂鮑泉曰：‘敗軍之將，勢豈語勇。欲前即前，無所多説。’”

[10]石榔寺：佛寺名。在今湖南長沙市。

[11]橘州：即今湖南長沙市湘江中橘子洲。

[12]七官：指梁元帝蕭繹。繹爲梁武第七子，故蕭譽稱之爲七官。王鳴盛《十七史商榷》卷六三《七官》：“《梁書·河東王譽傳》：王僧辯破長沙，譽被執，曰：‘勿殺我，得一見七官。’先是，紀聞湘東將討侯景，謂僚佐曰：‘七官文士，豈能匡濟？’胡三省注：‘湘東於兄弟次第七，故云七官。’紀，繹之弟，譽乃繹之姪也。見《通鑑》一百六十四卷。”

[13]荆鎮：荆州鎮所。即今湖北荆州市荆州區。

初，譽之將敗，引鏡照面，不見其頭。又見長人蓋屋，兩手據地噉其臍。又見白狗大如驢，從城出，不知所在。譽甚惡之，俄而城陷。

豫章王綜字世謙，武帝第二子也。天監三年，封豫章郡王。累遷北中郎將、南徐州刺史。入爲侍中、鎮右將軍。[1]

　　[1]侍中：官名。南朝梁、陳時爲門下省長官。職掌奏事，侍奉皇帝左右，應對顧問等，爲中樞要職。梁十二班。　鎮右將軍：官名。八鎮將軍之一，爲重號將軍，是內官專用之軍號。梁二十二班。

　　初，綜母吳淑媛在齊東昏宮，[1]寵在潘、余之亞。及得幸於武帝，七月而生綜，宮中多疑之。淑媛寵衰怨望。及綜年十四五，恒夢一年少肥壯自挈其首對綜，如此非一，綜轉成長，心驚不已。頻密問淑媛曰："夢何所如？"夢既不一，淑媛問夢中形色，頗類東昏。因密報之曰："汝七月日生兒，安得比諸皇子。汝今太子次弟，幸保富貴勿洩。"綜相抱哭，每日夜恒泫泣。又每靖室閉戶，藉地被髮席藁。輕財好士，分施不輟，唯留身上故衣，外齋接客，分龘服。厨庫恒致罄乏。常於內齋布沙於地，終日跣行，足下生胝，日能行三百里。嘗有人士姓王，以屯躓投告綜。于時大乏，唯有眠牀故皁複帳，即下付之。其降意下士，以伺風雲之會，諸侯王妃主及外人並知此懷，唯武帝不疑。

　　[1]東昏：指齊東昏侯蕭寶卷。永泰元年（498），齊明帝崩，第二子寶卷即位。永元三年（501）被誅，追封東昏侯。本書卷五、《南齊書》卷七有紀。

　　及長有才學，善屬文。武帝御諸子以禮，朝見不甚數。綜恒怨不見知。每出蕃，淑媛恒隨之至鎮。時年十五，尚裸袒嬉戲於前，晝夜無別。妃袁氏，尚書令昂之女也。[1]淑媛恒節其宿止，遇袁妃尤不以道，內外咸有穢聲。

[1]尚書令昂：指袁昂。字千里，陳郡陽夏（今河南太康縣）人。本名千里，齊永明中，武帝謂曰：“昂昂千里之駒，在卿有之。今改卿名爲昂，即字千里。”入梁後歷任爲侍中、吏部尚書、尚書令等。昭明太子薨，立晉安王綱爲皇太子，昂獨表言宜立昭明長息歡爲皇太孫。雖不見用，擅聲朝野。自是告老乞骸骨，不干時務。世號宗臣。本書卷二六有附傳，《梁書》卷三一有傳。

綜後在徐州，[1]政刑酷暴，又有勇力，制及奔馬，撮殺駒犢。常陰服微行，著烏絲布帽。夜出無有期度，招引道士，探求數術。性聰敏多通，每武帝有敕疏至，輒忿恚形於顏色。帝性嚴，群臣不敢輕言得失，凡綜所行，弗之知也。於徐州還，頻裁表陳便宜，求經略邊境。帝並優敕答之。徐州所有練樹，[2]並令斬殺，以帝小名練故。累致意尚書僕射徐勉，求出鎮襄陽。勉未敢言，因是怒勉，餉以白團扇，圖伐檀之詩，言其賄也。

[1]徐州：指南徐州。
[2]練樹：即楝樹。楝樹是一種落葉喬木，農曆三四月間開淡紫色的小花。核果球形或長圓形，熟時黃色。

在西州，[1]於別室歲時設席，祠齊氏七廟。[2]又累微行至曲阿拜齊明帝陵。[3]然猶無以自信，聞俗説以生者血瀝死者骨滲，即爲父子。綜乃私發齊東昏墓，出其骨，瀝血試之。既有徵矣，在西州生次男月餘日，潛殺之。既瘞，[4]夜遣人發取其骨又試之，其酷忍如此。每對東宮及諸王辭色不恭遜。嘗改歲後，問訊臨川王宏，[5]出至中閤，登宏羊車次遺糞而出。居都下所多如此者。[6]

[1]西州：西州城。亦爲諸王宅第集中之處，建有城防設施，爲建康城西重要的軍事據點。因在都城建康之西，故名。故址當在今江蘇南京市秦淮區朝天宮東、運瀆故道西岸一帶。

[2]齊氏七廟：指齊朝宗廟。古天子七廟爲太祖、三昭、三穆。

[3]曲阿：縣名。治所在今江蘇丹陽市。　齊明帝：蕭鸞。公元494年至498年在位。本書卷五、《南齊書》卷六有紀。

[4]瘞：埋葬。

[5]臨川王宏：梁武帝弟蕭宏，封爵號爲臨川王。本書卷五一、《梁書》卷二二有傳。臨川，郡名。治南城縣，在今江西南城縣東南。

[6]所多如此者：汲古閣本、殿本作“所爲多如此者”。

　　普通四年，爲都督、南兗州刺史。[1]頗勤於事，而不見賓客。其辭訟則隔簾理之。方幅出行，[2]垂帷於輿，每云惡人識其面也。

[1]南兗州：州名。東晉僑立兗州，宋時改爲南兗州，初治京口，在今江蘇鎮江市。宋文帝元嘉八年（431）移治廣陵縣，在今江蘇揚州市西北蜀岡上。

[2]方幅：方形箋册，古代奏表等公文所用。

初，齊故建安王蕭寶寅在魏，[1]綜求得北來道人釋法鸞使入北通問於寶寅，謂爲叔父。襄陽人梁話母死，法鸞説綜厚賜之，言終可任使。綜遺話錢五萬。及葬畢，引在左右。法鸞在廣陵，往來通魏尤數，每舍淮陰苗文寵家。言文寵於綜，綜引爲國常侍。[2]

[1]建安王蕭寶寅：齊明帝蕭鸞第六子。初封建安王，後改封鄱陽王。《南齊書》卷五〇、《魏書》卷五九、《北史》卷二九有傳。趙翼《廿二史劄記》卷九《齊書書法用意處》曰：“蕭寶寅避梁武之難逃入魏，封齊王。”錢大昕《廿二史考異》卷二五云：“按，寶夤起兵不克奔魏，事見《魏史》。”

[2]國常侍：指藩王府侍從顧問。

六年，魏將元法僧以彭城降，[1]帝使綜都督衆軍，權鎮彭城，并攝徐州府事。[2]武帝曉別玄象，知當更有敗軍失將，恐綜爲北所禽，手敕綜令拔軍。每使居前，勿在人後。綜恐帝覺，與魏安豐王元延明相持，[3]夜潛與梁話、苗寵三騎開北門，涉汴河，遂奔蕭城。[4]自稱隊主，[5]見延明而拜。延明坐之，問其名氏，不答，曰：“殿下問人有見識者。”延明召使視之，曰“豫章王也”。延明喜，下地執其手，答其拜，送于洛陽。及旦，齋内諸閤猶閉不開，衆莫知所以，唯見城外魏軍叫曰：“汝豫章王昨夜已來在我軍中。”城中既失王所在，衆軍乃退，不得還者甚衆。湘州益陽人任煥常有騅馬，[6]乘之退走。煥腳爲抄所傷，人馬俱弊，煥於橋下歇，抄復至。煥腳痛不復得上馬，於是向馬泣曰：“雛子，我於此死矣。”馬因跪其前腳，煥乃得上馬，遂免難。綜長史江革、大府卿祖暅並爲魏軍所擒，[7]武帝聞之驚駭。

[1]元法僧：本魏宗室，徐州刺史，鎮守彭城，梁武帝普通六年（525）降梁。《梁書》卷三九有傳，《北史》卷一六有附傳。趙翼《廿二史劄記》卷一二《南朝陳地最小》：“魏孝明帝時，元法僧以徐州降梁，梁武遣蕭綜守之，綜仍以徐州降魏。”　彭城：城名。在今江蘇徐州市。

[2]徐州：州名。治彭城縣，在今江蘇徐州市。

[3]安豐王元延明：北魏宗室，襲父爵爲安豐王。《魏書》卷二〇有附傳。

[4]蕭城：城名。其地在今安徽蕭縣西北。

[5]隊主：南朝時稱統率一軍者爲軍主，統率一隊者爲隊主。

[6]益陽：縣名。治所在今湖南益陽市。

[7]江革：字休映，濟陽考城（今河南民權縣）人。本書卷六〇、《梁書》卷三六有傳。革，汲古閣本同，殿本作“華”。大府卿：官名。即太府卿。梁加置，爲十二卿之一，掌金帛府帑，關市税收。十三班。　祖暅：即祖暅之。著名數學家祖沖之之子。本書卷七二有附傳。

綜至魏，位侍中、司空、高平公、丹楊王，[1]梁話、苗寵並爲光禄大夫。[2]綜改名纘字德文，[3]追服齊東昏斬衰，[4]魏太后及群臣並弔。

[1]侍中：官名。北朝常總典機密，受遺詔輔政，權任尤重，

時號小宰相。北魏孝文帝太和十七年（493）定爲從一品中，二十三年改爲三品。　司空：官名。三公之一。魏晉南北朝時爲名譽宰相，多爲大臣加官，位居一品，無實際職掌。　高平：郡名。治高平縣，在今寧夏固原市。

[2]光禄大夫：官名。西漢武帝太初元年（前104）改中大夫置，掌議論，在大夫中地位最爲尊顯。歷朝因之，官秩不一。自西漢後期起逐漸演變爲加官、散官。至西晉武帝泰始年間始有左、右之分，並稱加金章紫綬者爲金紫光禄大夫，加銀章青綬者爲銀青光禄大夫。北魏孝文帝太和十七年定爲從二品中，二十三年改三品。

[3]纘：錢大昕《廿二史考異》卷三七云："《北史》'纘'作'贊'，當從之。綜既自稱東昏子，必不肯與梁武諸兒名同從'系'旁。"

[4]斬衰（cuī）：舊時五種喪服中最重的一種。用粗麻布製成，左右和下邊不縫。子及未嫁女對父母、媳對公婆、承重孫對祖父母、妻對夫都服斬衰。

　　八月，有司奏削爵土，絕其屬籍，[1]改子直姓悖氏。未及旬日，有詔復屬籍，封直永新侯。久之乃策免吳淑媛，俄遇鴆而卒，有詔復其品秩，謚曰敬，使直主其喪。

[1]屬籍：指皇族之籍。《資治通鑑》卷一三七《齊紀三》武帝永明八年胡三省注："宗屬之籍也，今謂之玉牒。"

　　及蕭寶寅據長安反，[1]綜復去洛陽欲奔之。魏法，度河橋不得乘馬，綜乘馬而行，橋吏執之送洛陽。魏孝莊初，[2]歷位司徒、太尉，[3]尚帝姊壽陽長公主。陳慶之

之至洛也，送綜啓求還。時吳淑媛尚在，敕使以綜小時
衣寄之。信未達而慶之敗。未幾，終於魏。[4]

[1]長安：城名。在今陝西西安市。

[2]魏孝莊：北魏孝莊帝元子攸。公元 528 年至 530 年在位。
《魏書》卷一〇、《北史》卷五有紀。

[3]司徒：官名。北魏時爲三公之一，分掌丞相職能，多爲大
臣加官。北魏孝文帝太和二十三年（499）定爲一品。　太尉：官
名。魏晋南北朝列三公之首，爲名譽宰相，位居一品，多爲大臣加
官，無實際職掌。

[4]未幾，終於魏：《梁書》卷五五《豫章王綜傳》作“大通
二年，蕭寶寅在魏據長安反，綜自洛陽北遁，將赴之，爲津吏所
執，魏人殺之，時年四十九”。按，據《魏書》卷九《肅宗紀》，
蕭寶寅據長安反，事在魏孝明帝孝昌三年（527），即梁武帝大通元
年。另據《北史》卷二九《蕭綜傳》載綜爲津吏“所執”，魏“朝
議明其不相干預，仍蒙慰免”。至魏莊帝永安三年（530）尒朱兆入
洛後，未幾病卒。

初，綜在魏不得志，嘗作《聽鍾鳴》《悲落葉》以
申其志，[1]當時莫不悲之。後梁人盜其柩來奔，武帝猶
以子禮祔葬陵次。

[1]嘗作《聽鍾鳴》《悲落葉》以申其志：《洛陽伽藍記》卷二
《城東·龍華寺》云：“陽渠北有建陽里，里有土台，高三丈，上作
二精舍。趙逸云：‘此台是中朝旗亭也。’上有二層樓，懸鼓擊之以
罷市。有鐘一口，撞之聞五十里。太后以鐘聲遠聞，遂移在宮內，
置凝閑堂前，講內典，沙門打爲時節。初，蕭衍子豫章王綜來降，
聞此鐘聲，以爲奇異，造《聽鍾歌》三首傳於世。”《梁書》對二

詩略有記載。

　　直字思方，位晉陵太守，^[1]沙州刺史。^[2]

　　[1]晉陵：郡名。治晉陵縣，在今江蘇常州市。
　　[2]沙州：州名。治沙陽縣，在今湖北嘉魚縣東北。

　　南康簡王績字世謹，小字四果，武帝第四子也。天
監七年，封南康郡王。^[1]十年，爲南徐州刺史。^[2]時年七
歲，主者有受貨，洗改解書，^[3]長史王僧孺弗之覺，^[4]績
見而詰之，便即首服，^[5]衆咸歎其聰警。

　　[1]南康：郡名。治贛縣，在今江西贛州市西南。
　　[2]十年，爲南徐州刺史：《梁書》卷二九《南康王績傳》作
"出爲輕車將軍，領石頭戍軍事。十年，遷使持節、都督南徐州諸
軍事、南徐州刺史，進號仁威將軍"。
　　[3]解書：古代下級嚮上級的報告。
　　[4]長史：官名。王公軍府屬官，掌本府官吏。梁武帝天監七
年（508）革選，釐定流內官職爲十八班，以班多者爲貴，長史爲
十至六班。　王僧孺：字僧孺，東海郯（今山東郯城縣）人。好
學，善屬文。仕齊，起家王國左常侍、太學博士。梁武帝天監初，
除臨川王後軍記室參軍，待詔文德省。後領著作。本書卷五九、
《梁書》卷三三有傳。
　　[5]首服：自首服罪。

　　十七年，爲都督、南兗州刺史，在州以善政稱。尋
有詔徵還，百姓曹樂等三百七十人詣闕上表，^[1]稱績尤

異一十五條，乞留爲州任。優詔許之。[2]普通四年，徵爲侍中、雲麾將軍，領石頭戍軍事。[3]五年，出爲江州刺史。丁董淑媛憂，居喪過禮，固求解職。乃徵授安右將軍，[4]領石頭戍軍事。尋加護軍。[5]羸瘠，不親視事。大通三年，[6]因感疾薨于任。贈開府儀同三司，謚曰簡。[7]

[1]曹樂：《梁書》卷二九《南康王績傳》作“曹嘉樂”。闕：皇帝所居的地方。

[2]優詔：皇帝用於獎掖、慰勉臣下的詔書。

[3]領石頭戍軍事：負責管理石頭軍事戍守事務。六朝時，政府職官名和職能發生了分離現象，職官名標記地位高低、待遇等級，而以“録某事”“都督某軍事”“行某事”“領某事“知某事”“兼某事”等規定官員實際責任。

[4]安右將軍：官名。將軍名號。梁置，八安將軍之一，與安左、安右、安前將軍祇授予在京師任職者。二十一班。

[5]護軍：官名。護軍將軍之省稱。掌京畿以外諸軍。梁十五班。

[6]大通：南朝梁武帝蕭衍年號（527—529）。

[7]謚曰簡：蕭績弟梁元帝蕭繹有《答晉安王叙南康簡王薨書》，見嚴可均輯《全梁文》卷一七。

績寡玩好，少嗜欲，居無僕妾，躬事儉約。所有租秩，悉寄天府。[1]及薨後，少府有南康國無名錢數千萬。[2]子會理嗣。

[1]天府：國庫。

[2]少府：《梁書》卷二九《南康王績傳》作“府”。

會理字長才，少聰慧，好文史。年十一而孤，特爲武帝所愛，衣服禮秩與正王不殊。十五爲湘州刺史，多信左右。行事劉納每禁之，[1]會理心不平，證以贓貨，收送建鄴。納歎曰：“我一見天子，使汝等知。”會理厚送資糧，數遣慰喻。令心腹於青草湖爲盗，殺納百口俱盡。累遷都督、南兗州刺史。太清元年，[2]督衆軍北侵，至彭城，爲魏師所敗，退歸本鎮。

[1]行事：官名。南北朝職官制度，全稱“行某州（或某府）事”。産生於東晉末年，指以他官代行某官職權。南朝多以較低官階代行較高官職，如以長史、司馬、太守代行刺史職權等。除“行府州事”之外，還有“行郡事”“行國事”等類型。南朝時期，在以將軍、刺史身份出鎮宗王普遍年幼的情況下，以其長史等爲行事，實際負責軍府和州府的軍政事務，權力很大，對南朝出鎮幼王兼有輔佐和防範的職能（參見魯力《南朝“行事”考》，《武漢大學學報》2008年第6期）。

[2]太清：南朝梁武帝蕭衍年號（547—549）。

二年，侯景圍城，會理入援。會北徐州刺史封山侯正表將應其兄正德，[1]外託赴援，實謀襲廣陵。會理擊破之，方得進路。臺城陷，會理歸鎮。侯景遣前臨江太守董紹先以武帝手敕召會理。[2]其僚佐曰：“紹先書豈天子意。”咸勸拒之。會理用其典籤范子鸞計，[3]曰：“天子年尊，受制賊虜，今有手敕召我入朝，臣子之心，豈得違背。且處江北，功業難成，不若身赴京都，圖之肘腋。」遂納紹先。紹先入，以烏幡麾衆，單馬遣之至都。景以爲司空兼尚書令。雖在寇手，每思匡復，與西鄉侯歡等潛布腹心，[4]要結壯士。時范陽祖皓斬董紹先，[5]據廣陵城起義，期以會理爲内應。皓敗，辭相連及。侯景矯詔免會理官，猶以白衣領尚書令。[6]

[1]北徐州：州名。治燕縣，在今安徽鳳陽縣臨淮關鎮。　封山侯正表：梁武帝侄蕭正表，封封山侯。本書卷五一有附傳。封山，縣名。治所在今廣西靈山縣南。　正德：蕭正德。侯景附梁後，即與正德密相要結，正德欲奪取皇位，故本年與侯景共攻京邑。本書卷五一有附傳，《梁書》卷五五有傳。

[2]臨江：郡名。治烏江縣，在今安徽和縣東北。　董紹先：侯景心腹。事見本書卷七二《祖皓傳》。

[3]典籤：官名。南北朝置，亦稱典籤帥或籤帥、主帥。本爲州、府掌管文書的佐吏，因南朝宋時多以年幼的皇子出鎮，皇帝委派親信擔任此職協助處理政事，故品階雖不高，但有實權。出任者多爲寒人，每州、府員數人，一歲中輪番還都，匯報當地情況，成爲皇帝升黜地方長官的主要依據。歷宋末以至齊，其權益重。齊時凡王府均置典籤，諸王出鎮州、郡，均置典籤。齊明帝之害諸王，均假典籤之手。梁中葉以後，典籤權勢逐漸衰微。

[4]西鄉侯歡：中華本校勘記云：「‘勸’各本作‘歡’。按歡爲昭明太子長子豫章郡王名，勸爲吳平侯景次子名，封西鄉侯，附《景傳》，今改正。」按，此應從中華本改。蕭勸，梁簡文帝大寶元年（550），與南康王會理謀誅侯景，事發遇害。西鄉，縣名。治所在今陝西西鄉縣南。

[5]祖皓：范陽遒（今河北淶水縣）人。祖沖之之孫，祖暅之之子。任廣陵太守。終被侯景射殺。本書卷七二有附傳。

[6]白衣：初指無官職的士人。兩晉南北朝時，官員因過誤被削除官職者，或可以白衣守、領原職，遂演化爲一種對官員的處罰方式。

是冬，景往晉熙，[1]都下虛弱，會理復與柳敬禮及北兗州司馬成欽謀之。[2]敬禮曰："舉大事必有所資，今無寸兵，安可以動。"會理曰："湖熟有吾故舊三千餘人，[3]昨來相知，[4]剋期響集。計賊守兵不過千人，若大兵外攻，吾等內應，直取王偉，[5]事必有成。縱景後歸，無能爲也。"敬禮曰"善"。于時百姓厭賊，咸思用命。建安侯賁以謀告王偉，[6]偉遂收會理及其弟通理。

[1]晉熙：郡名。治懷寧縣，在今安徽潛山市。

[2]柳敬禮：少以勇烈知名。起家著作佐郎。侯景渡江，與景頻戰，身先士卒，甚有威名。臺城没，敬禮與其兄仲禮俱見於景，景留敬禮爲質，以爲護軍。會景征晉熙，敬禮與南康王會理共謀襲其城，却被建安侯蕭賁知而告之，遂遇害。本書卷三八有附傳，《梁書》卷四三有傳。

[3]湖熟：縣名。治所在今江蘇南京市江寧區湖熟街道。

[4]相知：傳語或通知（參見周一良《魏晉南北朝史札記》之《梁書札記》"相聞·相知"條，中華書局1985年版，第269頁）。

[5]王偉：侯景之謀主。事見本書卷八〇、《梁書》卷五六《侯景傳》。

[6]建安侯賁：即蕭賁。字世文。梁武帝弟蕭宏之孫，襲其父蕭正立爲建安侯。正德爲侯景所立，賁出投之，專監造攻具，以攻臺城，常爲賊耳目。南康嗣王蕭會理謀襲景，賁與中宿世子子邕告之，賊矯封賁竟陵王，子邕隨郡王，並改姓侯氏。本書卷五一有附

傳。建安，縣名。治所在今福建建甌市。

時有錢唐褚冕，[1]會理之舊，亦囚於省，問事之所起，考掠千計，終無所言。會理隔壁聞之，遙曰："褚郎，卿豈不爲吾致此邪，然勿言。"王偉害會理等，冕竟以不服，偉赦之。

[1]錢唐：郡名。治錢塘縣，在今浙江杭州市。

會理弟通理字仲宣，位太子洗馬，[1]封祈陽侯，[2]至是亦遇害。

[1]太子洗（xiǎn）馬：官名。東宮屬官。晋時隸屬太子詹事，掌東宮圖籍、經書，太子出行則前導威儀。梁、陳有典經局，置太子洗馬八人，掌文翰，多取甲族有才名者任職。宋七品。梁六班。洗馬，本作"先馬"，意即前驅。
[2]祈陽：縣名。治所在今湖南祁東縣東南。

通理弟乂理字季英。生十旬而簡王薨，至三歲能言，見内人分散，涕泣相送，問其故，或曰："此簡王宫人喪畢去耳。"乂理便號泣，悲不自勝。諸宫人見之，莫不哀感，爲之停者三人。服闋見武帝，[1]升殿，又悲不自勝，帝爲之收涕，謂左右曰："此兒大必爲奇士。"大同八年，[2]封安樂縣侯。[3]

[1]服闋：服喪期滿。

　[2]大同：南朝梁武帝蕭衍年號（535—546）。

　[3]安樂：縣名。治所在今廣東四會市。

　　乂理慷慨慕立功名，每讀書見忠臣烈士，未嘗不廢卷歎曰："一生之內，常無媿古人。"[1]博覽多識，有文才。嘗祭孔文舉墓，[2]并爲立碑，製文甚美。

　[1]常：汲古閣本、殿本作"當"。　媿：汲古閣本同，殿本作"愧"。

　[2]孔文舉：孔融。字文舉，孔子二十世孫。《後漢書》卷一○○有傳。

　　及侯景内寇，乂理聚客赴南兗州，隨兄會理入援。及城陷，又隨會理還廣陵，因入齊爲質乞師。行二日，會景遣董紹先據廣陵，遂追獲之，防嚴不得與兄相見。乃僞請先還都，入辭母，因謂其姊固安主曰：[1]"兄若至，願使善爲計自勉，勿顧以爲念。前途亦思立效，但未知天命何如耳。"至都，以魏降人元貞忠正可以託孤，[2]乃以玉柄扇贈之。貞怪不受，乂理曰："後當見憶。"會祖皓起兵，乂理奔長蘆，[3]爲景所害。元貞始悟其前言，往收葬焉。

　[1]固安：《梁書》卷二九《蕭乂理傳》、《册府元龜》卷二八五作"安固"。按，《南齊書・州郡志》安固屬秦州安固郡。

　[2]元貞：元樹子。梁武帝太清初，侯景降，請元氏戚屬，願奉爲主，詔封貞爲咸陽王，以天子之禮遣還北，會景敗而返。《梁書》卷三九有附傳。

[3]長蘆：地名。在今江蘇南京市六合區西南長江北岸。

盧陵威王續字世訢，[1]武帝第五子也。天監八年，封盧陵王。少英果，旅力絕人，[2]馳射應發命中。武帝歎曰：“此我之任城也。”[3]嘗馳射於帝前，續中兩麞，冠於諸人。帝大悦。中大通二年，爲都督、雍州刺史、寧蠻校尉。[4]大同元年，遷江州刺史，又爲驃騎將軍、開府儀同三司。[5]又爲都督、荆州刺史。薨，贈司空，諡曰威。

[1]盧陵：郡名。治石陽縣，在今江西吉水縣東北。
[2]旅：殿本同，汲古閣本作“膂”。
[3]任城：指曹操子任城王曹彰。彰少善射獮，膂力過人，英勇善戰。《三國志》卷一九有傳。
[4]寧蠻校尉：官名。掌雍州少數民族事務。多由駐該地將軍或雍州刺史兼任。其官班隨府主號輕重而定。
[5]驃騎將軍：官名。將軍名號。爲重號將軍，多授予大臣、重要地方長官。爲一百二十五號將軍之一，二十四班。　開府儀同三司：官名。大臣加號，意謂與三司（太尉、司徒、司空）禮制、待遇相同，許開設府署，自辟僚屬。諸將軍、光禄大夫以上優者即可加此號。梁十七班。

始元帝母阮脩容得幸，由丁貴嬪之力，故元帝與簡文相得，而與盧陵王少相狎，長相謗。元帝之臨荆州，有宮人李桃兒者，以才慧得進，及還，以李氏行。時行宮户禁重，續具狀以聞。元帝泣對使訴於簡文，簡文和之不得。元帝猶懼，送李氏還荆州，[1]世所謂西歸内人

者。自是二王書問不通。及續薨，元帝時爲江州，聞
問，入閤而躍，屢爲之破。[2] 尋自江州復爲荆州，荆州
人迎于我境，帝數而遣之，吏人失望。

[1]“元帝之臨荆州”至“送李氏還荆州”：《資治通鑑》卷一
六〇《梁紀十六》武帝太清元年胡三省注曰：“按繹在荆州，有宫
人李桃兒者，以才慧得進；及還，以李氏行。時得營户禁重，續具
狀以聞。繹對使者泣，訴於太子綱，太子和之，不得。繹懼，送李
氏還荆州。”《册府元龜》卷二九八亦作“元帝之臨荆州，有宫人
李桃兒者，以才惠得進。及還，以李氏行。時得營户禁重，續爲荆
州，具以狀聞。元帝泣對使者，訴於簡文，和之，得止。元帝猶
懼，送李氏還荆州”。趙翼《廿二史劄記》卷一一《〈南史〉增
〈梁書〉瑣言碎事》云：“元帝母阮得幸由丁貴嬪之力，故元帝與簡
文帝相得，與續亦少相狎，長而相謗。元帝自荆州還京，攜所寵李
桃兒俱歸。時宫禁門户甚嚴，續奏之，元帝懼，遂先送桃兒還荆，
所謂西歸内人也。後續死，元帝在江州聞之，喜躍，屢爲之破。又
續好聚斂，臨終，啓上金銀器千餘件，帝乃知其多財。謝宣融曰：
‘王之過如日月之蝕，欲令陛下知之，故終不隱。’帝意乃解。”
[2]“及續薨”至“屢爲之破”：《資治通鑑·梁紀十六》武帝
太清元年胡三省注曰：“史言繹、續生無友于之情，死則從而忻快。”

續多聚馬仗，蓄養趫雄，耽色愛財，極意收斂，倉
儲庫藏盈溢。[1] 臨終有啓，遣中録事參軍謝宣融送所上
金銀器千餘件，[2] 武帝始知其富。以爲財多德寡，因問
宣融曰：“王金盡於此乎？”宣融曰：“此之謂多，安可加
也。夫王之過如日月之蝕，欲令陛下知之，故終而不
隱。”[3] 帝意乃解。

[1]"續多聚馬仗"至"倉儲庫藏盈溢"：《金樓子》卷六載曰："盧陵威王之蓄內也，千門相似，萬戶如一。齋前悉施木天，以蔽光景，春花秋月之時，暗如深夜撤燭，內人有不識晦明者，動經一紀焉。所以然者，正以桑中之契，犇則難禁，柳園之下，空牀多怨，所以嚴其制而峻其網。家人譬之廷尉，門內同於苦盧。雖制控堅嚴，而金玉滿室，土木緹廚，不可勝云。"

[2]中録事參軍：《資治通鑑》卷一六〇《梁紀十六》武帝太清元年胡三省注曰："中録事參軍，蓋使之録閣中事，在左右親近者也。"

[3]終：《資治通鑑・梁紀十六》武帝太清元年胡三省注曰："終，謂卒也。"

世子憑以非前誅死，[1]次子應嗣。應不慧，王薨，至內庫閱珍物，見金鋌，問左右曰："此可食不？"[2]答曰："不可。"應曰："既不可食，並特乞汝。"他皆此類。

[1]世子憑以非前誅死：《梁書》卷二九《盧陵王續傳》"世子憑"作"長子安"。中華本據《通志》卷八三下改"非"作"罪"。

[2]不：汲古閣本同，殿本作"否"。

邵陵攜王綸字世調，小字六真，武帝第六子也。少聰穎，博學善屬文，尤工尺牘。天監十三年，封邵陵郡王。

普通五年，以西中郎將權攝南徐州事。[1]在州輕險躁虐，喜怒不恒，車服僭擬，肆行非法。遨遊市里，雜於廝隸。嘗問賣組者曰："刺史何如？"對者言其躁虐，綸怒，令吞鉏以死，自是百姓惶駭，道路以目。嘗逢喪車，奪孝子服而著之，匍匐號叫。籤帥懼罪，密以聞。帝始嚴責，綸不能改，於是遣代。綸悖慢逾甚，乃取一老公短瘦類帝者，加以袞冕，置之高坐，朝以爲君，自陳無罪。使就坐剝褫，[2] 捶之於庭。忽作新棺木，貯司馬崔會意，以轜車挽歌爲送葬之法，[3] 使嫗乘車悲號。會意不堪，輕騎還都以聞。帝恐其奔逸，以禁兵取之，將於獄賜盡。昭明太子流涕固諫，得免，免官削爵土還第。大通元年，復封爵。

　　[1] 西中郎將：官名。與東、南、北中郎將合爲四中郎將。率師征伐，或鎮守某地。　　南徐州：《梁書》卷二九《邵陵王綸傳》作"南兗州"，《册府元龜》卷二八〇同。
　　[2] 剝褫（chǐ）：革除。
　　[3] 轜：喪車。

　　中大通四年，爲揚州刺史。[1] 綸素驕縱，欲盛器服，遣人就市賒買錦采絲布數百疋，擬與左右職局防閤爲絳衫、內人帳幔。[2] 百姓並關閉邸店不出。臺續使少府市采，[3] 經時不能得，敕責，府丞何智通具以聞，[4] 因被責還第。恒遣心腹馬容戴子高、戴瓜、李撤、趙智英等於路尋目智通，[5] 於白馬巷逢之，以矟刺之，[6] 刃出於背。智通以血書壁作"邵陵"字乃絶，遂知之。帝懸錢百萬購賊，有西州游軍將宋鵲子條姓名以啓，敕遣舍人諸曇粲領齋仗五百人圍綸第，[7] 於內人檻中禽瓜、撤、智英。子高驍勇，踰墻突圍，遂免。智通子敞之割炙食之，即

載出新亭，四面火炙之焦熟，敞車載錢設鹽蒜，雇百姓
食撤一臠，賞錢一千。徒黨并母肉遂盡。

[1]揚州：州名。治建康縣，在今江蘇南京市。按，南朝時揚
州刺史治所或在臺城西之西州城（在今江蘇南京市秦淮區朝天宮
東、運瀆故道西岸一帶），或在臺城東之東府（在今江蘇南京市通
濟門附近，南臨秦淮河）。宋孝武帝孝建三年（456）之前，宗室諸
王以宰相錄尚書事而兼揚州刺史者居東府，其他任揚州刺史者（包
括異姓宰相錄尚書事兼揚州刺史）則居西州。宋孝武帝孝建三年之
後，在通常情況下，不管是否是宰相錄尚書事，揚州刺史皆居東府
（參見熊清元《南朝之揚州刺史及其治所考析》，《黃岡師專學報》
1994 年第 2 期）。

[2]職局：當是服力役，從事於低級侍衛職務的百姓（參見周
一良《從〈禮儀志〉考察官制》，《魏晉南北朝史論集續編》，北京
大學出版社 1991 年版，第 125—133 頁）。 防閤：官名。諸王的
侍從護衛。南朝宋始置。梁四班至二班。《資治通鑑》卷一四七
《梁紀三》武帝天監七年胡三省注曰：“梁制：上宮、東宮置直閤，
王公置防閤。”

[3]采：殿本同，汲古閣本作“彩”。

[4]府丞：官名。即少府丞。少府屬官。佐少府卿掌宮中服御
之物。梁四班。

[5]目：汲古閣本同，殿本作“何”。

[6]槊（shuò）：古代兵器，即長矛。同“矟”。《釋名·釋
兵》：“矛長丈八尺曰矟。”

[7]齋仗：齋內仗身，南朝時皇帝的武裝衛士。掌在宮內齋室
備儀衛，也被派往地方執行皇帝的命令。

綸鎖在第，舍人諸曇粲并主帥領仗身守視。免爲庶

人。經三旬乃脱鎖，頃之復封爵。後預餞衡州刺史元慶和，[1]於坐賦詩十二韻，末云“方同廣川國，寂寞久無聲”。大爲武帝賞，曰：“汝人才如此，何慮無聲。”旬日間，拜郢州刺史。[2]

[1]衡州：州名。治含洭縣，在今廣東英德市浛洸鎮。
[2]郢州：州名。治夏口城，在今湖北武漢市武昌區。

太清二年，位中衛將軍、開府儀同三司。[1]侯景構逆，加征討大都督，率衆討景。將發，帝誡曰：“侯景小豎，頗習行陣，未可以一戰即殄，當以歲月圖之。”綸發白下，[2]中江而浪起，有物蕩舟將覆，識者尤異之。及次鍾離，[3]景已度採石，[4]綸乃晝夜兼道，旋軍入赴。[5]濟江，中流風起，人馬溺者十一二。[6]遂率西豐公大春、新塗公大成等步騎三萬發京口，[7]將軍趙伯超請從徑路直指鍾山，[8]出其不意，綸從之。衆軍奄至，賊徒大駭，分爲三道攻綸，綸大破之。翊日，[9]賊又來攻，日晚賊稍退。南安侯駿以數十騎馳之，[10]賊回拒駿，駿部亂，賊因逼大軍，大軍潰。綸至鍾山戰敗，奔還京口。軍主霍俊見獲，[11]賊送于城下，逼云已禽邵陵王。俊僞許之，乃曰：“王小失利，政爲糧盡還京口。俊爲託邏所獲，非軍敗也。”賊以刀背敺其髀，俊色不變，賊義而捨之。俊，中書舍人靈超子也。

[1]中衛將軍：官名。將軍名號。南朝梁與中權、中軍、中撫將軍合稱四中將軍。祇授予在京師任職者，權勢頗重。爲一百二十

五號將軍之一，二十三班。

[2]白下：城名。在今江蘇南京市北金川門外、幕府山南麓。

[3]鍾離：地名。在今安徽鳳陽縣臨淮關鎮。

[4]採石：即采石山，一名牛渚山，在今安徽馬鞍山市西南。

[5]旋軍：《梁書》卷二九《邵陵王綸傳》作"遊軍"。周一良《梁書札記·游軍當作旋軍》云："游字當從《南史》作旋，文義乃明。蓋綸軍已北抵鍾離（今鳳陽），聞侯景渡採石，乃急旋軍。否則將疑綸自南徐州所鎮京口赴建康，何由至鍾離也。"（周一良《魏晉南北朝史札記》，第 282—283 頁）

[6]"濟江"至"人馬溺者十一二"：《太平御覽》卷八七六引《隋書》曰："梁武帝太清二年九月，邵陵王綸出頓丘下。其日天色陰慘，風塵蕭瑟，咸以出軍不祥。十一月，綸至江，遇風亟溺人馬多損。"

[7]西豐公大春：安陸王蕭大春。字仁經，梁簡文帝第六子。武帝大同六年（540），封西豐縣公。侯景內寇，大春奔京口，隨邵陵王入援，戰於鍾山。軍敗，肥大不能行，爲賊所獲。武帝太清三年（549）六月，封安陸郡王，出爲東揚州刺史。簡文帝大寶二年（551）被侯景所害。本書卷五四、《梁書》卷四四有傳。西豐，縣名。治所在今江西撫州市臨川區西南。 新淦公大成：桂陽王蕭大成。字仁和，梁簡文帝第八子。初封新淦縣公。武帝太清三年，簡文帝即位，封山陽郡王。簡文帝大寶元年，奔江陵。湘東王蕭繹承制，改封桂陽王。魏剋江陵，遇害。本書卷五四有傳。新淦，縣名。治所在今江西樟樹市。 京口：地名。在今江蘇鎮江市。

[8]趙伯超：侯景將。事見本書卷八〇、《梁書》卷五六《侯景傳》。 鍾山：山名。即今江蘇南京市中山門外紫金山。《梁書·邵陵王綸傳》載曰："將軍趙伯超曰：'若從黃城大道，必與賊遇，不如逕路直指鍾山，出其不意。'"黃城，地名。在今江蘇南京市東。

[9]翊日：《梁書·邵陵王綸傳》作"翌日"。

[10]南安侯駿：蕭駿。字德款，梁武帝侄孫。封南安侯。臺城陷，爲侯景將任約所禮。謀召鄱陽嗣王蕭範襲約，反爲所害。本書卷五一有附傳。南安，縣名。治所在今四川榮縣西。

[11]軍主：官名。南北朝時稱一軍主將爲軍主。統兵無定員，自數百人至萬人以上不等，品階有高下。最高者爲三品將軍。

三年正月，綸與東揚州刺史大連等入援至驃騎洲，[1]進位司空。臺城陷，綸奔禹穴，[2]東土皆附。臨城公大連懼將害己，乃圖之。綸覺乃去。至尋陽，[3]尋陽公大心欲以州讓之，[4]不受。

[1]東揚州：州名。治山陰縣，在今浙江紹興市。 大連：南郡王蕭大連。字仁靖，梁簡文帝第五子。武帝大同二年（536），封臨城縣公。武帝太清元年（547），出爲東揚州刺史。侯景入寇建鄴，大連率衆四萬來赴。及臺城没，援軍散還東揚州。簡文帝大寶元年（550），封南郡王。二年被侯景所殺害。本書卷五四、《梁書》卷四四有傳。 驃騎洲：地名。在今江蘇南京市通濟門秦淮河邊。

[2]禹穴：地名。在今浙江紹興市南。相傳夏禹死後葬此。

[3]尋陽：郡名。治柴桑縣，在今江西九江市西南。

[4]大心：蕭大心。字仁恕，梁簡文帝第二子。武帝中大通四年（532），以皇孫封當陽縣公。武帝大同元年，爲都督、郢州刺史。武帝太清元年，爲雲麾將軍、江州刺史。二年，侯景寇都，大心招集士卒，與上流諸軍赴援宮闕。簡文帝大寶元年，封尋陽王。二年，遇害。本書卷五四、《梁書》卷四四有傳。

大寶元年，綸至郢州，刺史南平王恪讓州於綸，[1]

綸不受。乃上綸爲假黄鉞、都督中外諸軍事。[2] 綸於是置百官，改聽事爲正陽殿，内外齋省悉題署焉。而數有變怪，祭城隍神，將烹牛，有赤蛇繞牛口出。南浦施安幄帳，[3] 無何風起，飄没于江。

[1]南平王恪：蕭恪。字敬則，梁武帝姪。襲父蕭偉爵爲南平王。侯景亂，邵陵王至郢州，恪郊迎之，讓位焉，邵陵不受。及王僧辯至郢，恪歸荆州。元帝以爲尚書令、司空。侯景平，爲揚州刺史。本書卷五二有附傳。南平，郡名。治屏陵縣，在今湖北公安縣西。

[2]假黄鉞：加官勳號。黄鉞，以黄金爲飾的斧形儀仗，天子所用。有時大臣出師，亦假之以示威重。多賜予大司馬、大都督、都督中外諸軍事等最高軍事長官。在軍事行動中，假黄鉞有誅殺持節杖的將軍的權力。　都督中外諸軍事：官名。總統禁衛軍、地方軍等全國各種軍隊，爲最高軍事統帥。權力極大，不常置。

[3]南浦：縣名。治所在今重慶市萬州區東長江南岸。

于時元帝圍河東王譽於長沙既久，[1] 譽請救於綸，綸欲往救之，爲軍糧不繼遂止。乃與元帝書曰：“道之斯美，以和爲貴，況天時地利不及人乎。[2] 豈可手足肱支，[3] 自相屠害。即日大敵猶彊，天讎未雪。余爾昆弟，在外三人，[4] 如不匡救，安用臣子。如使逆寇未除，家禍仍構，料今訪古，未或弗亡。夫征戰之理，義在克勝。至於骨肉之戰，愈勝愈酷，捷則非功，敗則有喪，勞兵損義，虧失多矣。侯景之軍所以未窺江外者，政爲蕃屏盤固，宗鎮彊密。若自相魚肉，是謂代景行師，景便不勞兵力，坐致成效，醜徒聞此，何快如之！”元帝復書，陳譽有罪不可解圍之狀。繹省書流涕曰："天下之事，一至於斯！"左右聞之，莫不掩泣。於是大脩器甲，將討侯景。

[1]河東王譽：蕭譽。字重孫，昭明太子第二子。梁武帝中大通三年（531），改封河東郡王。侯景攻占京師時，譽任湘州刺史，聚米。蕭繹遣使督其糧衆，譽不受命，蕭繹攻之。本書卷五三有附傳，《梁書》卷五五有傳。　長沙：郡名。治臨湘縣，在今湖南長沙市。
[2]乎：汲古閣本同，殿本作"和"。
[3]支：同"肢"。
[4]三人：指蕭綸、蕭繹、蕭紀兄弟三人。

元帝聞其盛，乃遣王僧辯帥舟師一萬以逼綸。綸將劉龍武等降僧辯，綸遂與子躓等十餘人輕舟走武昌。[1]沙門法礐與綸有舊，藏之巖石之下。時綸長史韋質、司馬姜偉先在外，[2]聞綸敗，馳往迎。元帝復遣將徐文盛追攻之。[3]綸復收卒屯于齊昌郡，[4]將引魏軍共攻南陽。[5]侯景將任約襲綸，綸敗走。定州刺史田龍祖迎綸，[6]綸懼爲所執，復歸齊昌。行收兵至汝南，[7]魏所署汝南城主李素孝者，[8]綸之故吏，開城納之。綸乃脩復城池，收集士卒，將攻竟陵。[9]魏聞之，遣大將楊忠、儀同侯幾通攻破城，[10]執綸，綸不爲屈。通乃卧大鼓，使綸坐上殺之，投于江岸，經日色不變，鳥獸莫敢近。時飛雪飄零，屍橫道路，周回數步，獨不霑灑。舊主帥安陸人郝破敵斂之於襄陽。葬之日，黃雪雰糅，唯冢壙所獨不下雪。楊忠知而悔焉，使以太牢往祭殯焉。[11]百姓憐之，爲立祠廟。岳陽王詧遣迎喪，葬於襄陽望楚山南，贈太宰，謚曰安。後元帝議追加謚，尚書左丞劉轂議，[12]謚法"怠政交外曰攜"。從之。

[1]武昌：縣名。治所在今湖北鄂州市。

[2]司馬：官名。王公軍府屬官，掌本府武官。梁十班至六班。姜偉：《梁書》卷二九《邵陵王綸傳》作"姜律"，《資治通鑑》卷一六三《梁紀十九》簡文帝大寶元年亦作"姜律"。

[3]徐文盛：字道茂，彭城（今江蘇徐州市）人。梁武帝太清二年（548），聞國難，乃召募得數萬人來赴，元帝以爲秦州刺史，加都督，授以東討之略。東下至武昌，遇侯景將任約，遂與相持。因貪污而被元帝下獄，死於獄中。本書卷六四、《梁書》卷四六有傳。

[4]齊昌：郡名。治齊昌縣，在今湖北蘄春縣西南。

[5]南陽：郡名。治宛縣，在今河南南陽市。

[6]定州：州名。治蒙籠城，在今湖北麻城市東北。

[7]汝南：縣名。治所在今湖北武漢市武昌區東。

[8]李素孝者：《梁書·邵陵王綸傳》、《資治通鑑·梁紀十九》簡文帝大寶元年作"李素者"。

[9]竟陵：郡名。治萇壽縣，在今湖北鍾祥市。

[10]楊忠：小字奴奴。弘農華陰（今陝西華陰市）人。《周書》卷一九有傳。

[11]太牢：古代最隆重的祭祀，牛羊豕三牲具備。《莊子·至樂》："具太牢以爲膳。"成玄英疏："太牢，牛羊豕也。"

[12]尚書左丞：官名。尚書省屬官。與尚書右丞分掌尚書都省事務，糾駁諸司文案，監察百官，分管禮制、官吏選授等。梁九班。

綸任情卓越，輕財愛士，不競人利，府無儲積。聞有輒求，既得即散，士亦以此歸之。初鎮京口，大造器甲，既涉聲論，投之于江。及後出征，戎備頗闕，乃歎曰：“吾昔造仗，本備非常，無事涉疑，遂使零散。今日討抄，卒無所資。”

初，昭明之薨，簡文入居監撫，[1]綸不謂德舉，而云“時無豫章，故以次立”。及廬陵之没，綸觖望滋甚，於是伏兵于莽，用伺車駕。而臺舍人張僧胤知之，其謀頗洩。又綸獻曲阿酒百器，[2]上以賜寺人，飲之而斃。上乃不自安，頗加衛士，以警宮内。於是傳者諸相疑阻，而綸亦不懼。武帝竟不能有所廢黜，卒至宗室爭競，爲天下笑。

[1]居監撫：監撫，指監國與撫軍。《左傳》閔公二年：“（太子）君行則守，有守則從。從曰撫軍，守曰監國，古之制也。”居監撫即居太子之位。

[2]曲阿：縣名。治所在今江蘇丹陽市。

長子堅字長白，大同元年，以例封汝南侯。亦善草隸，性頗庸短，嘗與所親書，題云“嗣王”。其人得書大駭，執以諫堅，堅曰：“前言戲耳。”人曰：“不願以此爲戲耳。”侯景圍城，堅屯太陽門，[1]終日蒲飲，[2]不撫軍政。吏士有功，未嘗申理，疫癘所加，亦不存恤，[3]士咸憤怨。太清三年，堅書佐董勛華、白曇朗等以堅私室醞釀，亟有烹宰，不相霑及，忿恨，夜遣賊登樓，城遂陷，堅遇害。弟確。

　　[1]太陽門：京師建康宮城門之一。《資治通鑑》卷一六四《梁紀二十》元帝承聖元年，胡三省注：“臺城六門：大司馬門、萬春門、東華門、西華門、太陽門、承明門。”
　　[2]蒲飲：賭博飲酒。
　　[3]存恤：慰問撫恤。

　　確字仲正，少驍勇，有文才，尤工楷隸，公家碑碣皆使書之。除秘書丞，[1]武帝謂曰：“爲汝能文，所以特有此授。”大同二年，封爲正階侯，[2]復徙封永安。[3]常在第中習騎射，學兵法，時人以爲狂。左右或進諫，確曰：“聽吾爲國家破賊，使汝知之。”

　　[1]秘書丞：官名。秘書省屬官，佐秘書監掌國之典籍圖書，爲清顯之職，多僑姓士族擔任。員一人。梁八班。
　　[2]正階：縣名。治所在今廣東始興縣西北。
　　[3]永安：縣名。治所在今雲南保山市。安，汲古閣本同，殿本作“福”。

　　鍾山之役，確所向披靡，群賊憚之。確每臨陣對敵，意甚詳贍，帶甲據鞍，自朝及夕，馳驟往返，不以爲勞，諸將服其壯勇。軍敗，賊使負砲，不之知也。確因隙自拔，得達朱方。[1]

　　[1]朱方：地名。南朝時京口或南徐州的別稱。因南徐州治京口（今江蘇鎮江市），而京口春秋時吳國稱朱方，故稱。

　　及後侯景乞盟，[1]憚確及趙威方在外，[2]慮爲後患，啓求召確入城。詔乃召確爲南中郎將、廣州刺史。[3]確知此盟多貳，城必淪没，欲先遣趙威方入，確因南奔。綸聞之，逼確使入。確猶不肯，[4]綸流涕謂曰：“汝欲反邪！”時臺使周石珍在坐，[5]確曰：“侯景雖云欲去，而不解長圍，以意而推，其事可見。今召我入，未見益也。”石珍曰：“敕旨如此，侯豈得辭。”確執意猶堅，綸大怒，謂趙伯超曰：“譙州，[6]卿爲我斬之。當齎首赴闕。”伯超揮刃眄曰：“我識君耳，刀豈識君。”[7]確流涕而出，遂入城。及景背盟復圍城，城陷，確排闥入啓。[8]時武帝方寢，確曰：“城已陷矣。”帝曰：“猶可一戰不？”[9]對曰：“人心不可。臣向格戰不禁，[10]繩下僅得至此。”武帝歎曰：“自我得之，自我失之，亦復何恨，幸不累子孫。”[11]乃使確爲慰勞文，謂曰：“爾速去謂汝父，無以二宮爲念。”

[1]侯景乞盟：事在梁武帝太清三年（549）二月。詳本書卷八〇、《梁書》卷五六《侯景傳》。

[2]趙威方：趙伯超之子，曾任湘州刺史。後被徐文盛所斬殺。事見本書卷六四《杜幼安傳》。

[3]南中郎將：官名。將軍名號。東、西、南、北四中郎將之一，統兵征伐或鎮守某一地區爲方面大員，地位高於一般將軍。南朝多以宗室諸王擔任。梁或置或罷，置時爲十七班。　廣州：州名。治番禺縣，在今廣東廣州市。

[4]猶：殿本同，汲古閣本作“又”。

[5]臺使：朝廷使者。晋、宋間謂朝廷禁近爲臺，故稱禁城爲臺城，官軍爲臺軍，使者爲臺使。　周石珍：建康廝隸，世以販絹爲業。初爲小吏，梁武帝太清年間封南豐縣後。侯景攻入建康，求

媚於侯景，訂立禮儀制度。侯景平後，爲元帝所殺。本書卷七七有傳。

[6]譙州：指趙伯超。伯超爲前譙州刺史，故稱。

[7]刀：殿本同，汲古閣本作“刃”。

[8]闥：指禁中，又稱禁闥。

[9]不：汲古閣本同，殿本作“否”。

[10]向：剛纔。

[11]“自我得之”至“幸不累子孫”：西漢將軍灌夫得罪武安侯田蚡，魏其侯竇嬰欲救灌夫，其夫人諫止之。嬰曰：“侯自我得之，自我捐之，無所恨。且終不令灌仲孺獨死，嬰獨生！”詳《史記》卷一〇七《魏其武安侯列傳》、《漢書》卷五二《竇田灌韓傳》。蕭衍用竇嬰語。洪邁《容齋隨筆》卷五“李後主梁武帝”條有云：“予觀梁武帝啓侯景之禍，塗炭江左，以致覆亡，乃曰：‘自我得之，自我失之，亦復何恨。’其不知罪己，亦甚矣。竇嬰救灌夫，其夫人諫止之。嬰曰：‘侯自我得之，自我捐之，無所恨。’梁武用此言而非也。”

及出見景，景愛其旅力，[1]恒令在左右。後從景仰見飛鶿，[2]群賊爭射不中，確射之應弦即落。賊徒忿嫉，咸勸除之。先是綸遣典籤唐法隆密導確，確謂使者曰：“侯景輕佻，可一夫力致。確不惜死，欲手刃之。卿還啓家王，[3]願勿以一子爲念。”後與景獵鍾山，同逐禽，引弓將射景，弦斷不得發，賊覺殺之。

[1]旅：殿本同，汲古閣本作“膂”。

[2]鶿：殿本同，汲古閣本作“鵝”。

[3]家王：指邵陵王蕭綸。

武陵王紀字世詢，[1]武帝第八子也。少而寬和，喜怒不形於色，勤學有文才。天監十三年，封武陵王。尋授揚州刺史。中書詔成，武帝加四句曰：“貞白儉素，是其清也；臨財能讓，是其廉也；知法不犯，是其慎也；庶事無留，是其勤也。”紀特爲帝愛，故先作牧揚州。

[1]武陵：郡名。治臨沅縣，在今湖南常德市。

大同三年，爲都督、益州刺史。以路遠固辭，帝曰：“天下方亂，唯益州可免，[1]故以處汝，汝其勉之。”紀歔欷，既出復入。帝曰：“汝嘗言我老，我猶再見汝還益州也。”紀在蜀，開建寧、越嶲，貢獻方物，十倍前人。朝嘉其績，加開府儀同三司。

[1]唯：汲古閣本同，殿本作“惟”。

初，天監中，震太陽門，城字曰：[1]“紹宗梁位唯武王。”解者以武陵王，[2]於是朝野屬意焉。及侯景陷臺城，上甲侯韶西上至硤，[3]出武帝密敕，加紀侍中、假黃鉞、都督征討諸軍事、驃騎大將軍、太尉、承制。大寶元年六月辛酉，[4]紀乃移告諸州征鎮，遣世子圓照領二蜀精兵三萬，受湘東王繹節度。繹命圓照且頓白帝，[5]未許東下。七月甲辰，湘東王繹遣鮑檢報紀以武帝崩問。十一月壬寅，紀總戎將發益鎮，[6]繹使胡智監至蜀，書止之曰：“蜀中斗絶，易動難安，弟可鎮之，吾自當滅賊。”[7]又別紙云：“地擬孫、劉，各安境界，情深魯、衛，書信恒通。”[8]

[1]城：汲古閣本同，殿本作“成”，《梁書》卷五五《武陵王紀傳》亦作“成”。

[2]解者以武陵王：中華本據《資治通鑑》補作“解者以武陵王當之”。

[3]上甲侯詔：蕭詔。字德茂，梁武帝長兄蕭懿之孫。初封上甲縣都鄉侯。本書卷五一有附傳。上甲，縣名。治所在今江西湖口縣東南。　硤：疑作“硤口”。亦稱峽口。即今湖北宜昌市西長江西陵峽口。《梁書·武陵王紀傳》載曰：“將軍樊猛獲紀及其第三子圓滿，俱殺之於硤口，時年四十六。”

[4]大寶元年六月辛酉：中華本校勘記云：“是年六月無辛酉。下七月無甲辰，十一月無壬寅，二年五月癸酉朔，亦無己巳。”

[5]頓：屯駐，止宿。　白帝：城名。在今重慶奉節縣東瞿塘峽口。

[6]益鎮：指益州鎮所成都。按，《資治通鑑》卷一六三《梁紀十九》簡文帝大寶元年《考異》云：“《南史》云‘十一月壬寅’。按是月壬子朔，無壬寅。”

[7]“書止之曰”至“吾自當滅賊”：趙翼《廿二史劄記》卷一一《梁南二史歧互處》云：“至《武陵王紀傳》，《梁書》謂侯景之亂，紀不赴援。《南史》則謂紀先遣世子圓照領兵三萬，受湘東王繹節度，繹令且駐白帝，未許東下。及武帝凶問至，紀總戎將發，繹又使胡智監至蜀止之。是紀未嘗不發兵也。而《梁書》所謂不發兵者，蓋本元帝時國史。元帝既殺紀，欲著其逆迹而有是言，所謂欲加之罪，其無辭乎。此事當以《南史》爲正。”

[8]“地擬孫、劉”至“書信恒通”：《資治通鑑》卷一六三《梁紀十九》簡文帝大寶元年胡三省注曰：“地擬孫、劉，欲吳、蜀各爲一國也；情深魯、衛，謂兄弟也。”

　　二年四月乙丑，紀乃僭號於蜀，改年曰天正，暗與蕭棟同名。[1]識者尤之，以爲於文"天"爲二人，"正"爲一止，言各一年而止也。紀又立子圓照爲皇太子，圓正爲西陽王，[2]圓滿竟陵王，圓普譙王，[3]圓肅宜都王。[4]以巴西、梓潼二郡太守永豐侯撝爲征西大將軍、益州刺史，[5]封秦郡王。[6]司馬王僧略、直兵參軍徐怦並固諫，[7]皆殺之。僧略，僧辯弟；怦，勉從子也，以諫，且以怦與將帥書云"事事往人口具"，以爲反於己，誅之。永豐侯撝歎曰："王不克矣。夫善人國之基也，今乃誅之，不亡何待。"又謂所親曰："昔桓玄年號大亨，[8]識者爲謂'二月了'，而玄之敗實在仲春。今年曰天正，在文爲'一止'，其能久乎！"丁卯，元帝遣萬州刺史宋簉襲圓照於白帝，圓照弟圓正時爲西陽太守，召至，鎖于省內。

　　[1]蕭棟：梁簡文帝見廢，侯景奉以爲主，改元天正。《資治通鑑》卷一六四《梁紀二十》簡文帝大寶二年載曰："壬戌，棟即帝位。大赦，改元天正。"

　　[2]西陽：郡名。治西陽縣，在今湖北黃岡市黃州區東。

　　[3]譙王：汲古閣本同，殿本作"南譙王"。《梁書》卷五五《武陵王紀傳》亦作"南譙王"。南譙，郡名。治蘄縣，在今安徽巢湖市。

　　[4]宜都：郡名。治夷道縣，在今湖北枝江市。

　　[5]巴西、梓潼：雙頭郡名。治涪縣，在今四川綿陽市東。永豐侯撝：梁武帝弟蕭秀之子蕭撝初封永豐縣侯。後降西魏。《周書》卷四二有傳。　　永豐：縣名。治所在今廣西荔浦市西北。　　征西大將軍：官名。將軍名號。多授予統兵在外、都督數州軍事者。

在武職中地位很高，居四征將軍之上。

[6]秦郡：郡名。僑寄六合縣，在今江蘇南京市六合區。

[7]直兵參軍：官名。王公軍府屬官，掌本府親兵衛隊。皇子府直兵參軍，梁四班。

[8]桓玄：字敬道，譙國龍亢（今安徽懷遠縣）人。恒溫子。東晉安帝元興元年（402）以討司馬顯爲名，攻占建康，次年稱帝，國號楚。《晉書》卷九九有傳。

　　初，楊乾運求爲梁州刺史不得，[1]紀以爲潼州刺史。[2]楊法深求爲黎州刺史亦不得，[3]以爲沙州刺史。[4]二憾不獲所請，[5]各遣使通西魏。及聞魏軍侵蜀，紀遣其將譙淹回軍赴援，魏將尉遲迴逼涪水，[6]楊乾運降之。迴即趨成都。

[1]楊乾運：字玄邈，儻城興勢（今陝西洋縣）人。西魏文帝大統初，入梁。梁武帝大同元年（535），除飄武將軍，尋轉信武將軍、黎州刺史。武帝太清末，遷潼、南梁二州刺史。《周書》卷四四、《北史》卷六六有傳。　梁州：州名。治南鄭縣，在今陝西漢中市東。

[2]潼州：州名。治取慮城，在今安徽靈璧縣東北。

[3]楊法深：氐人首領。據陰平自稱王，西魏廢帝元年（552），以深爲黎州刺史。後從尉遲迴平蜀。見《北史》卷九六《氐傳》、《周書》卷四九《異域傳》。

[4]沙州：州名。治所在今青海貴德、貴南縣一帶。以其國西有黃沙，不生草木，故以爲號。

[5]二憾不獲所請：中華本據《通志》補正作“二人皆憾不獲所請”。

[6]尉遲迴：西魏代人。《周書》卷二一、《北史》卷六二有

傳。　涪水：即今四川嘉陵江支流涪江。

　　五月己巳，紀次西陵，[1]軍容甚盛。元帝命護軍將軍陸法和立二城於峽口，[2]名七勝城，鎖江以斷峽。[3]時陸納未平，[4]蜀軍復逼，元帝甚憂。法和告急，旬日相繼。元帝乃拔任約於獄，[5]以爲晋安王司馬，[6]撤禁兵以配之。并遣宣猛將軍劉棻共約西赴。[7]六月，紀築連城，攻絶鐵鎖。元帝復於獄拔謝答仁爲步兵校尉，[8]配衆一旅上赴。紀之將發也，江水可揭，前部不得行。及登舟，無雨而水長六尺。劉孝勝喜曰：[9]“殆天贊也。”將至峽，有黑龍負舟，其將帥咸謂天助。及頓兵日久，頻戰不利，師老糧盡，智力俱殫。又魏人入劍閣，[10]成都虛弱，憂懣不知所爲。

　　[1]西陵：縣名。治所在今湖北宜昌市東南。
　　[2]陸法和：先隱居江陵百里洲，侯景將任約攻江陵，投湘東王蕭繹征侯景。後以郢州降北齊。後隱居江陵。《北齊書》卷三二、《北史》卷八九有傳。
　　[3]鎖江以斷峽：《資治通鑑》卷一六五《梁紀二十一》元帝承聖二年載曰：“護軍陸法和築二城於峽口兩岸，運石填江，鐵鎖斷之。”《太平御覽》卷三三五《兵部》六六引《三國典略》曰：“蕭紀兵次西陵，艫舳旌戈翳川曜日。護軍陸法和於硤兩岸築二壘，運石填江，鐵鏁斷之。梁主令法和壘北斷白雁城道，别立小栅。”
　　[4]陸納：湘州刺史王琳長史。琳得罪，元帝囚之，陸納據湘州拒元帝。事見本書卷六四《王琳傳》。
　　[5]任約：本侯景將，景敗，任約被俘，元帝囚之。
　　[6]晋安王：南朝梁敬帝蕭方智。梁元帝子，初封晋安王。

　　[7]宣猛將軍：官名。將軍名號。梁置，爲一百二十五號將軍之一，六班。

　　[8]謝答仁：本侯景將，景敗，被俘，元帝囚之。　步兵校尉：官名。禁軍五校尉之一，掌宮廷宿衛。梁七班。

　　[9]劉孝勝：秘書監劉孝綽五弟。位尚書右丞、兼散騎常侍。聘魏還，爲安西武陵王紀長史、蜀郡太守。紀僭號於蜀，以爲尚書僕射。隨紀出峽口，兵敗被執。元帝宥之，以爲司徒右長史。本書卷三九、《梁書》卷四一有附傳。

　　[10]劍閣：在今四川劍閣縣

　　先是，元帝已平侯景，執所俘馘，[1]頻遣報紀。世子圓照鎮巴東，留執不遣。啓紀云：“侯景未平，宜急征討。已聞荊鎮爲景所滅，疾下大軍。”紀謂爲實然，故仍率衆泝江急進。於路方知侯景已平，便有悔色，召圓照責之。圓照曰：“侯景雖誅，江陵未服，宜速平蕩。”紀亦以既居尊位，宣言於衆，敢諫者死。蜀中將卒日夜思歸。所署江州刺史王開業進曰：“宜還救根本，更思後圖。”諸將僉以爲然。圓照、劉孝勝獨言不可，紀乃止。既而聞王琳將至，[2]潛遣將軍侯叡傍險出法和後，臨水築壘禦琳及法和。元帝書遺紀，遣光州刺史鄭安中往喻意於紀，[3]許其還蜀，專制岷方。[4]紀不從命，報書如家人禮。既而侯叡爲任約、謝答仁所破，又陸納平，諸軍並西赴，元帝乃與紀書曰：“甚苦大智！季月煩暑，流金鑠石，[5]聚蚊成雷，[6]封狐千里。[7]以兹玉體，辛苦行陣，乃睠西顧，[8]我勞如何。自獯醜憑陵，羯胡叛換，[9]吾年爲一日之長，屬有平亂之功，膺此樂推，[10]事歸當璧。[11]儻遣使乎，良所希也。[12]如曰不然，於此投筆。[13]友于兄弟，[14]分形共氣，[15]兄肥弟瘦，[16]無復相代之期；讓棗推棃，[17]長罷懽愉之日。上林靜拱，[18]聞四鳥之哀鳴，[19]宣室披圖，[20]嗟萬始之長逝。[21]心乎愛矣，[22]書不盡言。”大智，紀别字也。帝又爲詩曰：“回首望荆門，驚浪且雷奔，四鳥嗟長别，三聲悲夜猿。”圓正在獄中連句曰：“水長二江急，雲生三峽昏，願貰淮南罪，思報阜陵恩。”帝看詩而泣。

[1]䤋：戰爭中割下的敵人的耳朵。古代作戰，以此計功。

[2]王琳：字子珩，會稽山陰（今浙江紹興市）人。原爲梁元帝大將。江陵陷落後，他盤踞湘、郢諸州，奉梁元帝之孫蕭莊爲梁主。公元557年十月王琳軍敗陳軍於沌口，對下游陳政權構成巨大威脅。陳文帝天嘉元年（560）王琳在蕪湖之役中被侯瑱擊敗，逃奔北齊。本書卷六四、《北齊書》卷三二有傳。

[3]光州：州名。治光城縣，在今河南光山縣。

[4]崏方：《梁書》卷五五《武陵王紀傳》作“岷方”。崏，同“岷”。岷，岷山，在今四川松潘縣北。岷方，代指巴蜀之地。

[5]流金鑠石：使金石熔化。極言天氣炎熱。《楚辭·招魂》：“十日代出，流金鑠石些。”

[6]聚蚊成雷：極言蚊子衆多，響聲如雷。

[7]封狐千里：千里之地到處都是大狐。《楚辭·招魂》：“蝮蛇蓁蓁，封狐千里些。”

[8]乃睠西顧：《梁書·武陵王紀傳》作“乃眷西顧”。《詩·大雅·皇矣》：“乃眷西顧，此維與宅。”鄭玄箋：“乃眷然運視西顧，見文王之德而與之居。言天意常在文王。”按，蕭繹暗以周文王自比。

[9]羯胡叛換：羯胡，北方少數民族。此指魏人。叛換，指專橫、跋扈。

[10]膺此樂推：膺，受。樂推，眾人樂於擁戴。《老子》第六十六章：“聖人處上而民不重，處前而民不害，是以天下樂推而不厭。”

[11]事歸當璧：楚共王無嫡子而有寵子五人。欲立太子，乃告禱於神曰：“當璧而拜者，神所立也。”於是埋璧於宗廟之庭，讓五子按長幼順序入拜宗廟。平王小，抱而入，恰伏於埋璧之地而拜，遂得立。事詳《左傳》昭公十三年。後世以“當璧”爲當國之兆。

[12]良所希也：《梁書·武陵王紀傳》作“良所遲也”。遲，待也。

[13]投筆：指棄文就武。

[14]友于兄弟：《尚書·君陳》：“惟孝友于兄弟。”

[15]分形共氣：指骨肉之親，形體雖分而氣血相同。《文選》卷三七曹子建《求自試表》：“而臣敢陳聞於陛下者，誠與國分形同氣，憂患共之者也。”

[16]兄肥弟瘦：西漢末天下大亂，人相食。沛國蘄人趙孝之弟趙禮爲賊所得，趙孝自縛詣賊，云“兄肥弟瘦”，請以身代弟，賊並釋之。事詳《東觀漢記》卷一七、《後漢書》卷三九《趙孝傳》。

[17]讓棗推梨：《梁書·武陵王紀傳》作“讓棗推梨”。指兄弟之間友愛推讓。讓棗，本書卷二二《王泰傳》：“泰字仲通，幼敏悟。年數歲時，祖母集諸孫姪，散棗栗於牀，群兒競之，泰獨不取。問其故，對曰：‘不取自當得賜。’由是中表異之。”推梨，《後漢書》卷七〇《孔融傳》李賢注引《孔融家傳》：“兄弟七人，融第六，幼有自然之性。年四歲時，每與諸兄共食梨，融輒引小者。大人問其故，答曰：‘我小兒，法當取小者。’由是宗族奇之。”

[18]上林：苑囿名。故址在今江蘇南京市雞鳴山東。

[19]聞四鳥之哀鳴：《説苑·辨物》載曰：“孔子晨立堂上，聞哭者聲音甚悲。孔子援瑟而鼓之，其音同也。孔子出，而弟子有吒

者。問：‘誰也?’曰：‘回也。’孔子曰：‘回爲何而吒?’回曰：‘今者有哭者，其音甚悲，非獨哭死，又哭生離者。’孔子曰：“何以知之?”回曰：‘似完山之鳥。’孔子曰：‘何如?’回曰：‘完山之鳥生四子，羽翼已成，乃離四海，爲是往而不復返也。’孔子使人問哭者。哭者曰：‘父死家貧，賣子以葬父，將與其別也。’孔子曰：‘善哉，聖人也!’”此文又見《孔子家語・顔回篇》。

[20]宣室：宮殿名。漢代皇帝齋戒之所。漢文帝嘗在此處召見賈誼，問以鬼神之事。見《漢書》卷四八《賈誼傳》。

[21]萬始：萬物之始，此處指萬物。

[22]心乎愛矣：《詩・小雅・隰桑》：“心乎愛矣，遐不謂矣?”

紀頻敗，知不振，遣署度支尚書樂奉業往江陵論和緝之計。[1]元帝知紀必破，遂拒而不許，於是兩岸十餘城遂俱降。游擊將軍樊猛率所領至紀所，紀在舸中遶牀而走，以金擲猛等曰：“此顧卿送我一見七官，卿必當富貴。”猛曰：“天子何由可見。殺足下，此金何之。”猶不敢逼，圍而守之。法和馳啓，上密敕樊猛曰：“生還不成功也。”猛率甲士祝文簡、張天成拔刃升舟，[2]猶左右奔擲。第五子圓滿馳來就父，紀首既落，圓滿軀亦分。法和收太子圓照兄弟三人，問圓照曰：“阿郎何以至此?”圓照曰：“失計，願爲公作奴。”法和叱遣之。[3]

[1]度支尚書：官名。尚書省列曹尚書之一，掌財賦計算、支調。梁十三班。 和緝：和協輯睦。緝，通“輯”。

[2]刃：汲古閣本同，殿本作“刀”。

[3]法和叱遣之：王鳴盛《十七史商榷》卷六三《武陵王紀南梁互異》：“《南史・梁武帝子武陵王紀傳》：大同三年，爲都督、

益州刺史。侯景陷臺城，上甲侯詔西上至硤，出武帝密敕，加紀侍中、假黃鉞、都督征討諸軍事、驃騎大將軍、太尉、承制。大寶元年六月辛酉，紀乃移告諸州征鎮，遣世子圓照領二蜀精兵三萬，受湘東王繹節度，繹命圓照且頓白帝，未許東下。七月甲辰，湘東王繹遣鮑檢報紀以武帝崩問。十一月壬寅，紀總戎將發益鎮，繹使止之。二年四月乙丑，紀乃僭號於蜀，改元天正，暗與蕭棟同名。五月己巳，紀次西陵，元帝拒之。六月，戰不利，師老糧盡，憂懑不知所爲。先是，元帝已平侯景，遣報紀，圓照鎮巴東，留不遣，啓紀云：‘侯景未平，宜急征討，已聞荊鎮爲景所滅，疾下大軍。’紀謂實然，故仍率衆沿江急進，於路方知侯景已平。以既居尊位，宣言敢諫者死。後頻敗，爲元帝將樊猛所殺。《梁書》與此不同者，直言侯景亂，紀不赴援，高祖崩後，乃僭號於蜀，改年天正，無受武帝密敕事，亦無遣圓照受湘東節度事。又言太清五年夏四月，紀帥軍東下，至巴郡，以討侯景爲名，將圖荊陝，五月丁丑，紀次西陵，元帝遣將拒之。六月庚申，元帝將任約等與戰，破之。丙戌，任約等進攻其壘，樊猛獲紀殺之。紀本圖帝位，若受敕都督征討，不應反受湘東節制，前段當以《梁書》爲得。太清五年，即是大寶二年，南史以五月己巳次西陵，《梁書》以五月丁丑次西陵，後於己巳八日耳，亦爲合也。但紀必不肯稱簡文帝大寶之號，故《梁書》據紀意書太清，若論史法，仍以《南史》書大寶爲合。‘荊陝’，‘陝’字亦必誤。《通鑑》一百六十四卷書紀之東下，於承聖元年之八月，承聖元年是大寶二年之明年，若以太清數則爲六年，與《南史》《梁書》皆不同，紀至此尚未知侯景破敗，而仍東下，決無此事，《通鑑》恐非。”

圓照字明周，中大同初，[1]爲益州東齋郎、宋寧宋興二郡太守。[2]遠鎮諸王世子皆在建鄴質守，帝特愛紀，故遣以副紀。紀之搆釁，悉其謀也。次弟圓正先見鎖在江陵，及紀既以兵終，元帝使謂曰：“西軍已敗，汝父不知存亡。”意欲使其自裁。而圓正既奉此問，便號哭盡哀。以禍難之興皆由圓照，於是唯哭世子，言不絕聲。上謂圓正聞問悲感，必應自殺，頻看知不能死，又付廷尉獄。及見圓照曰：“阿兄，何乃亂人骨肉，使酷痛如此。”圓照更無所言，唯云計誤。並命絕食於獄，齧臂啖之，十三日死，天下聞而悲之。

[1]中大同：南朝梁武帝蕭衍年號（546—547）。

[2]宋寧：僑郡名。治成都縣，在今四川成都市。

圓正字明允，紀第二子。美風儀，善談論，寬和好施，愛接士人。封江安侯。[1]歷西陽太守，有惠政。既居上流，人附者甚衆。及侯景作逆，圓正收兵衆且一萬，後遂跋扈中流，不從王命。及景破，復謀入蜀。元帝將圖之，署爲平南將軍。[2]及至弗見，使南平嗣王恪等醉而囚之。

[1]江安：縣名。治所在今湖北公安縣西北。

[2]平南將軍：官名。將軍名號。與平東、平西、平北將軍合稱四平將軍。多持節都督或監某一地區的軍事，或作爲刺史兼理軍務的加官。

時紀稱梁王。及紀敗死，爲有司奏請絕紀屬籍，元帝許之，賜姓饕餮氏。[1]紀最爲武帝所愛。武帝諸子罕登公位，唯紀以功業顯著，先啓黃扉。兄邵陵王綸屢以罪黜，心每不平。及聞紀爲征西，繪撫枕歎曰："武陵有何功業，而位乃前我？朝廷憒憒，似不知人。"武帝聞之，大怒曰："武陵有恤人拓境之勳，汝有何績。"

[1]饕餮：古代傳説中縉雲氏不才子之外號。參《尚書·舜典》孔安國傳。《太平御覽》卷三三〇引《三國典略》："梁武陵王蕭紀在蜀十七年，開拓土宇，器甲殷積，有馬八千疋，既便騎射，尤工舞稍。"

太清初，帝思之，使善畫者張僧繇至蜀圖其狀。在蜀十七年，南開寧州、越嶲，[1]西通資陵、吐谷渾。[2]內脩耕桑鹽鐵之功，外通商賈遠方之利，故能殖其財用，器甲殷積。馬八千匹，上足者置之內厩，開寢殿以通之，日落，輒出步馬。便騎射，尤工舞稍。九日講武，躬領幢隊。及聞國難，謂僚佐曰："七官文士，豈能匡濟。"既東下，黃金一斤爲餅，百餅爲簏，至有百簏；銀五倍之，其他錦罽繒采稱是。每戰則懸金帛以示將士，終不賞賜。[3]寧州刺史陳知祖請散金銀募勇士，不聽，慟哭而去。自是人有離心，莫肯爲用。紀頗學觀占，善風角，[4]亦知不復能濟。瞻望氣色，歎吒天道，椎牀聲聞于外。有請事者，以疾辭不見。既死，埋於沙洲，不封無槻。[5]元帝以劉孝勝付廷尉，尋免之。

[1]寧州：州名。治味縣，在今雲南曲靖市。
[2]吐谷渾：古族名。源出遼東鮮卑徒河部慕容氏。公元4世紀初，首領吐谷渾率所部西遷至今青海、甘肅一帶，與羌族雜處。

至其孫葉延時始以吐谷渾爲姓氏、族名，亦以爲國號。見《北史》卷九六《吐谷渾傳》。

[3]"既東下"至"終不賞賜"：趙翼《廿二史劄記》卷一〇《〈南史〉增〈梁書〉有關係處》："《武陵王紀傳》：紀在蜀十七年，積貨無數，厩馬至八千匹。統兵東下，黃金一斤爲餅，百餅爲籝，至有百籝，銀五倍之，每戰則懸以示賞，而終不給。"

[4]風角：古代占卜之法。即以五音占候四方四隅之風而定吉凶。

[5]櫬（chèn）：古時指内棺，後泛指棺材。

初，紀將僭號，祅怪不一，内寢柏殿柱繞節生花，其莖四十有六，霏靡可愛，[1]狀似荷花。識者曰："王敦祅花，[2]非佳事也。"時蜀知星人説紀曰："官若東下，當用申年，太白出西，從之爲利。申歲發蜀，酉年入荆，不可失也。"發蜀之歲，太白在西，比及明年，則已東出矣。

[1]霏（suǐ）靡：草木柔弱的樣子。

[2]王敦祅花：王敦，琅邪臨沂（今山東臨沂市）人，王導從父兄。東晉初擅權爲逆。《晉書》卷九八有傳。《宋書·五行志一》："王敦在武昌，鈴下儀仗生華如蓮花狀，五六日而萎落。此木失其性而爲變也。干寶曰：'鈴閣，尊貴者之儀；鈴下，主威儀之官。今狂花生於枯木，又在鈴閣之間，言威儀之富，榮華之盛，皆如狂花之發，不可久也。'其後終以逆命，没又加戮，是其應也。"祅，《梁書》卷五五《武陵王紀傳》作"仗"。

論曰：甚矣，讒佞之爲巧也！夫言附正直，迹在恭敬，悦目會心，無施不可。至乃離父子，間兄弟，廢楚嫡，疏漢嗣，可爲太息，良非一塗。以昭明之親之賢，梁武帝之愛之信，謗言一及，至死不能自明，況於下此者也。綜處秦政之疑，懷負尺之志，肆行狂悖，卒致奔亡。廬陵多財爲累，雄心自立，未及騁暴，早没爲幸。[1]南康爲政有方，居喪以禮，惜乎早夭，不拯危季。邵陵少而險躁，人道頓亡，晚致勤王，其殆優矣。武陵地居勢勝，卒致傾覆，才輕志大，能無及乎。

[1]没：汲古閣本同，殿本作“卒”。

南史　卷五四

列傳第四十四

梁簡文帝諸子　元帝諸子

　　簡文二十子。王皇后生哀太子大器、南郡王大連。[1]陳淑容生尋陽王大心。[2]左夫人生南海王大臨、安陸王大春。[3]謝夫人生瀏陽公大雅。[4]張夫人生新興王大莊。[5]包昭華生西陽王大鈞。[6]范夫人生武寧王大盛。[7]褚脩華生建平王大球。[8]陳夫人生義安王大昕。[9]朱夫人生綏建王大摯。[10]其臨川王大款、桂陽王大成、汝南王大封、樂良王大圜,[11]並不知母氏。潘美人生皇子大訓,[12]早亡無封。其餘不知不載。[13]

　　[1]王皇后:南朝梁簡文帝皇后王靈賓。琅邪臨沂(今山東臨沂市)人。本書卷一二、《梁書》卷七有傳。　南郡:郡名。治江陵縣,在今湖北荆州市荆州區。

　　[2]淑容:皇帝嬪妃名號。九嬪之一。宋明帝泰始三年(467)始置,見《宋書》卷四一《后妃傳序》。齊不置。梁、陳復置。陳

亦爲九嬪之一。　尋陽：郡名。治柴桑縣，在今江西九江市西南。

[3]夫人：皇帝嬪妃名號。原爲後宮女官泛稱，東漢末曹操設内官時作爲固定稱號，位次皇后，在衆嬪妃之上。西晉武帝置三夫人：夫人、貴嬪、貴人，位視三公。南朝宋孝武帝省。齊、梁又置。見《宋書·后妃傳序》。　南海：郡名。治番禺縣，在今廣東廣州市。　安陸：郡名。治安陸縣，在今湖北安陸市。

[4]瀏陽：縣名。治所在今湖南瀏陽市官渡鎮。

[5]新興：郡名。治漢初縣，在今四川武勝縣西北。按，此新興郡屬巴州，當在公元535年至553年間。南朝梁又有新興郡（528—548），屬陳州，治安城縣，在今安徽壽縣西淮河南岸〔參見周振鶴主編，胡阿祥、孔祥軍、徐成著《中國行政區劃通史·三國兩晉南朝卷（下册）》，復旦大學出版社2014年版，第1313、1211頁〕。

[6]昭華：皇帝嬪妃名號。魏明帝始置，晉不置。南朝宋武帝孝建三年（456）復置，爲九嬪之一。明帝泰始元年（465）廢，三年復置，以爲九嬪之一。齊不置，梁、陳仍列入九嬪。　西陽：郡名。治西陽縣，在今湖北黃岡市東。

[7]武寧：郡名。治樂鄉縣，在今湖北荆門市北。　大盛：盛，汲古閣本同，殿本作“威”。本卷下文、《梁書》卷四四《武寧王大威傳》亦作“威”。

[8]脩華：皇帝嬪妃名號。晉武帝始置，爲九嬪之一，位視九卿。南朝宋孝武帝孝建三年省，明帝泰始元年復置，三年列位九嬪。齊、梁沿置，陳亦置爲九嬪之一。　建平：郡名。治巫縣，在今重慶巫山縣。

[9]義安：郡名。治海陽縣，在今廣東潮州市東北。按，梁又有義安郡（535年後至553年），屬巴州，治宣漢縣，在今四川儀隴縣大羅鄉〔參見周振鶴主編，胡阿祥、孔祥軍、徐成著《中國行政區劃通史·三國兩晉南朝卷（下册）》，第1312頁〕。

[10]綏建王大摯：綏，汲古閣本、殿本作“緩”。《梁書》卷

四四《綏建王大摯傳》、《册府元龜》卷二六四作"綏"。按，應作
"綏"，此處底本誤。綏建，郡名。治新招縣，在今廣東廣寧縣南。

[11]臨川：郡名。治南城縣，在今江西南城縣東南。　桂陽：
郡名。治郴縣，在今湖南郴州市。　汝南：郡名。治上蔡縣，在今
河南汝南縣。　樂良：郡名。《梁書》卷四四作"樂梁"，《資治通
鑑》卷一六三《梁紀十九》大寶元年胡三省注："樂梁，史無所考。
此時諸王所封皆郡名也。當在大同中所分二十餘州不知處所之數。"
未知孰是。

[12]美人：皇帝嬪妃名號。西漢初置。南朝宋明帝泰始三年
置，位九嬪五職之下，爲散役。齊沿置。陳文帝天嘉（560—566）
初亦置，無定員。

[13]其餘不知不載：按，簡文二十子，本段文列十七子，包括
十六郡王，一縣公（瀏陽公大雅）。《梁書》卷八《哀太子傳》、卷
四四《太宗十一王傳》共載有上述十七子中十二人。《藝文類聚》
卷三四、《文苑英華》卷九九九俱載簡文帝《大同哀辭》云："大同
字仁洽，予之第十九子也。生於仲秋，殞於冬末。"是簡文有子大
同，然與本卷下文所記大摯爲"簡文第十九子"矛盾，未知孰是。

　　哀太子大器字仁宗，[1]簡文嫡長子也。[2]中大通三
年，[3]封宣城郡王。[4]太清二年十月，[5]侯景寇建鄴，[6]敕
太子爲臺內大都督。[7]三年五月，簡文即位。六月癸酉，
立爲皇太子。[8]

[1]哀太子：《梁書》卷八亦有傳。

[2]嫡長子：正妻所生長子。

[3]中大通：南朝梁武帝蕭衍年號（529—534）。　三年：中
華本改作"四年"，其校勘記云："'四年'各本作'三年'，據《武
帝紀》改。"今注按，中華本是。據本書卷七《武帝紀》及《資治

《通鑑》卷一五五《梁紀十一》中大通四年，此事當在中大通四年。

[4]宣城：郡名。治宛陵縣，在今安徽宣城市宣州區。　郡王：爵名。南朝梁爲皇弟、皇子封爵。本書卷六《梁武帝紀上》："（天監元年四月丙寅詔）自郡王以下，列爵爲縣六等。皇弟、皇子封郡王，二千户；王之庶子爲縣侯，五百户，謂之諸侯；功臣爵邑無定科。"按，南朝宋、齊、梁大體沿前代制，有（郡）王、公、侯、伯、子、男，又有開國郡公、縣公、郡侯、縣侯（三品），縣伯、縣子、縣男及鄉侯（四品），亭侯（五品）、關内（中）侯（六品），凡十五等。陳有郡王（一品）、嗣王（梁始置）、藩王（梁始置），又有開國郡公、縣公（以上二品）、縣侯（三品）、縣伯（四品）、縣子（五品）、縣男（六品）及沐食侯（七品）、鄉亭侯（八品）、開國中關外侯（九品），凡十二等。

[5]太清：南朝梁武帝蕭衍年號（547—549）。

[6]侯景：字萬景，懷朔鎮（今内蒙古固陽縣）人。初爲北魏邊鎮戍兵，復依附高歡。東魏時，位至司徒、南道行臺。高歡死，歸附梁，受封河南王。梁武帝太清二年舉兵反，攻陷建康，困死梁武帝。又廢簡文帝，自立爲帝，國號漢。後被梁元帝部將王僧辯、陳霸先擊敗，北逃途中爲部將所殺。本書卷八〇、《梁書》卷五六有傳。　建鄴：即建康，南朝都城，在今江蘇南京市。三國孫吳定都建業，西晉初改稱建鄴，後避晉愍帝司馬鄴諱改稱建康，南朝延稱。

[7]臺内大都督：官名。總統臺城内諸軍事。臺，官署名。六朝時稱朝廷禁省爲臺，故建康宮城又名臺城。

[8]六月癸酉，立爲皇太子：中華本"癸酉"改作"丁亥"，並出校勘記："'丁亥'各本作'癸酉'。按是月乙酉朔，無癸酉，據《武帝紀》改。"今注按，中華本"癸酉"改"丁亥"説是，但據《武帝紀》誤，應據《簡文帝紀》。本書卷八《簡文帝紀》作"丁亥"。

大寶二年八月，[1]景廢簡文，將害太子。時景黨稱景命召之，太子方講《老子》，將下牀而刑人掩至。[2]太子顏色不變，徐曰：“久知此事，嗟其晚耳。”刑者將以衣帶絞之，太子曰：“此不能見殺。”[3]乃指繫帳竿下繩，命取絞之而絕。時年二十八。[4]

[1]大寶：南朝梁簡文帝蕭綱年號（550—551）。

[2]掩至：乘其不備，突然而至。

[3]此不能見殺：意思是以衣帶爲絞具難以殺死人。見殺，被殺。

[4]時年二十八：《梁書》卷八《哀太子傳》中華本校勘記云：“大器生於普通四年，死於大寶二年，時年二十九歲。此作‘二十八’，訛。”按，中華本是。《太平御覽》卷六〇二引《三國典略》（文淵閣四庫全書本）：“蕭大心字仁恕，小名英童，與大器同年，十歲並能屬文。”又據《梁書》卷四四《尋陽王大心傳》，大心於大寶二年秋遇害，“時年二十九”，大器同年遇害，亦當年二十九。

太子性寬和，兼神用端嶷，[1]在賊中每不屈意。左右竊問其故，答曰：“賊若未須見殺，雖復陵懱呵叱，[2]其終不敢言。若見害時至，雖一日百拜，無益於死。”問者又曰：“官今憂逼而神貌怡然，[3]未喻此意。”[4]答曰：“吾自度死必在賊前，若諸叔外來，平夷羯寇，必前見殺，[5]然後就死。若其遂開拓上流，必先見殺，後取富貴。何能以無益之愁，橫憂必死之命。”景之西上，攜太子同行，及敗歸，舩往往相失。[6]所乘舩入樅陽浦，[7]舟中腹心並勸因此入北。[8]太子曰：“自國家喪敗，志不圖生。主上蒙塵，寧忍違離。吾今若去，乃是叛父，非謂避賊。天下豈有無父之國。"便涕泗嗚咽，命即前進。賊以太子有器度，每憚之，恐爲後患，故先及禍。承聖元年四月，[9]追謚哀太子，祔太廟陰室。[10]

[1]神用：精神面貌。　端嶷（yí）：端莊聰慧。嶷，汲古閣本同，殿本作"凝"。

[2]陵傲：凌侮傲慢。傲，汲古閣本同，殿本作"傲"。

[3]官：魏晉南朝天子別稱。《稱謂録》卷九"天子古稱"條："魏晉六朝稱官。"南朝時亦作爲對地位威重之人的尊稱。《南齊書》卷二五《張敬兒傳》："（張敬兒）中江遇風船覆，左右丁壯者各泅走，餘二小吏没艪下，叫呼'官'，敬兒兩掖挾之，隨船覆仰，常得在水上，如此飜覆行數十里，方得迎接。"周一良《三國志札記》"家"條云："稱貴人爲官，亦加家字曰官家即官人，多指皇帝。"（《魏晉南北朝史札記》，中華書局1985年版，第14—16頁）此處尊稱太子。

[4]未喻此意：指問者不明白太子的用意。

[5]必前見殺：前，殿本同，汲古閣本作"即"。

[6]舡往往相失：船隻處處失去秩序。指侯景作亂西攻巴陵失利敗歸，隊伍失去整肅。

[7]樅（zōng）陽浦：地名。在今安徽樅陽縣東下樅陽一帶。樅，水名。即今安徽樅陽縣長江支流樅陽長河。

[8]入北：投靠北朝。

[9]承聖：南朝梁元帝蕭繹年號（552—555）。

[10]祔（fù）：配享、附祭、合葬。　太廟：天子祭拜祖先的廟宇。南朝梁太廟在今江蘇南京市第一醫院至白紙坊略南一帶（參見賀雲翱《六朝瓦當與六朝都城》，文物出版社2005年版，第165頁）。　陰室：古代太廟中祭祀未成年而死的宗子的地方。

尋陽王大心字仁恕，[1]簡文第二子也。幼而聰朗，善屬文。[2]中大通四年，以皇孫封當陽縣公。[3]大同元年，[4]爲都督、郢州刺史，[5]時年十三。簡文以其幼，戒之曰：“事無大小，悉委行事。”[6]大心雖不親州務，發言每合於理，衆皆驚服。太清元年，爲雲麾將軍、江州刺史。[7]貪冒財賄，不能綏接百姓。[8]二年，侯景寇都，大心招集士卒，與上流諸軍赴援宮闕。三年，臺城陷，[9]上甲侯蕭韶南奔宣密詔，[10]加散騎常侍，[11]進號平南將軍。[12]大寶元年，封尋陽王。[13]

[1]尋陽王大心：《梁書》卷四四亦有傳。

[2]善屬文：寫文章。錢大昕《廿二史考異》卷三七云：“《御覽》引《三國典略》云：大心小名英童，與大器同年，十歲並能屬文。嘗雪朝入見，梁武帝咏雪，令二童各和，並援筆立成。此事姚、李二史皆失載。”屬文，寫文章。

[3]當陽：縣名。治所在今湖北當陽市。　縣公：爵名。開國縣公省稱。

[4]大同：南朝梁武帝蕭衍年號（535—546）。

[5]都督：始爲戰時臨時設置，南朝時爲高級軍事長官，係加官。據《梁書·尋陽王大心傳》，其爲“都督郢南北司定新五州諸軍事”。　郢州：州名。治夏口城，在今湖北武漢市武昌區。

[6]行事：官名。南朝職官制度，全稱“行某府（或某州）事”。產生於東晉末年，指以他官代行某官職權。南朝多以較低官階代行較高官職，如以長史、司馬、太守代行刺史職權等。錢大昕《廿二史考異》卷二六：“六朝時，府僚多領郡縣職……凡諸王沖幼出鎮開府，多以長史行府州事，或府主以事他出，亦以府僚行事。”除“行府州事”之外，還有“行郡事”“行國事”等類型。南朝時

在以將軍、刺史身份出鎮宗王普遍年幼的情況下，以其長史等爲行事，實際負責軍府和州府的軍政事務，權力很大，對出鎮幼王兼有輔佐和防範的職能（參見魯力《南朝"行事"考》，《武漢大學學報》2008 年第 6 期）。

[7]雲麾將軍：官名。南朝梁始置，與武臣、爪牙、龍騎將軍代舊前後左右四將軍。梁武帝天監七年（508）革選，釐定將軍名號及班品，有一百二十五號二十四班，班多爲貴，雲麾將軍十八班。陳四品，秩中二千石。　江州：州名。治溢城，在今江西九江市。

[8]綏接：撫慰交往。

[9]臺城：宮城名。即建康宮，又名顯陽宮。位於今江蘇南京市雞籠山南、乾河沿北。本三國吳後苑城，東晉成帝時改建，成帝咸和七年（332）新宮成，名曰建康宮，爲東晉、南朝臺省（中央政府）和宮殿所在地，故又名"臺城"。臺城有六門：大司馬門、萬春門、東華門、西華門、太陽門、承明門。

[10]上甲侯蕭韶：蕭韶，字德茂。梁武帝長兄懿之孫，初封上甲縣都鄉侯。侯景之亂時西奔江陵。撰《太清紀》爲湘東王繹頌德。繹乃以其超繼蕭懿，封長沙王，官至郢州刺史。本書卷五一有附傳。上甲，縣名。治所在今江西湖口縣東南。

[11]散騎常侍：官名。初爲散騎省長官，侍從皇帝左右，諫諍得失，顧問應對，與侍中等共平尚書奏事。亦常用作宰相、諸公等加官。南朝出令之權復歸中書省，並撤銷散騎省，宋散騎常侍改屬集書省，齊改屬東省，梁改屬散騎省，陳因之。散騎常侍職以侍從左右、主掌圖書文翰、文章、撰述、諫諍拾遺，收納轉呈文書奏事爲主。地位驟降。員皆四人。宋三品。齊及梁初不詳。梁武帝天監七年革選，釐定官品十八班，班多爲貴，散騎常侍十二班。陳三品，秩中二千石。

[12]平南將軍：官名。與平北、平東、平西將軍合稱四平將軍，南朝地位較高。宋三品。齊及梁初不詳。梁武帝天監七年革

選，釐定將軍名號及班品，有一百二十五號十品二十四班，班多爲貴，平南將軍二十班。大通三年（529）改制，定二百四十二號三十四班將軍，平南將軍三十班。陳擬三品，比秩中二千石。

[13]大寶元年，封尋陽王：《梁書·尋陽王大心傳》所載時間同。然據《梁書》卷四、本書卷八《簡文帝紀》，大心封尋陽王在梁武帝太清三年（549）六月。

　　初，歷陽太守莊鐵以城降侯景，[1]既而又奉其母來奔。大心以鐵舊將，厚爲其禮，軍旅之事，悉以委之，以爲豫章内史。[2]景數遣軍西上寇抄，大心輒令鐵擊破之，禽其將趙加婁，[3]賊不能進。時鄱陽王範率衆棄合肥，[4]屯于柵口，[5]待援兵總集，欲俱進。大心聞之，遣要範西上，[6]以盆城處之，[7]廩餼甚厚，[8]欲與戮力共除禍難。會鐵據豫章反，大心令中兵參軍韋約討之，[9]鐵敗乞降。鄱陽世子嗣先與鐵善，[10]乃謂範曰：“昔與鐵游處，其人才略從橫，[11]若降江州，必不全其首領，請援之。”乃遣將侯瑱救鐵，[12]夜破韋約等營。大心大懼。於是二蕃釁起。[13]

　　[1]歷陽：郡名。治歷陽縣，在今安徽和縣。　莊鐵：梁歷陽太守。侯景進攻歷陽，莊鐵降。事見本書卷八〇《侯景傳》。

　　[2]豫章：郡名。治南昌縣，在今江西南昌市。　内史：官名。南朝郡國行政長官，掌郡國民政，職同太守。宋五品。齊、梁不詳。陳滿萬户郡國之内史六品，不滿萬户者七品。

　　[3]禽：通“擒”。

　　[4]鄱陽王範：蕭範。字世儀，梁武帝蕭衍弟鄱陽王蕭恢世子，襲父爵爲鄱陽王。本書卷五二、《梁書》卷二二有傳。鄱陽，郡名。

治鄱陽縣，在今江西鄱陽縣。 合肥：縣名。治所在今安徽合肥市。

[5]柵口：地名。即古柵水入長江之口，在今安徽無爲縣東南。

[6]要：通"邀"，約請。

[7]盆城：城名。亦稱溢口城，在今江西九江市。《梁書》卷四四《尋陽王大心傳》作"溢城"。

[8]廩饋：糧餉給養。

[9]中兵參軍：官名。亦稱中兵參軍事。中兵曹的主官，掌本府中兵曹事務，兼參謀咨詢之責。東晋末至南朝宋省，改置中直兵參軍，兼領中兵、直兵二曹。齊、梁、陳於諸公府、軍府分置中兵、中直兵參軍。其品階隨府主地位高下而定。宋、齊、梁初品秩不詳。梁武帝天監七年（508）革選，釐定官品十八班，班多爲貴，中兵參軍二班至六班。陳九品至六品。

[10]世子嗣：蕭嗣。字長胤，鄱陽王蕭範嫡長子。驍勇有膽略。侯景之亂時，爲晋州刺史。侯景遣將任約攻城，蕭嗣率兵出戰，中流矢死。本書卷五二、《梁書》卷二二有附傳。世子，天子、諸侯的嫡子。

[11]從：通"縱"。

[12]侯瑱：字伯玉，巴西充國（今四川閬中市）人。先爲鄱陽王蕭範將，侯景之亂，隨王僧辯討景。僧辯被殺，侯瑱據豫章，有不臣意。梁亡，仕陳。本書卷六六、《陳書》卷九有傳。

[13]二藩：二諸侯。指蕭範與蕭大心。 釁：裂痕，矛盾。

景將任約略地至盆城，[1]大心遣司馬韋質拒戰敗績，[2]時帳下猶有勇士千餘人，咸説曰："既無糧儲，難以守固，若輕騎往建州，[3]以圖後舉，策之上也。"其母陳淑容不從，撫胸慟哭，大心乃止，遂與約和。二年，將遇害，遠牀謂賊厢公王僧貴曰：[4]"我以全州歸命，何忍相苦。"乃見射而殞。

[1]任約：本侯景將，侯景稱帝後任司空。景敗，被俘，元帝囚之，降梁。事詳本書卷八〇《侯景傳》，《梁書》卷四六《胡僧祐傳》、卷五六《侯景傳》。

[2]司馬：官名。南朝諸公府、軍府皆置。爲所在府署高級幕僚。掌參贊軍務，管理府內武職，位僅次於長史。員一人，或分置左、右，其品秩隨府主地位高低而定。宋七品至六品。齊及梁初不詳。梁武帝天監七年（508）革選，釐定官品十八班，班多爲貴，司馬六班至十班。陳八品至五品。

[3]建州：州名。治安遂縣，在今廣東郁南縣連灘鎮。

[4]厢公：官名。南朝梁時侯景置。《資治通鑑》卷一六二《梁紀十八》武帝太清三年胡三省注："（侯）景之親貴隆重者號曰厢公。"　王僧貴：侯景將。事詳本書《侯景傳》、《梁書·侯景傳》。

臨川王大款字仁師，簡文第三子也。初封石城縣公，[1]位中書侍郎。[2]太清三年，簡文即位，封江夏郡王。[3]大寶元年，奔江陵，[4]湘東王承制，[5]改封臨川王。魏尅江陵，[6]遇害。

[1]石城：縣名。治所在今安徽池州市貴池區西南。

[2]中書侍郎：官名。三國魏始置。中書省官員，掌草擬詔令、詔誥。南朝擬詔出令之職仍歸中書省，但事權悉由中書舍人執掌，侍郎職閑官清，成爲諸王起家官，如缺監、令，或亦主持中書省務。梁尤以功高者一人主省事，成爲中書省實際長官。員皆四人。宋五品。齊及梁初不詳。梁武帝天監七年（508）革選，官品十八班，中書侍郎九班。陳四品，秩千石。

　　[3]江夏：郡名。治夏口城，在今湖北武漢市武昌區。

　　[4]江陵：縣名。荆州鎮所。時湘東王蕭繹鎮江陵。治所在今湖北荆州市荆州區。

　　[5]湘東王：蕭繹，後即位爲梁元帝，初封爵號湘東郡王。湘東，郡名。治臨烝縣，在今湖南衡陽市。

　　[6]魏尅江陵：梁元帝承聖三年（554），西魏軍攻克江陵（今湖北荆州市荆州區）並俘殺梁元帝蕭繹的戰役。蕭繹城陷被殺前燒毁所藏圖書十餘萬卷。

　　南海王大臨字仁宣，[1]簡文帝第四子也。大同二年，封寧國縣公。[2]少而敏慧。年十一，遭左夫人憂，[3]哭泣毁瘠，[4]以孝聞。後入國學，[5]明經射策甲科，[6]拜中書侍郎，遷給事黄門侍郎。[7]十一年，長兼侍中，[8]出爲琅邪、彭城二郡太守。[9]侯景亂，屯端門，[10]都督城南諸軍事。[11]大寶元年，封南海郡王，[12]出爲都督、東揚州刺史，[13]又除吳郡太守。[14]時張彪起義於會稽，[15]吳人陸令公、潁川庾孟卿等勸大臨投之。[16]大臨曰：“彪若成功，不藉我力；如其撓敗，以我説焉，不可往也。”[17]二年遇害。[18]

　　[1]南海王大臨：《梁書》卷四四亦有傳。

　　[2]寧國：縣名。治所在今安徽寧國市西南。

　　[3]憂：指父母之喪。

　　[4]毁瘠：因居喪過於哀傷，以致身體瘦弱。

　　[5]國學：學校名。一般意義上的國學，指始設於西周的國學，有大學、小學兩級，與鄉學相對。秦以後成爲京師官學的通稱。此處國學是國子學省稱。國子學始立於西晉武帝咸寧二年（276），其

設國子祭酒、博士各一人，助教十五人，專收貴族子弟，與太學並立。因國子學專門培養貴族子弟，遂成爲古代教育史上貴族與平民教育雙軌制肇始。南北朝時，或設國子學，或設太學，或兩者同設。楊恩玉認爲，梁代國子學與太學各自獨立，二者均開設於梁武帝天監元年（502），國子學面向貴族與上層士族子弟，太學面向下層士族子弟（《蕭梁政治制度考論稿》，中華書局 2014 年版，第268—300 頁）。閻步克《南朝“二學”考》則認爲，南朝國子學外無分立之太學（《察舉制度變遷史稿》，遼寧大學出版社 1991 年版，第 220—228 頁）。

　　[6]明經：選舉制度。意爲通曉經學。始見於漢代，爲察舉科目之一。後無常制。南朝時明經由郡國或公卿推舉，被舉出後須通過射策以確定等第而得官。梁明經制度不詳，疑爲時孝行、秀才、明經、文學“四科”之一。參見清人朱銘盤《南朝梁會要·選舉》。　射策：考試取士方法。射是投射的意思。《漢書》卷七八《蕭望之傳》：“望之以射策甲科爲郎。”顏師古注：“射策者，謂爲難問疑義書之於策，量其大小署爲甲乙之科，列而置之，不使彰顯。有欲射者，隨其所取得而釋之，以知優劣。射之，言投射也。對策者，顯問以政事經義，令各對之，而觀其文辭定高下也。”簡言之，射策是將寫有問題的簡策密封，考生隨機抽取作答。與射策相對的，是對策，即將題目直接寫在簡策上，考生按命題作答。　甲科：射策題目按照難易程度預設分科，甲科通常爲難度最高者。

　　[7]給事黃門侍郎：官名。省稱黃門侍郎、黃門郎。南朝侍中省或門下省次官，與侍中俱掌門下衆事，侍從左右，關通中外，儐相威儀，盡規獻納等。出入禁中，職任顯要。地位隨皇帝旨意或侍中地位而上下。員皆四人。宋五品。齊及梁初不詳。梁武帝天監七年革選，釐定官品十八班，班多爲貴，給事黃門侍郎十班。陳四品，秩二千石。

　　[8]長兼：官制術語。南朝假職未真授之官有兼、長兼之稱。宋沈括《夢溪筆談》卷二云：“古之兼官，多是暫時攝領。有長兼

者，即同正官。"　　侍中：官名。往來殿中奏事，故名。南朝宋爲門下之侍中省長官，侍衞皇帝左右，顧問應對，諫諍糾察，平議尚書奏事。或加予宰相、尚書等高級官員，使出入殿省，入宮議政。兼統宮廷内侍諸署。齊、梁、陳爲門下省長官，員四人。於侍奉生活起居、侍從左右、顧問應對、諫諍糾察、儐相威儀等侍從本職外，兼掌出納、璽封詔奏，有封駁權，上親皇帝，下接百官，因參預機密政務而官顯職重，是中樞集團重要成員。陳亦用作親王之起家官。宋三品。齊及梁初不詳。梁武帝天監七年革選，釐定官品十八班，班多爲貴，侍中十二班。陳三品，秩中二千石。

[9]琅邪、彭城：此當爲南琅邪及南彭城二郡。南琅邪，寄治白下城，在今江蘇南京市北金川門外幕府山南麓；南彭城，寄治白下城，虛置，無實土。琅，殿本同，汲古閣本作"瑯"。

[10]端門：城門名。東晋、南朝建康宮城内垣南門。或以爲梁代改稱此門爲太陽門，而將宮城外垣南二門之一的南掖門（在主門大司馬門東）稱爲端門（參見賀雲翔《六朝瓦當與六朝都城》，第133—134頁）。

[11]都督城南諸軍事：城南軍政事務最高長官。

[12]大寶元年，封南海郡王：《梁書·南海王大臨傳》所載時間同。按，據本書卷八、《梁書》卷四《簡文帝紀》，大臨封南海郡王在梁武帝太清三年（549）六月。

[13]都督：按，據《梁書·南海王大臨傳》，此爲"都督揚南徐二州諸軍事"。　　東揚州：州名。南朝宋孝武帝孝建年間始置，前廢帝永光元年（465）廢。梁武帝普通五年（524）分揚州、江州，以會稽郡復置。治山陰縣，在今浙江紹興市。按，《梁書·南海王大臨傳》作"揚州刺史"，不確。

[14]除：官制術語。即拜官授職，或曰除舊官就新官。　　吳郡：郡名。治吳縣，在今江蘇蘇州市。

[15]張彪：自云家本襄陽（今湖北襄陽市）。少亡命在若邪山爲盜，後歸南朝梁東揚州刺史蕭大連爲中兵參軍。侯景之亂時，復

入若邪山聚義軍。貞陽侯蕭淵明即帝位，授以東揚州刺史。陳霸先殺王僧辯，逃還若邪山中，爲劫盜所殺。本書卷六四有傳。 會稽：郡名。治山陰縣，在今浙江紹興市。

[16]吳：指吳郡。 陸令公：吳郡（今江蘇蘇州市）人。據本書卷四八、《陳書》卷二八《陸琰傳》："（陸琰）父令公，梁中軍宣城王記室參軍。"可知其曾爲梁中軍將軍、宣城王蕭大器記室參軍。餘事不詳。 潁川：郡名。治許昌縣，在今河南許昌市東。

[17]"彪若成功"至"不可往也"：這句話是説，張彪起義反侯景，若成功，不是藉助我的力量，但如果失敗，侯景以爲其起義是我的勸説，所以不可以投靠張彪。撓敗，潰敗。

[18]遇害：爲侯景所害。

　　南郡王大連字仁靖，[1]簡文第五子也。少俊爽，[2]能屬文。舉止風流，雅有巧思，妙達音樂，兼善丹青。[3]大同二年，封臨城縣公。[4]七年，與南海王俱入國學，[5]並射策甲科，皆拜中書侍郎。十年，武帝幸朱方，[6]大連與兄大臨並從。武帝問曰："汝等習騎不？"對曰："臣等未奉詔，不敢輒習。"[7]敕令給馬試之。大連兄弟據鞍往還，各得馳驟之節。[8]帝大説，[9]即賜所乘馬。及爲啓謝，[10]辭又甚美。帝他日謂簡文曰："昨見大臨、大連，風韻可愛，足慰吾老年。"遷給事黃門侍郎，轉侍中。

[1]南郡王大連：《梁書》卷四四亦有傳。

[2]俊爽：才華出衆，性格豪爽。

[3]丹青：繪畫。《歷代名畫記》卷七："蕭大連，字仁靖，簡文帝第五子。少俊爽風流，有巧思，洞達音律，工丹青。"

[4]臨城：縣名。治所在今安徽青陽縣南。

[5]七年，與南海王俱入國學：即與上文之大臨共同入國學。《隋書·禮儀志四》："大同七年，皇太子表其子寧國、臨城公入學。"按，拜表見《藝文類聚》卷三八。

[6]朱方：地名。南朝時京口或南徐州的別稱。因南徐州治京口（今江蘇鎮江市），而京口春秋時吳國稱朱方，故稱。

[7]臣等未奉詔，不敢輒習：按，南朝尤其後期，皇室王侯及士大夫騎馬在某種程度上被視爲有政治野心，故不敢習騎。參周一良《魏晋南北朝史札記》之《宋書札記》"劉義慶傳之'世路艱難'與'不復跨馬'"條（第159—161頁）。

[8]馳驟之節：馬疾速快跑的節度。《周禮·夏官·趣馬》："掌贊正良馬，而齊其飲食，簡其六節。"孫詒讓正義引王應電曰："六節，謂行止進退馳驟之節。"

[9]說（yuè）：汲古閣本同，殿本作"悦"。說，通"悦"。本卷下同，不再出注。

[10]啓謝：寫書信答謝。

太清元年，出爲東揚州刺史。侯景入寇建鄴，大連率衆四萬來赴。及臺城没，援軍散還東揚州。[1]會稽豐沃，糧仗山積，[2]東人懲景苛虐，[3]咸樂爲用，而大連恒沈湎于酒。宋子仙攻之，[4]大連棄城走，追及於信安縣，[5]大連猶醉弗之覺。於是三吳悉爲賊有。[6]大寶元年，封南郡王。[7]賊遣將趙伯超、劉神茂來攻。[8]大連專委部將留異，[9]以城應賊，大連棄走，爲賊所獲。[10]侯景以爲江州刺史。二年遇害。[11]

[1]東揚州：《梁書》卷四四《南郡王大連傳》作"揚州"。不確。

[2]糧仗山積：軍糧和兵器堆積如山。

[3]懲：苦於。　景：指侯景。

[4]宋子仙：侯景干將。侯景稱帝後任太保。後敗於王僧辯，被俘斬首。事詳見本書卷八○、《梁書》卷五六《侯景傳》。

[5]信安縣：縣名。治所在今浙江衢州市。按，《梁書·南郡王大連傳》作“信安”，《陳書》卷三五《留異傳》作“信安嶺”。

[6]三吳：地區名。具體所指説法不一，大體分三類：一説指吳興（今浙江湖州市）、吳郡（今江蘇蘇州市）、會稽（今浙江紹興市）三郡地區；一説吳興、吳郡、丹楊（今江蘇南京市）三郡地區；一説吳興、吳郡、義興（今江蘇宜興市）三郡地區。《資治通鑑》卷九四《晋紀十六》咸和三年胡三省注云：“漢置吳郡；吳分吳郡置吳興郡；晋又分吳興、丹楊置義興郡：是爲三吳。酈道元曰：世謂吳郡、吳興、會稽爲三吳。杜佑曰：晋、宋之間，以吳郡、吳興、丹楊爲三吳。”錢大昕《廿二史考異》卷三六云：“是時興宗爲會稽太守。三吳謂吳郡、吳興、會稽也（本《水經注》）。《王鎮之傳》：‘時三吳饑荒，遣鎮之銜命賑恤，而會稽太守王愉不奉符旨。’會稽在三吳之中，明矣。”詳參王鳴盛《十七史商榷》卷四五《三吳》、卷五五《二吳》。

[7]大寶元年，封南郡王：《梁書·南郡王大連傳》亦繫此事於“大寶元年”。按，據本書卷八、《梁書》卷四《簡文帝紀》，大連封南郡王在上年，即梁武帝太清三年（549）六月。

[8]趙伯超：曾爲譙州刺史。侯景兵圍臺城，隨蕭綸擊景，兵敗投景。景敗，囚於江陵，餓死獄中。事見本書卷八○、《梁書》卷五六《侯景傳》。　劉神茂：侯景將，事見本書卷八○、《梁書》卷五六《侯景傳》。

[9]留異：東陽長山（今浙江金華市）人。世爲郡著姓。侯景之亂，還鄉里起兵，後降景，署爲東陽太守。景敗，王僧辯仍以其爲東陽太守。入陳，遷縉州刺史。因與王琳暗中往來，被征討，兵敗，逃奔陳寶應。陳文帝天嘉五年（564），寶應平，被殺。本書卷

八〇有附傳，《陳書》卷三五有傳。

[10]“宋子仙攻之”至“爲賊所獲”：按，此處似講兩件事，一是梁武帝太清年間蕭大連爲宋子仙所攻，逃至信安被追及，一是簡文帝大寶元年（550）爲趙伯超等所攻，棄城逃走被俘。大連被俘獲兩次，不合情理。而據《資治通鑑》卷一六二《梁紀十八》武帝太清三年記載，二者實爲一事：“十二月，庚寅，宋子仙攻會稽，大連棄城走，異奔還鄉里，尋以其衆降於子仙。大連欲奔鄱陽，異爲子仙鄉導，追及大連於信安。執送建康……於是三吳盡没於景。”《考異》曰：“《典略》云：‘十二月，庚子朔，擒大連。’按是月壬午朔。今從《太清紀》。”

[11]遇害：指被侯景所害。

安陸王大春字仁經，[1]簡文第六子也。少博涉書記，[2]善吹笙。[3]天性孝謹，體貌瓌偉，腰帶十圍。[4]大同六年，封西豐縣侯，[5]拜中書侍郎。後爲寧遠將軍、知石頭戍軍事。[6]侯景內寇，大春奔京口，[7]隨邵陵王入援，[8]戰于鐘山。[9]軍敗，肥大不能行，爲賊所獲。大寶元年，封安陸郡王，[10]出爲東揚州刺史。二年遇害。[11]

[1]安陸王大春：《梁書》卷四四亦有傳。

[2]書記：書籍。

[3]笙：樂器名。簧管吹奏樂器，古時一般有十七根長短簧管（其中三根不發音）插於銅斗中，奏時手按指孔，利用吹吸氣流振動簧片發音。能奏和音。

[4]腰帶十圍：形容人身材魁偉、粗大。圍，計量圓周的量詞。一説直徑一尺爲圍，一説五寸爲圍。另一抱亦稱圍。

[5]西豐：縣名。治所在今江西撫州市臨川區西南。　縣侯：《梁書·安陸王大春傳》作“縣公”。中華本改“侯”爲“公”，其

校勘記云：“‘公’各本作‘侯’，據《梁書》改。張森楷《南史校勘記》：‘按太子子例皆封公。’各本並誤。”按，中華本是。縣侯，爵名。南朝宋、齊、梁沿前代制，有（郡）王、公、侯、伯、子、男，又有開國郡公、縣公、郡侯、縣侯（三品），縣伯、縣子、縣男及鄉侯（四品），亭侯（五品），關內（中）侯（六品），凡十五等。本書卷六《梁武帝紀》：“（天監元年四月丙寅詔）自郡王以下，列爵爲縣六等。皇弟、皇子封郡王，二千户；王之庶子爲縣侯，五百户，謂之諸侯；功臣爵邑無定科。”

　　[6]寧遠將軍：官名。南朝宋五品。齊及梁初不詳。梁武帝天監七年（508）革選，釐定將軍名號及班品，有一百二十五號十品二十四班，班多爲貴，寧遠與明威、振遠等將軍代舊寧朔將軍，十三班。大通三年（529）改制，定二百四十二號三十四班將軍，寧遠將軍二十三班。陳擬五品，比秩千石。　知石頭戍軍事：官名。負責管理石頭軍事戍守事務。知，管理，主管。六朝時，政府職官名和職能發生了分離現象，職官名標記地位高低、待遇等級，而以“録某事”“都督某軍事”“行某事”“領某事“知某事”“兼某事”等規定官員實際責任。

　　[7]京口：地名。在今江蘇鎮江市。

　　[8]邵陵王：蕭綸。字世調，小字六真。梁武帝子，封邵陵郡王。歷江州、揚州刺史。以侵漁百姓免官，復用爲丹陽尹、南徐州刺史。侯景叛亂，率軍援臺城，兵敗奔郢州。南平王恪擁爲都督中外諸軍事，於是署置百官。梁元帝逼敗之，使走汝南，爲西魏軍所殺。本書卷五三、《梁書》卷二九有傳。邵陵，郡名。治邵陵縣，在今湖南邵陽市。

　　[9]鐘山：山名。即今江蘇南京市中山門外紫金山。

　　[10]大寶元年，封安陸郡王：按，《梁書》卷四四《安陸王大春傳》亦繫此事於梁簡文帝大寶元年。而據《梁書》卷四《簡文帝紀》、本書卷八《簡文帝紀》，大春封安陸郡王在梁武帝太清三年（549）六月。

[11]遇害：指被侯景所害。

桂陽王大成字仁和，簡文第八子也。初封新塗公。[1]太清三年，簡文即位，封山陽郡王。[2]大寶元年，奔江陵。湘東王承制，改封桂陽王。大成性甚兇麤，[3]兼便弓馬。至江陵，被甲夜出，[4]人謂爲劫，斫之，遂失左髻。魏尅江陵，遇害。

[1]新塗：各本作“新塗”，中華本改作“新淦”，但未出校勘記。《梁書》卷四《簡文帝紀》載武帝太清三年（549）六月“新塗公大成爲山陽郡王”，中華本改“塗”作“淦”，其校勘記云：“‘淦’各本譌‘塗’。今改正。按：本書《武帝紀》大同八年正月下，出‘新淦’。《通鑑》太清二年十一月紀‘新塗公大成’胡注：‘新塗或作新淦。沈約志：新淦縣，漢屬豫章郡。’”本書卷八《簡文帝紀》亦載“新塗公大成爲山陽郡王”，中華本改“塗”作“淦”，其校勘記云“‘新淦’各本作‘新塗’，據《通志》改。”按，中華本是。新淦，縣名。治所在今江西樟樹市。
[2]山陽：郡名。寄治山陽縣，在今江蘇淮安市。
[3]兇麤：凶悍粗野。
[4]被：汲古閣本同，殿本作“披”。被，通“披”。

汝南王大封字仁叡，簡文第九子也。初封臨汝公。[1]太清三年，簡文即位，[2]封宜都郡王。[3]大寶元年，奔江陵。湘東王承制，封汝南王。魏尅江陵，遇害。[4]

[1]臨汝：縣名。治所在今江西撫州市臨川區西。
[2]太清三年，簡文即位：三年，汲古閣本同，殿本作“二

3170

年”。按，應以“三年”爲是。

[3]宜都：郡名。治夷道縣，在今湖北枝江市。

[4]魏剋江陵，遇害：錢大昕《廿二史考異》卷三七云：“按：《梁書》無《大封傳》。《北史·蕭大圜傳》云：‘于謹軍至，元帝乃令大封充使，大圜副焉，其實質也。’周保定二年，大封爲晋陵縣公，是江陵陷後，大封初未遇害。《南史·元帝紀》云，汝南王大封、尚書左僕射王褒以下，並爲俘以歸長安。與《北史》小異，亦不云被害。蓋延壽雜採它書，傳聞異詞，彼此多不相照也。”

瀏陽公大雅字仁風，[1]簡文第十二子也。大同九年，封瀏陽縣公。少聰警，美姿儀，特爲武帝所愛。臺城陷，大雅猶命左右格戰。賊至漸衆，乃自縋而下，[2]發憤感疾薨。[3]

[1]瀏陽公大雅：《梁書》卷四四亦有傳。
[2]縋（zhuì）：以繩懸人或物，使之下墜。
[3]感疾：患病。

新興王大莊字仁禮，[1]簡文第十三子也。性躁動。大同元年，封高唐縣公。[2]大寶元年，封新興郡王，位南徐州刺史。[3]二年遇害。[4]

[1]新興王大莊：《梁書》卷四四亦有傳。
[2]大同元年，封高唐縣公：元年，《梁書·新興王大莊傳》作“九年”。中華本改“元年”爲“九年”，其校勘記云：“‘九年’，各本作‘元年’，據《梁書》改。”按，中華本是。高唐，縣名。治所在今安徽宿松縣。

[3]南徐州：州名。南朝宋武帝永初二年（421）改徐州置。治京口城，在今江蘇鎮江市。

[4]遇害：指被侯景所害。

西陽王大鈞字仁博，[1]簡文第十四子也。性厚重，不妄戲弄。年七歲，武帝嘗問讀何書，對曰："學《詩》。"[2]因令諷誦，即誦《周南》，[3]音韻清雅。帝重之，因賜王羲之書一卷。[4]大寶元年，封西陽郡王，位丹陽尹。[5]二年，監揚州，[6]遇害。[7]

[1]仁博：《梁書》卷四四亦有傳。仁博，《梁書》作"仁輔"。

[2]《詩》：書名。又稱《詩經》，是中國古代最早的一部詩歌總集，收集了西周初年至春秋中期的詩歌，分《風》《雅》《頌》三部分。

[3]《周南》：《詩·國風》中的一部分，既有東周作品，也有西周作品，包括《關雎》《葛覃》《卷耳》《樛木》《螽斯》《桃夭》《兔罝》《芣苢》《漢廣》《汝墳》《麟之趾》共十一首詩。

[4]王羲之：字逸少，琅邪臨沂（今山東臨沂市）人。東晉著名書法家。《晉書》卷八〇有傳。

[5]丹陽尹：官名。又作丹楊尹。京師所在丹楊郡長官，掌治民。東晉元帝建武元年（317），定都建康，改丹楊郡守爲丹楊尹，南朝宋、齊、梁、陳因之。宋三品。齊位次九卿，品秩不詳。梁不詳。陳五品，秩中二千石。

[6]監：官制術語。非正式任職而督理其事之稱。　揚州：州名。治建康縣，在今江蘇南京市。

[7]遇害：指被侯景所害。

武寧王大威字仁容，[1]簡文第十五子也。美風儀，眉目如畫。大寶元年，封武寧郡王。二年，爲丹楊尹，遇害。[2]

[1]武寧王大威：《梁書》卷四四亦有傳。

[2]遇害：指被侯景所害。

皇子大訓字仁德，簡文第十六子也。少而脚疾，不敢躡履。[1]太清三年，未封而亡，年十歲。

[1]躡履：穿鞋。

建平王大球字仁玉，[1]簡文帝第十七子也。大寶元年，封建安郡王。[2]性明慧夙成。[3]初，侯景圍臺城，武帝素歸心釋教，[4]每發誓願，恒云："若有衆生應受諸苦，[5]諱身代當。"[6]時大球年甫七歲，聞而驚謂母曰："官家尚爾，[7]兒安敢辭。"乃六時禮佛，[8]亦云："凡有衆生應獲苦報，悉大球代受。"其早慧如此。二年遇害。[9]

[1]仁玉：《梁書》卷四四亦有傳。仁玉，《梁書》作"仁玤"。

[2]建安：中華本改作"建平"，其校勘記云："'建平'各本作'建安'。按本卷前序及《梁書》皆作'建平'，是，今據改。"今注按，中華本是。本段首"建平王大球字仁玉"亦爲證。

[3]明慧夙成：聰明早熟。

[4]素：向來。　釋教：佛教。

[5]苦：佛教認爲，人生有生、老、病、死、愛别離、怨憎會、求不得、五陰盛等八苦。詳《法苑珠林》卷三《八苦》。

[6]諱身代當：以我的身軀抵償。諱，汲古閣本同，殿本作"衍"。

[7]官家尚爾：皇帝尚且如此。官家，對皇帝的稱呼。《資治通鑑》卷九五《晉紀十七》咸康三年下胡三省注："西漢謂天子爲縣官，東漢謂天子爲國家，故兼而稱之。或曰五帝官天下，三王家天下，故兼稱之。"又，周一良《三國志札記》"家"條云："稱貴人爲官，亦加家字曰官家即官人，多指皇帝。"（《魏晉南北朝史札記》，第14—16頁）

[8]六時：佛教分一晝夜爲六時：晨朝、日中、日没、初夜、中夜、後夜。

[9]遇害：指被侯景所害。

義安王大昕字仁朗，[1]簡文帝第十八子也。年四歲，母陳夫人卒，便哀毀有若成人，晨夕涕泣，眼爲之傷。及武帝崩，大昕奉慰簡文，[2]嗚噎不自勝，[3]左右莫不掩泣。大寶元年，封義安郡王。二年遇害。[4]

[1]義安王大昕：《梁書》卷四四亦有傳。

[2]簡文：指簡文帝。

[3]不自勝：自己不能承受，不能停止。

[4]遇害：指被侯景所害。

綏建王大摯字仁瑛，[1]簡文第十九子也。幼雄壯有膽氣，及臺城陷，乃歎曰："大丈夫會當滅虜屬。"[2]妳媪驚掩其口，[3]曰："勿妄言，禍將及。"大摯笑曰："禍至非由此。"大寶元年封，二年遇害。[4]

　　[1]綏建王大摯：《梁書》卷四四亦有傳。
　　[2]會當：該當，當須。
　　[3]妳媪：乳母。
　　[4]遇害：指被侯景所害。

　　樂良王大圜，[1]簡文第二十子也。大寶元年封。後入周。[2]仕隋，[3]位內史侍郎。[4]

　　[1]樂良王大圜：馬宗霍《南史校證》云："按'良'《梁書·
簡文帝本紀》作'梁'，《周書》《北史》同。此作'樂良'，蓋音
同傳寫之誤。"（第870頁）
　　[2]周：國名。即北周（557—581），係中國歷史上南北朝時
期北朝之一，由西魏權臣宇文泰奠定國基，宇文覺正式建立。
　　[3]隋：國名。即隋朝（581—618），係中國歷史上承南北朝、
下啓唐朝的大統一朝代，由隋文帝楊堅建立。
　　[4]內史侍郎：官名。隋朝內史省副長官，佐宰相之職的本省
長官內史監、令處理政務。隋初正四品下，煬帝大業三年（607）
減爲二員。正四品。

　　元帝諸子。徐妃生忠烈世子方等。[1]王貴嬪生貞惠
世子方諸、始安王方略。[2]袁貴人生愍懷太子方矩。[3]夏
貴妃生敬皇帝。[4]自餘不顯。[5]

　　[1]徐妃：名昭佩，東海郯（今山東郯城縣）人。本書卷一
二、《梁書》卷七有傳。妃，皇帝嬪妃名號。皇帝之妾及太子、王

侯之妻。位次於皇后。 忠烈：汲古閣本、百衲本同，殿本作“忠壯”。中華本改作“武烈”，其校勘記云：“‘武烈’北監本、殿本作‘忠壯’，傳文同，而總目及後論作‘忠烈’。元大德本、南監本、汲古閣本、金陵局本亦並作‘忠烈’。按《梁書》皆作‘忠壯’，並無‘忠烈’之文；而本傳乃云：‘元帝即位，改謚武烈世子。’本書卷八《元帝紀》：‘承聖元年冬十一月，改謚忠壯太子爲武烈太子。’皆與傳合，今據改。”按，中華本是。

[2]王貴嬪：《梁書》卷四四《元帝諸子傳》作“王夫人”。貴嬪，皇帝嬪妃名號。三國魏文帝所制。晋以貴嬪、夫人、貴人爲三夫人，位視三公。南朝宋以貴妃、貴嬪、貴人爲三夫人，齊同晋制，梁制不詳。參見《宋書》卷四一《后妃傳序》及《南齊書》卷二《皇后傳序》。 始安：郡名。治始安縣，在今廣西桂林市。

[3]貴人：皇帝嬪妃名號。東漢光武帝所制。晋以貴嬪、夫人、貴人爲三夫人，位視三公。南朝宋以貴妃、貴嬪、貴人爲三夫人，齊同晋制，梁制不詳。參見《宋書》卷四一《后妃傳序》及《南齊書》卷二《皇后傳序》。

[4]夏貴妃：會稽（今浙江紹興市）人。本書卷一二有傳。貴妃，皇帝嬪妃名號。南朝宋孝建年間置，位比相國。宋以貴妃、貴嬪、貴人爲三夫人，齊同晋制。梁制不詳。參《宋書》卷四一《后妃傳序》及《南齊書》卷二《皇后傳序》。《梁書·元帝諸子傳》作“賢妃”，時無此稱號，不確。 敬皇帝：南朝梁敬帝蕭方智。本書卷八、《梁書》卷六有紀。

[5]自餘不顯：按，上述五人，《梁書·元帝諸子傳》僅載四人，闕方略。而據梁元帝《金樓子》卷三《后妃篇》載，其尚有子女方規、方智、含貞、含介、含芷等。同書卷六《自序篇》載：“吾年十三，誦《百家譜》，雖略上口，遂感心氣疾，當時犇走。及長，漸善。頻喪五男。”許逸民校箋：“按，《南史》所言雖足五男之數，然蕭繹生前，方矩（？—五五四）、方略（？—五五四）、方智（梁敬帝，五四二—五五七）三人未卒，故所謂‘頻喪五

男’，在方等（五二八—五四九）、方諸（五三六—五五一）之外，當另有三人。方等爲長子，方諸爲第二子，方矩爲第四子，方智爲第九子，方略爲第十子，或其餘三人皆當長於方智，史傳闕如，無從深考。”（蕭繹撰，許逸民校箋《金樓子校箋》，中華書局 2011 年版，第 1352—1353 頁）

　　忠烈世子方等字實相，[1]元帝長子也。少聰敏，有俊才，善騎射，尤長巧思。性愛林泉，特好散逸。嘗著論曰：“人生處世，如白駒過隙耳。[2]一壺之酒，足以養性，一簞之食，[3]足以怡形。[4]生在蒿蓬，死葬溝壑，瓦棺石椁，何以異兹。吾嘗夢爲魚，因化爲鳥。[5]方其夢也，何樂如之，及其覺也，何憂斯類，[6]良由吾之不及魚鳥者遠矣。[7]故魚鳥飛浮，任其志性，吾之進退，恒在掌握。[8]舉首懼觸，搖足恐墮。若使吾終得與魚鳥同遊，則去人間如脫屣耳。”初，徐妃以嫉妬失寵，方諸母王氏以冶容倖嬖。[9]及王夫人終，元帝歸咎徐妃，方等意不自安。元帝聞之，又惡方等，方等益懼，故述此論以申其志。

　　[1]忠烈世子：《梁書》卷四四亦有傳。忠烈，汲古閣本同，殿本作“忠壯”。按，據本卷上文注，應以“忠狀”爲是。　方等字實相：方等、實相均爲佛教用語，蕭氏篤佛，取以爲名、字。明胡應麟《少室山房筆叢》卷七《續甲部·丹鉛新録三》引楊慎《丹鉛録》云：“佛氏有方等經，猶云平等世界也，故蕭氏取爲名。”實相，指宇宙間萬事萬物之真相。

　　[2]白駒過隙：比喻時間過得很快。語出《莊子·知北游》：“人生天地之間，若白駒之過隙，忽然而已。”

[3]簞（dān）：古代盛飯的圓竹器。

[4]怡形：取悦、供養軀體。

[5]嘗夢爲魚，因化爲鳥：語出《莊子·大宗師》："且汝夢爲鳥而厲乎天，夢爲魚而没於淵。不識今之言者，其覺者乎？其夢者乎？"

[6]何憂斯類：多麼擔憂這類生物。

[7]良由：因爲，所以。

[8]吾之進退，恒在掌握：我的進退，永遠在一定的範圍内。掌握，喻控制的範圍。

[9]冶容：打扮得妖媚、艷麗。 倖嬖：寵愛。

時武帝年高，欲見諸王長子。元帝遣方等，方等欣然升舟，冀免憂辱。行至澬水，[1]遇侯景亂，[2]元帝召之，方等啓曰：[3]"昔申生不愛其死，[4]方等豈顧其生。"元帝省書歎息，知無還意，乃配步騎一萬，使援臺城。賊每來攻，方等必身當矢石。城陷，方等歸荆州，[5]收集士馬，甚得衆和。元帝始歎其能。方等又勸脩築城柵，[6]以備不虞，既成，樓雉相望，[7]周回七十餘里。元帝觀之甚説，入謂徐妃曰："若更有一子如此，吾復何憂。"徐妃不答，垂泣而退。元帝忿之，因疏其穢行牓于大閣，[8]方等入見，益以自危。

[1]澬水：水名。即今油水，經今湖北公安縣入長江。

[2]侯景亂：侯景之亂，又稱太清之難。指南朝梁將領侯景發動的武裝叛亂事件。侯景本爲東魏叛將，梁武帝太清元年（547）附梁，因對梁朝與東魏通好心懷不滿，遂於548年以"清君側"名義在壽陽（今安徽壽縣）起兵叛亂，549年攻占梁朝都城建康（今

江蘇南京），將梁武帝活活餓死，掌控梁朝軍政大權。侯景起兵後
相繼擁立又廢黜蕭正德、蕭綱（簡文帝）和蕭棟三個傀儡皇帝，最
後於551年自立爲帝，國號漢。梁湘東王蕭繹在蕭清其他宗室勢力
後，在徐文盛、王僧辯、陳霸先的協助下，於552年收復建康。侯
景乘船出逃，被部下殺死。事詳本書卷七《武帝紀》、卷八〇《侯
景傳》，《梁書》卷三《武帝紀下》、卷五六《侯景傳》。

　　[3]啓：寫信。

　　[4]申生：春秋時晋獻公之世子。晋獻公老而昏憒，寵愛其妾
驪姬。驪姬爲了使自己的兒子奚齊取代世子之位，設計誣陷申生。
《禮記·檀弓》：“公子重耳謂之曰：‘子蓋言子之志於公乎？’世子
曰：‘不可。君安驪姬，是我傷公之心也。’曰：‘然則蓋行乎？’世
子曰：‘不可。君謂我欲弑君也。天下豈有無父之國哉？吾何行如
之？’使人辭於狐突曰：‘申生有罪，不念伯氏之言也，以至於死。
申生不敢愛其死……’再拜稽首乃卒。”事見《左傳》僖公四年。

　　[5]荆州：州名。治江陵縣，在今湖北荆州市荆州區。時蕭繹
鎮荆州。

　　[6]城柵：圍墻和柵欄。指防禦設施。

　　[7]樓雉：城樓與城堞，泛指城墙。

　　[8]疏其穢行牓于大閤：是説將徐妃的醜惡下流行爲分條書寫，
張貼在宫中便殿或側門等顯明處。元帝與徐妃屬於政治聯姻，感情
不睦。蕭繹即位後，不願立徐氏爲皇后，后位一直懸空。後來徐氏
私通朝臣暨季江，暨季江稱她“徐娘雖老猶尚多情”。即“徐娘半
老”成語由來。疏，分條作文字説明。牓，同“榜”。公開張貼。
閤，或指宫中便殿。《北史》卷一四《宣皇后楊氏傳》：“帝大怒，
遂賜后死，逼令自引決。后母獨孤氏聞之，詣閤陳謝，叩頭流血，
然後得免。”宋趙彦衛《雲麓漫鈔》卷三：“參諸衆説，則閤者，殿
後之便室無疑矣。”或指宫殿的側門。

時河東王爲湘州刺史，[1]不受令。[2]方等求征之，元帝謂曰：“汝有水厄，深宜慎之。”拜爲都督，令南討。方等臨行謂所親曰：“吾此段出征，必死無二，死而獲所，吾豈愛生。”及至麻溪，[3]軍敗溺死，[4]求屍不得。[5]元帝聞之心喜，不以爲戚。[6]後追思其才，贈侍中、中軍將軍、揚州刺史，[7]諡忠壯世子，[8]并招魂以葬之。[9]

[1]河東王：蕭譽。字重孫，梁昭明太子蕭統之子，封河東郡王。歷琅邪、彭城二郡太守、湘州刺史。侯景之亂，率軍入援，建康城陷，還湘州。爲梁元帝遣軍所圍，兵敗被殺。本書卷五三有附傳，《梁書》卷五五有傳。河東，郡名。治松滋縣，在今湖北松滋市西北。　湘州：州名。治臨湘縣，在今湖南長沙市。

[2]不受令：此時蕭繹受詔假黃鉞、大都督中外諸軍事、司徒、承制，蕭譽應受其節制。按，馬宗霍《南史校證》認爲：“‘不受令’《梁書》本傳作‘不受督府之令’，是也。《南史》删去三字，非。”（第 871 頁）

[3]麻溪：水名。在今湖南長沙市北部，爲湘江支流。

[4]軍敗溺死：《太平御覽》卷三二三《兵部》五四引《梁後略》詳載其事：“丙午，軍帥蕭方等至於長沙，河東王譽率左右七千人置陣登高以禦之。方等兵精衆盛，暗江水滿，爭來赴戰。俄爾之間，方等衆潰。譽軍以騎汩之，悉皆透水。方等與左右二百餘人馳往赴舟，舟中之指可掬。方等溺于江中。”

[5]求屍不得：汲古閣本同，殿本作“方等之死”。

[6]戚：憂愁，悲哀。

[7]中軍將軍：官名。南朝置爲重號將軍。宋位比四鎮將軍，三品。齊位在四征將軍之上，品秩不詳。梁與中衛、中權、中撫將軍合稱四中將軍，作爲優禮大臣的虛號，祗授予在京師任職者，職

任頗重。梁武帝天監七年（508）革選，釐定將軍名號及班品，有一百二十五號十品二十四班，班多爲貴，中軍將軍二十三班。大通三年（529）改制，定二百四十二號三十四班將軍，中軍將軍三十三班。陳擬二品，比秩中二千石。

[8]謚忠壯世子：按本卷前文注，方等原謚"忠壯世子"，元帝即位，改"謚武烈世子"。

[9]招魂：召喚死者的靈魂。古人迷信，認爲將死者之衣升屋，北面三呼，即可招回死者之魂。方等死於外，故招魂以哀之。

方等注范曄《後漢書》，[1]未就。[2]所撰《三十國春秋》及《篤靜子》行於世。[3]

[1]范曄：字蔚宗，順陽（今河南淅川縣）人。南朝宋著名史學家、文學家，《後漢書》之撰者。本書卷三三、《宋書》卷六九有傳。　《後漢書》：書名。"二十四史"之一，記載東漢時期歷史的紀傳體斷代史，由南朝宋歷史學家范曄編撰。與《史記》《漢書》《三國志》合稱"前四史"。

[2]就：完成。

[3]《三十國春秋》：《隋書·經籍志二》著録："《三十國春秋》三十一卷。梁湘東世子蕭方等撰。"王應麟《玉海》卷四一引《中興書目》云："三十卷，方等采削諸史，以晋爲主，附列漢劉淵以下二十九國，又上取吳孫皓事，起宣帝，迄恭帝。"　《篤靜子》：中華本校勘記云："'篤靜子'《梁書》作'靜住子'。按《隋書·經籍志》著録《净住子》，謂南齊竟陵王子良撰。"今注按，《梁書》卷四四《忠壯世子方等傳》作"靜住子"，據《隋書·經籍志三》："《净住子》二十卷，齊竟陵王蕭子良撰。"又《文選》卷六〇任彥昇《齊竟陵文宣王行狀》記蕭子良"乃撰《四部要略》《净住子》"可知，當即《净住子》，實乃蕭子良撰。而方等所撰

當是《篤靜子》，參曹道衡、沈玉成《中古文學史料叢考》卷四《蕭方等著作》條。

　　元帝即位，改謚武烈世子。封子莊爲永嘉王。[1]及魏剋江陵，莊年甫七歲，爲人家所匿。[2]後王琳迎送建鄴。[3]及敬帝立，出質于齊。[4]敬帝太平二年，[5]陳武帝將受禪，[6]王琳請莊于齊以主梁嗣，自盆城濟江。[7]二月，即帝位于郢州，年號天啓，[8]置百官。王琳總其軍國。明年，莊爲陳人所敗，[9]其御史中丞劉仲威奉以奔壽陽，[10]遂入齊。齊武平元年，[11]授特進、開府儀同三司，[12]封梁王。齊朝許以興復，竟不果而齊亡，莊在鄴飲氣而死。

　　[1]永嘉王：蕭莊，梁武烈世子蕭方等之子，封永嘉郡王。梁敬帝即位後，出質於齊。陳霸先代梁建陳，蕭莊被北齊送回南朝並在郢州稱帝。隨後與南朝陳多次發生戰爭，後失敗逃回北齊。北齊滅亡後去世。永嘉，郡名。治永寧縣，在今浙江溫州市。
　　[2]人家：民家，民宅。
　　[3]王琳：字子珩，會稽山陰（今浙江紹興市）人。姊妹爲蕭繹寵，遂得爲將帥。果斷，善馭衆。以擊侯景功爲湘州刺史。繹死，琳進據郢州，立永嘉王蕭莊。結北齊爲援，被陳霸先擊敗，奔北齊，爲揚州刺史。據壽陽。陳軍圍壽陽，城破被殺。本書卷六四、《北齊書》卷三二有傳。
　　[4]出質：出爲人質。　齊：國名。指北齊（550—577），係南北朝時期的北朝政權之一，由東魏權臣高歡次子高洋建立。
　　[5]太平：南朝梁敬帝蕭方智年號（556—557）。
　　[6]陳武帝：陳霸先。字興國，小字法生，吳興長城（今浙江

長興縣）人。南朝陳開國皇帝。本書卷九，《陳書》卷一、卷二有
紀。　受禪：承受禪讓的帝位。

[7]江：指長江。

[8]天啓：南朝梁亡後蕭莊所建政權的年號（558—560）。

[9]陳人：指南朝陳的軍隊。

[10]御史中丞：官名。南朝亦稱南司，御史臺長官，掌督察百
官、奏劾不法，外督部刺史，内受公卿奏事。職權雖重，世族名士
不樂爲之，第一流高門多不居此職。員一人。宋四品。齊及梁初不
詳。梁武帝天監七年（508）革選，釐定官品十八班，班多爲貴，
御史中丞十一班。陳三品，秩二千石。　劉仲威：南陽涅陽（今河
南鄧州市）人。少涉獵文史，梁元帝時爲中書侍郎。蕭莊稱帝，爲
御史中丞。後隨蕭莊降北齊，卒於鄴。《陳書》卷一八有傳。　壽
陽：縣名。治所在今安徽壽縣。

[11]武平：北齊後主高緯年號（570—576）。

[12]特進：官名。初爲對大臣的優待名義，以賜列侯中有特殊
地位者。南北朝係正式加官名號，用以安置閑退大臣。北齊二品。
　開府儀同三司：官名。始爲大臣加號，意謂與三司即太尉、司
徒、司空禮制、待遇相同，許開設府署，自辟僚屬。南北朝因之，
且授與範圍不斷擴大，成爲官號。北齊二品，位三公下。

　　貞惠世子方諸字明智，[1]元帝第二子也。幼聰警博
學，明《老》《易》，善談玄，[2]風采清越，[3]特爲元帝
所愛，母王氏又有寵。及方等敗後，元帝謂曰：“不有所
廢，其何以興。勿以汝兄爲念。”因拜中撫軍將軍以自
副。[4]又出爲郢州刺史，鎮江夏，以鮑泉爲行事。[5]時元
帝遣徐文盛與侯景將任約相持，[6]方諸年十五，童心未
革，恃文盛在近，不恤軍政，日與鮑泉蒱酒爲樂。[7]侯

景知之，乃遣其將宋子仙從間道襲之。百姓奔告，方諸與鮑泉並不信，曰："文盛大軍在下，[8] 虜安得來？"始命閉門，賊已入城。方諸方踞泉腹，[9] 以五色毦辮其鬚。[10] 子仙執方諸以歸。王僧辯軍至蔡洲，[11] 景遂害之。元帝追諡貞惠世子。

[1]方諸字明智：《梁書》卷四四亦有傳。明智，中華本校勘記云："'明智'《梁書》作'智相'。"今注按，據本卷上文"方等字實相"及注，此處應以"智相"爲是。智相，智慧之相，即指佛之光明。

[2]談玄：談論玄理、玄學。南朝士人以《老子》《莊子》《周易》爲三玄，因稱辯析其哲理爲談玄。

[3]清越：清超拔俗。

[4]中撫軍將軍：官名。又稱中撫將軍、中撫軍、中撫。南朝梁置，與中衛、中權、中軍將軍合稱四中將軍，祇授予在京師任職者，地位顯要。梁武帝天監七年（508）革選，釐定將軍名號及班品，有一百二十五號十品二十四班，中撫將軍二十三班。陳沿置，擬二品，比秩中二千石。中華本校勘記云："'中撫軍'下'將軍'二字，《梁書》無。"按，方諸拜中撫軍將軍事，《北齊書》卷四五《顏之推傳》有載，顏推之《觀我生賦》自注："時遣徐州刺史徐文盛領二萬人屯武昌蘆州拒侯景將任約，又第二子綏寧度（侯）方諸爲世子，拜中撫軍將軍、郢州刺史，以盛聲勢。"自注又云："中撫軍時年十五。"

[5]鮑泉：字潤岳，東海（今山東郯城縣）人。少事梁元帝，累遷至信州刺史。武帝太清三年（549）受命至湘州征河東王譽，以久戰無功，免職。後復授以郢州長史、行府州事，不理軍政，唯飲酒作樂，及城爲侯景軍攻破，被殺。本書卷六二、《梁書》卷三〇有傳。

[6]徐文盛：字道茂，彭城（今江蘇徐州市）人。初爲北魏
將，後歸南朝梁，累以戰功遷至寧州刺史，在州有政績。侯景叛
亂，召募數萬人增援建康，梁元帝授以秦州刺史，都督衆軍討侯
景。以密與景通使及貪贓受賄，免官下獄死。本書卷六四、《梁書》
卷四六有傳。

[7]蒱酒：賭博酗酒。蒱，又作“蒲”，博戲。

[8]下：下游。時方諸鎮江夏，即今湖北武漢市武昌區，徐文
盛駐軍貝磯（今湖北黃岡市）與任約相持，所以言“文盛大軍在
下”。

[9]泉：指鮑泉。

[10]以五色髦辮其鬚：指蕭方諸用五色綵將鮑泉鬍鬚編成辮
子。其事《資治通鑑》卷一六四《梁紀二十》簡文帝大寶二年有
載：“方諸方踞泉腹，以五色綵辮其鬍；見子仙至，方諸迎拜，泉匿
于牀下；子仙俯窺見泉素鬍間綵，驚愕，遂擒之，及司馬虞豫，送
於景所。”又《太平御覽》卷三七四引《三國典略》：“侯景使宋子
仙等執梁湘東王世子方諸及中撫軍長史鮑泉、司馬虞預於郢州。是
日，子仙等至，百姓奔告。方諸以五色雜綵編鮑泉白鬚，對之雙
陸，弗之信也。告者既衆，方命闔門。懸門未下，子仙已入。方諸
等膜拜，而鮑泉遁於牀下。子仙窺見泉素鬍間綵，疑愕憚之。及其
被執，莫不驚笑。”

[11]王僧辯：字君才，太原祁（今山西祁縣）人。初爲北魏
將領，梁初隨父王神念南渡，歷湘東王蕭繹左常侍、司馬，新蔡、
競陵等郡太守。侯景之亂，率軍增援建康，未至而城陷。回軍攻滅
湘州刺史蕭譽。梁武帝太清六年（552）與陳霸先收復建康，平定
侯景。元帝蕭繹即位，遷太尉，出鎮石頭。元帝在江陵被殺，迎立
北齊扶持的蕭淵明稱帝。後爲陳霸先所殺。本書卷六三有附傳，
《梁書》卷四五有傳。　蔡洲：地名。在今江蘇南京市西南。原爲
長江中沙洲，今已併入陸地。

　　愍懷太子方矩字德規，元帝第四子也。少勤學，美容止。[1]初封南安侯。[2]太清初，累遷侍中、中衛將軍。[3]元帝承制，[4]拜王太子，[5]改名元良。承聖元年十一月丙子，立爲皇太子。[6]及升儲位，昵狎群下，好著微服。[7]嘗入朝，公服中著碧絲布袴，[8]摳衣高，[9]元帝見之大怪，遣尚書周弘正責之，[10]因使太子師弘正。[11]佗日，[12]弘正謁見，元帝問曰："太子比頗受卿導不？"[13]對曰："太子聖德乃未極日新，[14]幸無太過。"[15]帝曰："卿以我父子故未直言，從容之間，無失和嶠之對。"[16]便有廢立計。未及行而江陵喪亡，[17]遇害。太子聰穎凶暴猜忍，[18]俱有元帝風。敬帝承制，追謚愍懷太子。

　　[1]容止：儀容舉止。

　　[2]南安侯：爵名。即南安縣侯。南安，縣名。治所在今湖北武漢市新洲區。

　　[3]中衛將軍：官名。南朝梁武帝天監六年（507）置，以王茂任之，屬梁中軍、中衛、中輔、中權四中將軍之一。作爲優禮大臣的虛號，衹授予在京師任職者，地位顯要。天監七年革選，釐定將軍名號及班品，有一百二十五號十品二十四班，班多爲貴，中衛將軍二十三班。大通三年（529）改制，定二百四十二號三十四班將軍，中衛將軍三十三班。陳擬二品，比秩中二千石。

　　[4]承制：稟承皇帝旨意，代行其職權。

　　[5]王太子：諸侯王儲君。

　　[6]承聖元年十一月丙子，立爲皇太子：中華本校勘記云："'丙子'當依《梁書·元帝紀》作'己卯'。丙子是蕭繹即帝位日，至己卯始立皇太子。"按。中華本是。

[7]微服：服飾名。地位尊貴者穿着的平常百姓的常服、便服。

[8]公服：服飾名。亦稱從省服、官服。係古代官吏在衙署内處理公務時所穿的服裝。依身份、官品的不同而有所等差，並有嚴格的制度規定。相較於祭服、朝服，其重要性降低，形制較簡便，省去許多繁瑣的佩飾，故亦稱“從省服”，又因衹用於官吏，故亦稱“官服”。一般認爲公服出現約始於魏晉南北朝時期，公服之稱亦見於此時。《資治通鑑》卷一三六《齊紀二》永明四年：“夏四月辛酉朔、魏始制五等公服。”胡三省注：“公服：朝廷之服。五等：朱、紫、緋、緑、青。” 碧絲布袴：具體形制不詳，大體爲絲、麻混織而成的緑色褲子。在當時屬險衣，即有違常態禮制的奇裝異服。本書卷三四《周弘正傳》：“劉顯將之尋陽，朝賢畢祖道，顯縣帛十疋，約曰：‘險衣來者以賞之。’衆人競改常服，不過長短之間。顯曰：‘將有甚於此矣。’既而弘正緑絲布袴，繡假種，軒昂而至，折標取帛。”

[9]摳衣高：把衣服高高提起來。摳衣，把衣服提起來，係表示恭敬的舉動。

[10]尚書周弘正：據本書卷三四、《陳書》卷二四《周弘正傳》，弘正此時任左户尚書，加散騎常侍。左户尚書，官名。即左民尚書。南朝爲尚書省民曹長官，爲五曹尚書之一，掌民事計賬、户籍及土木工程。宋三品。齊及梁初不詳。梁武帝天監七年革選，釐定官品十八班，班多爲貴，左民尚書十三班。陳三品，秩中二千石。唐人修《南史》諱“民”字，故改左民尚書爲左户尚書。周弘正，字思行，汝南安成（今河南汝南縣）人。歷梁太學博士、國子博士。侯景之亂，逃歸江陵，元帝授以左民尚書，勸元帝遷都建康。入陳，歷太子詹事、國子祭酒、尚書右僕射。本書卷三四有附傳，《陳書》卷二四有傳。

[11]師弘正：以周弘正爲師。

[12]佗：殿本同，汲古閣本作“他”。

[13]比：近來，近日。

[14]未極日新：沒有窮盡天天進步的理想目標。日新，語出《禮記·大學》：“湯之盤銘曰：苟日新，日日新，又日新。”

[15]太：汲古閣本、殿本、百衲本作“大”。

[16]無失和嶠之對：和嶠，字長輿，汝南西平（今河南西平縣）人。三國魏後期至西晉初年大臣。和嶠見晉武帝太子司馬衷智力低下，向武帝進言曰：“皇太子有淳古之風，而季世多偽，恐不了陛下家事。”而武帝“默然不答”。事見《晉書》卷四五《和嶠傳》。和嶠之對，典出《世說新語·方正》：“和嶠爲武帝所親重，語嶠曰：‘東宮頃似更成進，卿試往看。’還，問何如。答云：‘皇太子聖質如初。’”

[17]江陵喪亡：指本卷前文所述南朝梁元帝承聖三年（554）“魏尅江陵”俘殺梁元帝蕭繹之事。

[18]猜忍：猜忌多疑又殘忍。

　　始安王方略，元帝第十子，貞惠世子母弟也。母王氏，王琳之次姐，[1]元帝即位，拜貴嬪，次妹又爲良人，[2]並蒙寵幸，方略益鐘愛。侯景亂，元帝結好于魏，方略年數歲便遣入關。[3]元帝親送近畿，執手歔欷，[4]既而旋駕憶之，[5]賦詩曰：“如何吾幼子，勝衣已別離，[6]十日無由宴，千里送遠垂。”至長安即得還，[7]贈遺甚厚。江陵喪亡，遇害。貴嬪、良人並更誕子，未出閣，[8]無封失名。

[1]次姐：猶今之“二姐”。

[2]次妹：猶今之“二妹”。　　良人：皇帝嬪妃名號。南朝宋明帝太始元年（465）沿前代制復置，位九嬪五職之下。齊、梁、陳亦置。

[3] 入關：進入關中。此處指出質北朝。

[4] 歔欷：悲泣抽噎。

[5] 旋駕：回駕。

[6] 勝衣：兒童稍長，剛能穿起成人的衣服。

[7] 長安：縣名。此時爲西魏都城。治所在今陝西西安市西北。

[8] 出閣：古時稱皇子出就藩封爲"出閣"。

論曰：簡文提挈寇戎，元帝崎嶇危亂，諸子之備踐艱棘，蓋時運之所鐘乎。忠烈以幹蠱之材，[1] 居冢嗣之任，[2] 竟亦當年擯落，[3] 通塞亦云命也，[4] 哀哉！

[1] 忠烈：汲古閣本、殿本、百衲本同。按，應作"武烈"。見前注。　幹蠱：繼承並能勝任父親曾從事的事業。語出《易·蠱》："幹父之蠱，有子，考無咎，厲終吉。"幹，承擔，從事；蠱，事業。

[2] 冢嗣：嫡長子。

[3] 擯落：廢棄不用。

[4] 通塞：通暢與阻塞，喻謂境遇之順逆。

南史　卷五五

列傳第四十五

王茂　曹景宗　席闡文　夏侯詳 子亶 夔 魚弘　吉士瞻
蔡道恭　楊公則　鄧元起 羅研 李膺　張惠紹　馮道根
康絢　昌義之

　　王茂字休連，一字茂先，[1]太原祁人也。[2]祖深，[3]
北中郎司馬。[4]父天生，[5]宋末爲列將，[6]剋司徒袁粲，[7]
以勳歷位郡守，[8]封上黄縣男。[9]

　　[1]王茂字休連，一字茂先：王茂，《梁書》卷九亦有傳。休
連，《梁書·王茂傳》作“休遠”。按，《南齊書》《北史》《魏書》
凡引述王茂處皆作“王茂先”。《建康實録》卷一八作“休遠”，
《太平御覽》卷三七九引《梁書》亦作“休遠”。《梁書》卷一七
《王珍國傳》三朝本、百衲本並作“王茂先”。

　　[2]太原：郡名。治晉陽縣，在今山西太原市西南。　祁：縣
名。治所在今山西祁縣東南。

　　[3]深：王深，大體爲南朝宋時人，生平事迹不詳。

　　[4]北中郎司馬：官名。北中郎將府司馬。北中郎，北中郎將

之省稱。東、西、南、北四中郎將之一。南朝時統兵，爲帥師征伐或鎮守某一地區之方面大員，地位重要，高於一般將領。多以宗室諸王擔任。多有較固定的轄區和治所。宋四品。齊及梁初不詳。梁武帝天監七年（508）革選，釐定將軍名號及班品，有一百二十五號十品二十四班，以鎮兵、翊師、宣惠、宣毅四將軍代舊四中郎將，至大通三年（529）定二百四十二號三十四班將軍，又將四中郎將與四將軍並置，爲十七班（詳《隋書·百官志》）。司馬，南朝諸公府、軍府皆置。爲所在府署高級幕僚。掌參贊軍務，管理府內武職，位僅次於長史。員一人，或分置左、右，其品秩隨府主地位高低而定。宋七品至六品。齊及梁初不詳。梁武帝天監七年革選，釐定官品十八班，班多爲貴，司馬六班至十班。陳八品至五品。

[5]天生：王天生，南朝宋末將領，因平袁粲功，官至巴西、梓潼二郡太守。後入仕齊。

[6]宋：國名。即南朝宋（420—479），係南北朝時期南朝的第一個朝代，由劉裕建立。　列將：在將軍之列者。《史記》卷一〇六《吳王濞傳》：“能斬捕大將者，賜金五千斤，封萬户；列將，三千斤，封五千户。”

[7]司徒：官名。與太尉、司空並爲三公，爲名譽宰相，分掌政事。南朝多作爲加官，或與丞相、相國並置，職掌依舊。齊、陳丞相、相國皆爲贈官，司徒則實授，或録尚書事。宋一品。齊及梁初不詳。梁武帝天監七年革選，釐定官品十八班，班多爲貴，司徒十八班。陳一品，秩萬石。　袁粲：字景倩，幼時名愍孫，南朝宋明帝時改名爲粲，陳郡陽夏（今河南太康縣）人。宋末順帝即位，蕭道成有代宋之勢，粲以受顧托之重，不欲事二姓，密有異圖。事泄，蕭道成將僧静將其斬殺於石頭城。本書卷二六有附傳，《宋書》卷八九有傳。

[8]郡守：官名。郡太守，爲一郡最高行政長官。南朝多加將軍、校尉等名號，兼領軍民。宋五品。齊、梁不詳。陳依郡大小，

七品至五品不等，秩皆二千石。

[9]上黃：縣名。治所在今湖北南漳縣東南。　縣男：封爵名。開國縣男簡稱。按，南朝宋、齊、梁大體沿前代制，有（郡）王、公、侯、伯、子、男，又有開國郡公、縣公、郡侯、縣侯（三品），縣伯、縣子、縣男及鄉侯（四品），亭侯（五品），關內（中）侯（六品），凡十五等。陳有郡王（一品）、嗣王（梁始置）、藩王（梁始置），又有開國郡公、縣公（以上二品）、縣侯（三品）、縣伯（四品）、縣子（五品）、縣男（六品）及沐食侯（七品）、鄉亭侯（八品）、開國中關外侯（九品），凡十二等。

　　茂年數歲，爲大父深所異，[1]常曰：“此吾家千里駒，[2]成門户者必此兒也。”[3]及長，好讀兵書，究其大指。[4]性隱不交游，[5]身長八尺，[6]絜白美容儀。齊武帝布衣時嘗見之，[7]歎曰：“王茂先年少堂堂如此，[8]必爲公輔。”[9]

[1]大父：祖父。

[2]千里駒：比喻年輕有爲的少年。《漢書》卷三六《劉德傳》：“（德）修黃老術，有智略。少時數言事，召見甘泉宮，武帝謂之‘千里駒’。”顏師古注：“言若駿馬可致千里也。年齒幼少，故謂之駒。”

[3]成門户者：顯耀門第的人。

[4]究其大指：探究兵書的大意。

[5]性隱不交游：《梁書》卷九《王茂傳》作“性沈隱，不妄交遊”。“性隱”與“性沈隱”、“不交游”與“不妄交遊”，意思不盡相同，王鳴盛《十七史商榷》卷六三《王茂歷官删削不當》以爲：“《南史》節去‘沈’字、‘妄’字，幾不成句。”

[6]尺：南朝一尺約合今24.5釐米。

[7]齊武帝：蕭賾。字宣遠。本書卷四、《南齊書》卷三有紀。布衣：平民百姓穿的衣服，借指平民。

[8]堂堂：容貌端正莊嚴，志氣宏大。

[9]公輔：三公一類輔佐之臣。

　　後爲臺郎，[1]累年不調。亦知齊之將亡，[2]求爲邊職。久之，爲雍州長史、襄陽太守，[3]梁武便以王佐許之，[4]事無大小皆詢焉。人或譖茂反，帝弗之信。[5]譖者驟言之，[6]遣視其甲稍，[7]則蟲綱焉，[8]乃誅言者。或云茂與帝不睦，帝諸腹心並勸除之。而茂少有驍名，[9]帝又惜其用，曰："將舉大事，便害健將，此非上策。"乃令腹心鄭紹叔往候之。[10]遇其臥，因問疾。茂曰："我病可耳。"[11]紹叔曰："都下殺害日甚，[12]使君家門塗炭，[13]今欲起義，長史那猶臥。"[14]茂因擲枕起，即袴褶隨紹叔入見。[15]武帝大喜，下牀迎，因結兄弟，被推赤心，遂得盡力。

　　[1]臺郎：官名。意即尚書臺郎官，尚書郎別稱。南朝宋、齊置員二十郎，爲尚書省諸郎曹長官，分曹執行政務。章奏由中書、門下轉呈代奏。梁增至二十三郎，奏對始可不經轉呈，徑上皇帝。陳省爲二十一郎。宋六品。齊及梁初不詳。梁武帝天監七年（508）革選，釐定官品十八班，班多爲貴，吏部郎十一班，諸曹侍郎六班、郎中五班。陳皆四品，秩六百石。

　　[2]齊：國名。即南朝齊（479—502），係南北朝時期南朝的第二個朝代，由蕭道成建立。

　　[3]雍州：州名。治襄陽縣，在今湖北襄陽市。　　長史：官名。南朝時王府、公府、將軍府、州郡府皆置，掌府内庶政，爲所在府

署掾屬之長。置一員，有時亦分置左、右，其品秩依府主地位高下而定。宋七品至六品。齊及梁初不詳。梁武帝天監七年革選，釐定官品十八班，班多爲貴，長史六班至十班。陳八品至六品（參見嚴耕望《中國地方行政制度史·魏晉南北朝地方行政制度（上）》，上海古籍出版社 2007 年版，第 184—189 頁）。　襄陽：縣名。治所在今湖北襄陽市。按，“後爲臺郎”至“襄陽太守”所述王茂歷職較簡，且言“累年不調”，不確。《梁書》卷九《王茂傳》所載較詳：“宋昇明末，起家奉朝請，歷後軍行參軍，司空騎兵，太尉中兵參軍。魏將李烏奴寇漢中，茂受詔西討。魏軍退，還爲鎮南司馬，帶臨湘令。入爲越騎校尉。魏寇兗州，茂時以寧朔將軍長史鎮援北境，入爲前軍將軍江夏王司馬。又遷寧朔將軍、江夏內史。建武初，魏圍司州，茂以郢州之師救焉。高祖率衆先登賢首山，魏將王肅、劉昶來戰，茂從高祖拒之，大破肅等。魏軍退，茂還郢，仍遷輔國長史、襄陽太守。”

[4]梁武：梁武帝蕭衍。南朝梁開國皇帝。本書卷六、卷七，《梁書》卷一至卷三有紀。時蕭衍爲齊雍州刺史，王茂爲長史，依附於蕭衍。

[5]帝：此處指蕭衍。

[6]驟言之：屢屢而急切地進言述說王茂謀反事。

[7]甲稍（shuò）：鎧甲和長矛。

[8]蟲網焉：蜘蛛已經結網。

[9]驍名：勇武的聲譽。

[10]鄭紹叔：字仲明，滎陽開封（今河南開封市）人，遷居壽陽（今安徽壽縣）。南朝齊末任扶風太守。蕭衍起兵，以其督江、湘二州糧運。入梁徵爲衛尉卿。每言事，善則稱帝意，過則歸己，以是深見信任與重用。後遷司州刺史，在州創立城隍，繕修兵器，廣田積穀，招納流民，百姓得以安居。官至左將軍病卒。本書卷五六、《梁書》卷一一有傳。

[11]可：滿，盡。指病愈。

　　[12]都下：京都。

　　[13]使君：對州郡長官的尊稱。此指蕭衍。

　　[14]那：怎麽。

　　[15]袴褶：服飾名。此名起於漢末騎服，上穿褶，下穿褲，故稱。袴即褲子，初時加縛膝部，褲脚窄小，後褲脚舒散闊大。褶即上衣，爲長可齊膝的袍衫，加於袴之上，袖子初窄小，後寬大。於褶上束腰帶。除袴、褶外，有學者認爲該服制還包括於褶外或褶内加罩兩襠鎧（參見沈從文編著《中國古代服飾研究・北朝景縣封氏墓着袴褶俑》，上海書店出版社 2005 年版，第 222 頁）。袴褶本爲北方少數民族之服，便於騎射，兩漢至魏晉，始爲軍服逐漸傳入中原，並變左衽爲右衽。《晋書・輿服志》：“袴褶之制，未詳所起，近世凡車駕親戎，中外戒嚴服之。” 到南北朝時盛行，南方祇作爲戎服和行旅之服，北方則以之爲官員朝服和常服，甚至平民、婦女亦着之。《資治通鑑》卷一三七《齊紀三》武帝永明九年：“魏舊制，群臣季冬朝賀，服袴褶行事，謂之小歲。”《魏書》卷五二《胡叟傳》：“每至貴勝之門，恒乘一牸牛，弊韋袴褶而已。”《太平御覽》卷六八七引《鄴中記》：“（石虎）皇后出，女騎一千爲鹵簿。冬月皆著紫綸巾、熟錦袴褶。” 河北景縣出土有北朝着袴褶俑，可見形制。

　　發雍部，遣茂爲前驅。郢、魯既平，[1]從武帝東下爲軍鋒。[2]師次秣陵，[3]東昏遣大將王珍國盛兵朱雀門，[4]衆號二十萬。及戰，梁武軍引却，[5]茂下馬單刀直前，外甥韋欣慶勇力絶人，執鐵纏矟翼茂而進，[6]故大破之。茂勳第一，欣慶力也。建康城平，[7]以茂爲護軍將軍，[8]遷侍中、領軍將軍。[9]時東昏妃潘玉兒有國色，[10]武帝將留之，以問茂。茂曰：“亡齊者此物，留之恐貽外議。"帝乃出之。軍主田安啓求爲婦,[11]玉兒泣曰:"昔者見遇時主,今豈下匹非類。[12]死而後已,義不受辱。"及見縊,絜美如生。興出,[13]尉吏俱行非禮。[14]乃以余妃賜茂,[15]亦潘之亞也。[16]

[1]郢、魯:據《梁書》卷一《武帝紀上》、本書卷六《梁武帝紀》,此處郢魯指郢、魯二城。郢城,即郢州鎮所,在今湖北武漢市武昌區。魯,即魯山城,在今湖北武漢市漢陽區東北隅。武帝起兵初"以全力斃郢、魯二城","郢、魯既克,衍遽督諸軍直指建康,乘勝勢也"(《資治通鑑》卷一四四《齊紀十》和帝中興元年胡三省注),可見二城之重要性。

[2]軍鋒:先鋒。

[3]次:駐扎。 秣陵:縣名。治所在今江蘇南京市中華門外故報恩寺附近。

[4]東昏:南朝齊皇帝蕭寶卷。字智藏。本書卷五、《南齊書》卷七有紀。 王珍國:字德重,沛郡相(今安徽濉溪縣)人。齊明帝時任青、冀二州刺史。蕭衍起兵圍建康,召入衛京師,與衛尉張稷斬東昏侯歸蕭衍。入梁官至通直散騎常侍、丹陽尹。本書卷四六有附傳,《梁書》卷一七有傳。 朱雀門:又名大航門。南朝京師建康城南門,約在今江蘇南京市中華門內,秦淮河岸。

[5]引却:退却。

[6]鐵纏矟:用鐵絲纏柄的長矛。《資治通鑑》卷一四四《齊紀十》中興元年:"王茂下馬,單刀直前,其甥韋欣慶執鐵纏矟以翼之。"胡三省注:"鐵纏矟,以鐵線纏矟把,齊武陵王曄有銀纏矟。"

[7]建康:地名。南朝都城,治所在今江蘇南京市。三國吳定都建業,西晉初改稱建鄴,後辟晉愍帝司馬鄴諱改稱建康,南朝延稱。

[8]護軍將軍:官名。南朝掌督護京師以外諸軍,負責京城保

衞。屬官有長史、司馬、功曹、主簿、五官等，出征時置參軍。權任頗重，諸將軍皆敬之。齊規定，諸爲將軍官皆敬領軍、護軍，如諸王爲將軍，道相逢，則領、護讓道。宋三品。齊及梁初不詳。梁武帝天監七年（508）革選。釐定官品十八班，班多爲貴，護軍將軍十五班。陳三品，秩中二千石。

[9]侍中：官名。往來殿中奏事，故名。南朝宋爲門下之侍中省長官，侍衞皇帝左右，顧問應對，諫諍糾察，平議尚書奏事。或加予宰相、尚書等高級官員，使出入殿省，入宮議政。兼統宮廷内侍諸署。齊、梁、陳爲門下省長官，員四人。於侍奉生活起居、侍從左右、顧問應對、諫諍糾察、儐相威儀等侍從本職外，兼掌出納、璽封詔奏，有封駁權，上親皇帝，下接百官，因參預機密政務而官顯職重，是中樞集團重要成員。陳亦用作親王之起家官。宋三品。齊及梁初不詳。梁武帝天監七年革選，釐定官品十八班，班多爲貴，侍中十二班。陳三品，秩中二千石。　領軍將軍：官名。南朝掌禁衞軍及京都諸軍，爲禁衞軍最高統帥。齊規定，諸爲將軍官皆敬領軍、護軍，如諸王爲將軍，道相逢，則領、護讓道。宋三品。齊及梁初不詳。梁武帝天監七年革選，釐定官品十八班，班多爲貴，領軍將軍十五班。陳三品，秩中二千石。

[10]妃：皇帝嬪妃名號。皇帝之妾及太子、王侯之妻。位次於皇后。　潘玉兒：東昏侯蕭寶卷寵妃。其有一雙小脚，甚得東昏侯喜愛，本書卷五《齊東昏侯紀》：“（東昏侯）鑿金爲蓮華以帖地，令潘妃行其上，曰：‘此步步生蓮華也。’”後人唐和凝《采蓮曲》有“波上人如潘玉兒，掌中花似趙飛燕”語形容其美。

[11]軍主：官名。南朝宋始置。千人以上爲軍，百人以上爲隊。領兵千人以上稱軍主，其下設軍副，不足千人的稱隊主。其品級由所領人數而定，最高者可至三品（參見周一良《魏晋南北朝史札記》之《北齊書札記》“軍主、幢主、隊主”條，中華書局1985年版，第408—411頁）。　田安：南朝齊、梁將領。《南齊書》卷三〇《曹虎傳》、《梁書》卷一《武帝紀上》亦作“田安之”。

〔12〕下匹非類：降低身份匹配地位、門第等不相類的人。非類，身份、門第等不相類的人；行爲不正的人。

〔13〕輿出：用車載出。

〔14〕非禮：淫穢下流行爲。

〔15〕乃以余妃賜茂：事詳本書卷五七《范雲傳》："武帝時納齊東昏余妃，頗妨政事，雲嘗以爲言，未之納。後與王茂同入卧内，雲又諫，王茂因起拜曰：'范雲言是，公必以天下爲念，無宜留惜。'帝默然。雲便疏令以余氏賚茂，帝賢其意而許之。明日，賜雲、茂錢各百萬。"《梁書》卷一三《范雲傳》亦載其事。

〔16〕亞：相同、相等。《後漢書》卷四〇《班彪傳上》："節慕原、嘗，名亞春、陵。"本書卷七二《顏協傳》："時吳郡顧協亦在蕃邸，與協同名，才學相亞，府中稱爲二協。"

　　群盜之燒神獸門，[1]茂率所領應赴，爲盜所射。茂躍馬而進，[2]群盜反走。[3]茂以不能式遏姦盜，[4]自表解職，[5]優詔不許。[6]加鎮軍將軍，[7]封望蔡縣公。[8]

　　[1]神獸門：獸，汲古閣本同，殿本作"虎"。本卷下同。按，"虎"爲是，此係唐修史書避李淵父李虎之諱改。神虎門，南朝京師建康宫城太極殿西側門。盜燒神虎門事，發生在梁武帝天監初，本書卷五六《張弘策傳》："時東昏餘黨孫文明等初逢赦令，多未自安。文明又嘗夢乘馬至雲龍門，心惑其夢，遂作亂。帥數百人，因運荻炬束仗，得入南、北掖門，至夜燒神獸門、總章觀，入衛尉府，弘策踰垣匿于龍廄，遇賊見害。賊又進燒尚書省及閣道雲龍門，前軍司馬吕僧珍直殿省，帥羽林兵邀擊不能却。上戎服御前殿，謂僧珍曰：'賊夜來是衆少，曉則走矣。'命打五鼓。賊謂已曉，乃散，官軍捕文明斬于東市，張氏親屬臠食之。"《梁書》卷一一《張弘策傳》亦載其事。

[2]躍馬：策馬馳騁騰躍。

[3]反：通"返"。

[4]式遏：制止，抵禦。《詩·大雅·民勞》："式遏寇虐，無俾民憂。"鄭玄箋："式，用；遏，止也。"按，"式"爲發語詞

[5]表：臣子給君主的奏章。此作動詞，作表，上表。

[6]優詔：嘉獎、慰勉的詔書。

[7]鎮軍將軍：官名。位在鎮軍大將軍下，兩職可並置。與中軍將軍、撫軍將軍位比四鎮將軍。主要爲中央軍職，但亦可出任地方軍事長官，並領刺史等地方官，兼理民政。南朝宋三品。齊位在東、西、南、北四征將軍之上，品秩不詳。梁初品秩不詳。梁武帝天監七年（508）革選，釐定將軍名號及班品，有一百二十五號十品二十四班，班多爲貴，鎮軍將軍二十二班。陳品秩不詳。據《梁書》卷二《武帝紀中》，天監元年夏四月丙寅受禪即皇帝位，丁卯日即"加領軍將軍王茂鎮軍將軍"。

[8]望蔡：縣名。治所在今江西上高縣。　縣公：爵名。開國縣公簡稱。

是歲，[1]江州刺史陳伯之叛，[2]茂出爲江州刺史，南討之。伯之奔魏。[3]時九江新經軍寇，[4]茂務農省役，百姓安之。四年，[5]魏攻漢中，[6]茂受詔西禦，魏乃班師。歷位侍中、中衛將軍、太子詹事、車騎將軍、開府儀同三司、丹楊尹。[7]時天下無事，武帝方敦文雅，[8]茂心頗怏怏，侍宴醉後，每見言色。[9]武帝宥而不責。進位司空。[10]

[1]是歲：梁武帝天監元年（502）。

[2]江州：州名。治溢城（亦稱溢口城），在今江西九江市。

陳伯之：濟陰睢陵（今江蘇睢寧縣）人。隨蕭衍起兵，封豐城縣公，授江州刺史。後舉兵反，兵敗奔北魏。梁武帝天監四年又自壽陽率衆歸梁，歷任西豫州刺史、驍騎將軍。本書卷六一、《梁書》卷二〇有傳。《魏書》卷六一《陳伯之傳》載其爲“下邳人”，即今江蘇省睢寧縣古邳鎮東人。

[3]魏：國名。即北魏（386—534），係南北朝時期北朝的第一個朝代，由鮮卑人拓跋珪建立。後來分裂爲東魏和西魏。

[4]九江：地區名。時屬江州，泛指今湖北武穴市、黄梅縣至江西九江市一帶。以其地有九水，故名。

[5]四年：此指梁武帝天監四年。

[6]漢中：郡名。治南鄭縣，在今陝西漢中市東。

[7]中衛將軍：官名。南朝梁武帝天監六年置，以王茂任之，屬梁中軍、中衛、中輔、中權四中將軍之一。作爲優禮大臣的虛號，祇授予在京師任職者，地位顯要。天監七年革選，釐定將軍名號及班品，有一百二十五號十品二十四班，班多爲貴，中衛將軍二十三班。大通三年（529）改制，定二百四十二號三十四班將軍，中衛將軍三十三班。陳擬二品，比秩中二千石。　太子詹事：官名。東宫職官，總領東宫官屬、庶務。南北朝東宫地位極重，官屬齊備，擬於朝廷，時號宫朝，諸衛率各領其兵，常任征伐，詹事任總宫朝，當時稱其職比朝廷之尚書令、領軍將軍，位權甚重，有時亦參預朝政。宋三品。齊及梁初不詳。梁武帝天監七年革選，釐定官品十八班，太子詹事十四班。陳三品，秩中二千石。　車騎將軍：官名。作戰時領車騎士，故名。南朝多爲軍府名號加授大臣、重要州郡長官，無具體職掌。宋二品。齊及梁初不詳。梁武帝天監七年革選，釐定將軍名號及班品，有一百二十五號十品二十四班，班多爲貴，車騎將軍二十四班。大通三年改制，定二百四十二號三十四班將軍，車騎將軍三十四班。陳一品，秩中二千石。　開府儀同三司：官名。始爲大臣加號，意謂與三司即太尉、司徒、司空禮制、待遇相同，許開設府署，自辟僚屬。南朝因之，且授與範圍不

斷擴大，成爲官號。宋、齊、梁初品秩不詳。梁武帝天監七年革選，釐定官品十八班，班多爲貴，諸將軍開府儀同三司十七班。陳一品，秩萬石。　丹陽尹：官名。又作"丹楊尹"。京師所在丹楊郡長官，掌治民。晉元帝建武元年（317），定都康康，改丹楊郡守爲丹楊尹，南朝宋、齊、梁、陳因之。宋三品。齊位次九卿，品秩不詳。梁不詳。陳五品，秩中二千石。楊，汲古閣本、殿本作"陽"。

[8]方敦文雅：誠意致力於文教之事。

[9]茂心頗怏怏，侍宴醉後，每見言色：王茂心里不滿意，陪從宴享後，每次都顯示出不高興的言語和臉色。言，汲古閣本同，殿本作"顏"。

[10]司空：官名。與太尉、司徒並爲三公。南朝爲名譽宰相，多爲大臣加官，無實際職掌。宋一品。齊及梁初不詳。梁武帝天監七年革選，釐定官品十八班，班多爲貴，司空十八班。陳一品，秩萬石。

茂性寬厚，居官雖無美譽，亦爲吏人所安。居處方正，[1]在一室衣冠儼然，[2]雖僕妾莫見其惰容。姿表瓌麗，須眉如畫，爲衆所瞻望。徙驃騎將軍、開府同三司之儀、江州刺史。[3]在州不取奉，獄無滯囚，居處被服，同於儒者。薨于州。武帝甚悼惜之，詔贈太尉，[4]謚曰忠烈公。

[1]方正：行爲端莊，品行正直。
[2]儼然：矜莊整齊的樣子。
[3]驃騎將軍：官名。南朝爲重號將軍，僅作爲軍府名號加授大臣、重要地方長官，無具體職掌。宋二品，開府者位從公一品。齊及梁初不詳。梁武帝天監七年（508）革選，釐定將軍名號及班

品，有一百二十五號十品二十四班，班多爲貴，驃騎將軍二十四班。陳擬一品，比秩中二千石。　開府同三司之儀：官名。同“開府儀同三司”，地位略低。《資治通鑑》卷一四七《梁紀三》天監九年：“徐勉爲之請三司之儀。”胡三省注：“梁官制有開府同三司之儀，在開府儀同三司下。”又同書卷一五七《梁紀十三》大同二年：“以驃騎大將軍、開府同三司之儀元法僧爲太尉。”胡三省注：“梁開府儀同三司之下，又有開府同三司之儀。”

[4]太尉：官名。與司徒、司空並爲三公。南朝爲名譽宰相，多爲大臣加官，無實際職掌。宋一品。齊及梁初不詳。梁武帝天監七年革選，釐定官品十八班，班多爲貴，太尉十八班。陳一品，秩萬石。

　初，茂以元勳，[1]武帝賜鐘磬之樂。[2]茂在州，夢鐘磬在格，[3]無故自墮，心惡之。及覺，命奏樂，既成列，鐘磬在格，果無故編皆絶墮地。[4]茂謂長史江詮曰：“此樂，天子所以惠勞臣也。[5]樂既極矣，能無憂乎。”俄而病卒。

[1]元勳：首功，開國之功。
[2]賜鐘磬之樂：以編鐘和玉磬一類樂器賜予臣下。
[3]格：挂樂器的支架。
[4]編：挂樂器的繩子。
[5]勞臣：功臣。

　子貞秀嗣，[1]以居憂無禮，[2]爲有司所奏，[3]徙越州，[4]後詔留廣州。[5]與魏降人杜景欲襲州城，長史蕭昂斬之。[6]

[1]子貞秀嗣：《建康實録》卷一八作“子貞嗣”。

[2]憂：指父母之喪。

[3]有司：官員。古代設官分職，各有專司，故稱。

[4]越州：州名。治合浦縣，在今廣西合浦縣東北舊州。

[5]廣州：州名。治番禺縣，在今廣東廣州市。

[6]長史蕭昂：中華本改“長史”作“刺史”，其校勘記云：“‘刺史’各本作‘長史’，據《梁書·蕭昂傳》改。按傳‘昂出爲廣州刺史’，不言爲長史。”今注按，中華本是。蕭昂，字子明，曾官梁廣州刺史、江州刺史。本書卷五一、《梁書》卷二四有附傳。

曹景宗字子震，[1]新野人也。[2]父欣之，[3]仕宋位徐州刺史。[4]

[1]曹景宗：《梁書》卷九亦有傳。　子震：《建康實録》卷一八作“震武”。

[2]新野：郡名。治新野縣，在今河南新野縣。

[3]欣之：曹欣之。新野（今河南新野縣）人。南朝宋後廢帝時官至冠軍將軍、徐州刺史。順帝時徵爲散騎常侍、驍騎將軍。《宋書》卷八三有附傳。

[4]徐州：州名。治彭城縣，在今江蘇徐州市。

景宗幼善騎射，好畋獵，常與少年數十人澤中逐麞鹿，每衆騎赴鹿，[1]鹿馬相亂，景宗於衆中射之，人皆懼中馬足，應弦輒斃，[2]以此爲樂。未弱冠，[3]欣之於新野遣出州，以匹馬將數人，於中路卒逢蠻賊數百圍之。[4]景宗帶百餘箭，每箭殺蠻，蠻遂散走。因以膽勇聞。頗愛史書，每讀《穰苴》《樂毅傳》，[5]輒放卷歎息曰:"丈夫當如是!"[6]少與州里張道門善,[7]道門,車騎將軍敬兒少子也,[8]爲武陵太守。[9]敬兒誅,道門於郡伏法,親屬故吏莫敢收。景宗自襄陽遣船到武陵,[10]收其屍,迎還殯葬。鄉里以此義之。

[1]每衆騎赴鹿:中華本校勘記:"'赴',《梁書》、《太平御覽》八三一引並作'趁'。趁,逐也,較'赴'義生動。"

[2]應弦輒斃:中華本於"應"上補"鹿"字,其校勘記云:"'鹿'字各本並脱,據《梁書》補。"按,中華本是。

[3]弱冠:指二十歲。古代男子二十歲行成年加冠之禮。《禮記·曲禮上》:"二十曰弱,冠。"孔穎達正義:"二十成人,初加冠,體猶未壯,故曰弱也。"後泛指男子二十歲左右的年紀。

[4]卒:通"猝",突然。

[5]穰苴:司馬穰苴。春秋末期齊國人。本姓田,係齊國田氏家族的支庶。曾率齊軍擊退晉、燕入侵之軍,因功被封爲大司馬,子孫後世稱司馬氏。著有《司馬法》。《史記》卷六四有傳。 樂毅:字永霸,中山靈壽(今河北平山縣)人。曾統帥燕國等五國聯軍攻打齊國,連下七十餘城,創造了中國古代戰爭史上以弱勝强的著名戰例。《史記》卷八〇有傳。

[6]丈夫:《梁書》卷九《曹景宗傳》同。《建康實錄》卷一八作"大丈夫"。

[7]州里:同鄉人。 張道門:齊將張敬兒之子。道門,《南齊書》卷二五《張敬兒傳》作"道文"。按,洪頤煊《諸史考異》云"道文即道門,聲相近。又誤作'少子',皆史之訛。"

[8]敬兒:張敬兒。本名苟兒,宋明帝以其名鄙,改"敬兒"。南陽冠軍(今河南鄧州市)人。先仕宋,後仕齊高帝蕭道成,官車騎將軍。武帝即位,遭疑忌,被誅。本書卷四五、《南齊書》卷二五有傳。

[9]武陵：郡名。治臨沅縣，在今湖南常德市。

[10]遣船：《梁書·曹景宗傳》作“遣人船”。

　　仕齊以軍功累加游擊將軍。[1]建武四年，[2]隨太尉陳顯達北圍馬圈，[3]以奇兵二千破魏援中山王英四萬人。[4]及剋馬圈，顯達論功，以景宗爲後。景宗退無怨言。魏孝文率衆大至，[5]顯達宵奔，[6]景宗導入山道，故顯達父子獲全。

　　[1]游擊將軍：官名。南朝爲禁軍將領，禁衛軍六軍（領軍、護軍、左衛、右衛、驍騎、游擊）之一，掌宮廷宿衛。宋四品。齊及梁初不詳。梁武帝天監六年（507），置左、右游擊將軍，天監七年革選，釐定官品十八班，班多爲貴，左、右游擊將軍十一班。陳四品，秩二千石。

　　[2]建武：南朝齊明帝蕭鸞年號（494—498）。

　　[3]陳顯達：南彭城彭城（今江蘇鎮江市）人。以軍功官至南朝宋廣州刺史。荊州刺史沈攸之反，其遣軍援建康。入齊歷任護軍將軍、南兗州、益州刺史。武帝永明五年（487）遷雍州刺史，平定群蠻。以參與廢鬱林王，進位司空。東昏侯永元元年（499）督軍伐北魏，大敗，轉任江州刺史。懼爲東昏侯所誅，乃舉兵反，兵敗被殺。本書卷四五、《南齊書》卷二六有傳。　　馬圈：城名。在今河南鎮平縣南。

　　[4]中山王英：拓跋英。字虎兒，代郡平城（今山西大同市）人。北魏宗室。博聞強記，善騎射，多技藝。孝文帝時，爲梁州刺史。宣武帝時封爵中山王。《魏書》卷一九下有附傳。

　　[5]魏孝文：北魏孝文帝拓跋宏。在位期間推行漢化改革，遷都洛陽，改革吏治。《魏書》卷七、《北史》卷三有紀。

　　[6]宵奔：夜間奔逃。

梁武爲雍州刺史，景宗深自結附，數請帝臨其宅。時天下方亂，帝亦厚加意焉，表爲竟陵太守。[1]及帝起兵，景宗聚衆并率五服内子弟三百人從軍，[2]遣親人杜思沖勸先迎南康王於襄陽即位，[3]武帝不從。及至竟陵，以景宗爲軍鋒。道次江寧，[4]東昏將李居士以重兵鎮新亭，[5]景宗被甲馳戰，居士棄甲奔走，景宗皆獲之。又與王茂、吕僧珍椅角，[6]破王珍國於大航。[7]景宗軍士皆桀黠無賴，[8]御道左右莫非富室，抄掠財物，略奪子女，景宗不能禁。及武帝入頓西城，[9]嚴申號令，然後稍息。城平，封湘西縣侯，[10]除郢州刺史，[11]加都督。[12]天監元年，[13]改封竟陵縣侯。景宗在州，鬻貨聚斂，於城南起宅，長堤以東，[14]夏口以北，[15]開街列門，東西數里。而部曲殘橫，[16]部下厭之。[17]

[1]竟陵：郡名。治萇壽縣，在今湖北鍾祥市。

[2]五服：古代喪服制度，因親疏而有等差，分斬衰、齊衰、大功、小功、緦麻五類，稱爲五服。

[3]杜思沖：生平事迹不詳，本書僅此一見。《建康實録》卷一八作“杜思仲”。　南康王：蕭寶融，南朝齊末任皇帝，初封南康王。本書卷五、《南齊書》卷八有紀。時寶融爲荆州刺史。南康，郡名。治贛縣，在今江西贛州市東北。

[4]江寧：縣名。治所在今江蘇南京市江寧區江寧街道。

[5]李居士：爲南朝齊江州刺史，以戰敗降蕭衍。事見本書卷六《梁武帝紀》、《梁書》卷一《武帝紀上》。　新亭：地名。在今江蘇南京市南。其地近江濱，依山爲壘，爲六朝軍事交通要地。

[6]吕僧珍：字元瑜，東平范（今山東梁山縣）人，世居廣陵（今江蘇揚州市）。蕭衍爲雍州刺史，召爲中兵參軍，委以心腹。蕭

衍起兵，授輔國將軍，率軍爲前鋒。入南朝梁封平固縣侯，歷任南兗州刺史、領軍將軍。在任不私親戚，處事公平。本書卷五六、《梁書》卷一一有傳。　檹角：檹，汲古閣本、殿本作"犄"。犄角，分兵牽制或夾擊敵人。

[7]大航：橋名。又名大桁、朱雀橋、朱雀航、朱雀桁。東晋、南朝時京師建康南門朱雀門外橫跨在秦淮河上古浮橋。故址在今江蘇南京市中華門内鎮淮橋東。三國吴時稱南津橋，東晋改名朱雀桁。自東晋明帝太寧二年（324）後泊船爲浮航。長九十步、廣六丈，冬夏隨水高下。每遇警急，則撤航爲備，爲都城南面的門户。宋張敦頤《六朝事迹編類》卷二《形勢門·朱雀航》："晋咸康二年作朱雀門，新立朱雀浮航，在縣城東南四里，對朱雀門。南渡淮水，亦名朱雀橋。《輿地志》云：吴南津大航橋也。王敦作亂，温嶠燒絶，至是始用杜預河橋法作之。《地志》云：朱雀門孔對吴都城宣陽門，相去六里爲御道，夾御溝植柳。自朱雀門南渡，出國門。"

[8]桀黠：凶暴狡詐。

[9]頓：屯駐。　西城：《梁書》卷九《曹景宗傳》作"新城"。按，《梁書》卷一《武帝紀上》載此時"高祖鎮石頭"。石頭，即石頭城，在建康宫城西，故可稱西城。疑"西城"即石頭城。

[10]湘西：縣名。治所在今湖南株洲市南。　縣侯：爵名。開國縣侯省稱。

[11]除：官制術語。即拜官授職，或曰除舊官就新官。　郢州：州名。治夏口城，在今湖北武漢市武昌區。

[12]加都督：據《梁書·曹景宗傳》，此爲"都督郢司二州諸軍事"。

[13]天監：南朝梁武帝蕭衍年號（502—519）。

[14]長堤：地名。在今湖北武漢市武昌區長江邊。

[15]夏口：地名。亦稱夏首、魯口。漢水入江之口，在今武漢

市武昌區。古時漢水自今湖北沔陽縣受夏水後，亦稱夏水，故名。

    [16]部曲：本爲漢時爲軍隊之編制。魏晉以來，豪門大族的私人軍隊稱部曲。部曲帶有人身依附性質，經主人放免，可成爲平民。亦借指軍隊。

    [17]部下厭之：《梁書·曹景宗傳》作"民頗厭之"，似更合意。

    二年十月，魏攻司州，[1]圍刺史蔡道恭。城中負板而汲，[2]景宗望關門不出，[3]但耀軍游獵而已。及司州城陷，爲御史中丞任昉所奏。[4]帝以功臣不問，徵爲右衛將軍。[5]

    [1]司州：州名。治平陽縣，在今河南信陽市。

    [2]負板而汲：背負門板取水，以禦弓矢。

    [3]關門：關口上的門。

    [4]御史中丞：官名。南朝亦稱南司，御史臺長官，掌督察百官、奏劾不法，外督部刺史，内受公卿奏事。職權雖重，世族名士不樂爲之，第一流高門多不居此職。員一人。宋四品。齊及梁初不詳。梁武帝天監七年（508）革選，釐定官品十八班，班多爲貴，御史中丞十一班。陳三品，秩二千石。　任昉：字彦昇，樂安博昌（今山東博興縣）人。與蕭衍等同爲竟陵王蕭子良西邸八友。南朝梁代齊，禪讓文誥，多出昉手。入梁，歷仕黄門侍郎、御史中丞、秘書監，讎校秘閣四部書，確定篇目。後出任新安太守。聚書萬餘卷，多異本。本書卷五九、《梁書》卷一四有傳。

    [5]右衛將軍：官名。與左衛將軍合稱二衛將軍，禁衛軍六軍（領軍、護軍、左衛、右衛、驍騎、游擊）之一。係禁衛軍主要將領，掌宫廷宿衛營兵。南朝齊高帝建元二年（480）詔，二衛將軍每晚留一人宿直宫中。南朝後期亦領兵出征。宋四品。齊及梁初不

詳。梁武帝天監七年革選，釐定官品十八班，班多爲貴，左右衛將軍十二班。陳三品，秩二千石。

五年，魏中山王英攻鍾離，[1]圍徐州刺史昌義之，武帝詔景宗督衆軍援義之，豫州刺史韋叡亦援焉，[2]而受景宗節度。[3]詔景宗頓道人洲，[4]待衆軍齊集俱進。景宗欲專其功，乃違敕而進，遇暴風卒起，頗有沈溺，復還守先頓。[5]帝聞之曰：“此所以破也。[6]景宗不進，蓋天意乎。若孤軍獨往，城不時立，[7]必見狼狽。今得待軍同進，[8]始可大捷矣。”及韋叡至，與景宗進頓邵陽洲，[9]立壘與魏城相去百餘步。魏連戰不能却，傷殺者十二三，自是魏軍不敢逼。景宗等器甲精新，魏人望而奪氣。[10]魏將楊大眼對橋北岸立城，[11]以通糧運。每牧人過岸伐芻藁，[12]皆爲大眼所略。[13]景宗乃募勇敢士千餘人，徑度大眼城南數里築壘，親自舉築。[14]大眼來攻，景宗破之，因得壘成。使別將趙草守之，因謂爲趙草城。[15]是後恣芻牧馬。大眼遣抄掠，輒爲趙草所獲。

[1]鍾離：郡名。治燕縣，在今安徽鳳陽縣臨淮關鎮。

[2]豫州：州名。治合肥城，在今安徽合肥市。按，南朝梁豫州治所屢變。梁武帝天監五年（506），梁軍攻克合肥城，遷豫州於合肥。普通七年（526）梁軍再克壽陽城，以壽陽置豫州，合肥改爲南豫州。太清元年（547），梁軍復克懸瓠城（今河南汝南縣），依前代故事，以懸瓠爲豫州，壽春爲南豫州，合肥爲合州。　韋叡：字懷文，京兆杜陵（今陝西西安市長安區）人。南朝齊任上庸太守。率衆隨蕭衍起兵，入梁出爲豫州刺史。梁武帝天監四年督軍北伐，攻克合肥，次年又率軍增援北徐州，擊敗魏軍。官至護軍將

軍。本書卷五八、《梁書》卷一二有傳。

[3]節度：指揮、調度。

[4]道人洲：地名。在今安徽鳳陽縣東北淮河中。

[5]先頓：先前所駐扎處。

[6]破也：汲古閣本同，殿本作"破賊也"。

[7]城不時立：城壘墻柵不能及時築立起來。

[8]待軍同進：中華本於"軍"上補"衆"字，其校勘記云："'衆'字據《梁書》補。按上云'待衆軍齊集俱進'，有'衆'字爲是。"

[9]邵陽洲：地名。在今安徽鳳陽縣東北淮河中。

[10]奪氣：因懾於聲威而喪失勇氣。

[11]楊大眼：武都（今甘肅成縣西）人，氐族。北魏孝文帝時自求從軍，以武術超群，用爲軍主。勇猛善戰，善撫士卒，爲宣武、明帝時名將。官至平東將軍、荆州刺史。《魏書》卷七三、《北史》卷三七有傳。

[12]芻蘽：飼草和禾杆，用以餵養牲畜。

[13]略：通"掠"，侵奪。

[14]築：版築工具，搗捶夯實土之杵。

[15]趙草城：城名。南朝梁築，在今安徽鳳陽縣東北淮河側。據淮爲險，由別將趙草守之以拒北魏，故名。《清一統志·鳳陽府》載，趙草城"在鳳陽縣……《縣志》：城距邵陽洲數里，據淮爲險"。

先是，詔景宗等預裝高艦，[1]使與魏橋等，爲火攻計。令景宗與叡各攻一橋。叡攻其南，景宗攻其北。六年三月，因春水生，淮水暴長六七尺。[2]叡遣所督將馮道根、李文釗、裴邃、韋寂等乘艦登岸，[3]擊魏洲上軍，盡殪。景宗使衆軍復鼓噪亂登諸城，呼聲震天地，大眼於西岸燒營，英自東岸棄城走，諸壘相次土崩，悉棄其器甲，爭投水死，淮水爲之不流。景宗命軍主馬廣躡大眼至澌水上四十餘里，[4]伏屍相枕。義之出逐英至洛口，[5]英以匹馬入梁城，[6]緣淮百餘里屍骸相藉。[7]虜五萬餘人，收其軍糧器械山積，牛馬驢騾不可稱計。[8]景宗乃搜所得生口萬餘人，馬千匹，遣獻捷。[9]

[1]艦：戰船。《釋名·釋船》："上下重板（一作"床"）曰艦，四方施板以禦矢石，其内如牢櫺也。"

[2]淮水：即淮河。

[3]李文釗：官至秦郡太守。餘事不詳。　裴邃：字淵明，河東聞喜（今山西聞喜縣）人，世居壽陽（今安徽壽縣）。初爲南朝齊豫州主簿，後爲豫州刺史裴叔業驅迫降北魏，梁初復南歸，授盧江太守。武帝天監五年（506）率軍北伐。遷北梁、秦二州刺史，在州開創屯田數千頃，倉廩充實，民吏獲安。後遷豫州刺史。普通四年（523）又督軍北伐，次年卒於軍中。本書卷五八、《梁書》卷二八有傳。

[4]躡：緊追在後。　澌水：水名。即今安徽北部淮河支流澮河。

[5]洛口：地名。即今安徽淮南市東北青洛河與高塘湖北入淮河之口。

[6]梁城：城名。在今安徽淮南市田家庵附近。

[7]屍骸相藉（jiè）：屍體相互挨着，形容死的人很多。

[8]稱：汲古閣本同，殿本作"勝"。

[9]遣獻捷：遣人進獻戰利品及俘虜。

先是旱甚，詔祈蔣帝神求雨，[1]十旬不降。帝怒，命載荻欲焚蔣廟并神影。[2]爾日開朗，欲起火，當神上忽有雲如繐，倏忽驟雨如瀉，臺中宮殿皆自振動。[3]帝懼，馳詔追停，少時還静。自此帝畏信遂深。自踐祚以來，[4]未嘗躬自到廟，於是備法駕將朝臣脩謁。[5]是時，魏軍攻圍鍾離，蔣帝神報救，必許扶助。既而無雨水長，遂挫敵人，亦神之力焉。凱旋之後，廟中人馬脚盡有泥濕，當時並目覩焉。

[1]蔣帝神：蔣帝，本名蔣子文，東漢廣陵（今江蘇揚州市）人。《初學記》卷八《江南道》引《丹陽記》：“蔣子文爲秣陵尉，自言己將死，當爲神。後爲賊所殺，故吏忽見子文乘白馬，如平生。孫權發使封子文而爲都中侯。立廟鍾山，因改爲蔣山。”《六朝事迹編類》卷一二《廟宇門·蔣帝廟》：“《金陵圖經》云：漢末，子文爲秣陵尉，逐盜鍾山，傷額而死。嘗自謂骨青死當爲神。及吳大帝遷都建業，子文乘白馬、執白羽扇見形於故吏，云：‘當白吳帝爲立廟，不爾百姓大疫。’權猶未信，翼日，復見於路云：‘當令飛蟲入人耳。’後如其言，帝乃立廟於鍾山，封子文爲蔣侯。權避祖諱，因改鍾山曰蔣山。晋蘇峻之難，鍾山神同蔣侯爲助，且曰：‘蘇峻爲逆，當共誅鋤之。’後果斬峻。”又：“按杜佑《通典》：宋高帝永初二年，普禁淫祀，自蔣子文祠以下皆絶。孝建初修復，加蔣侯爵，位至相國、大都督中外諸軍事。明帝初，四方兵起，求救於神，遂封爲蔣王。齊永明中，崔慧景之難，迎神還臺，以求福助，事平，授以帝位……齊既封以帝號，於是以廟門爲靈光之門，中門爲興善之門，外殿曰帝山，内殿曰神居，西閣有佛殿，名靈鷲，東閣即子文所居也。”可見南朝時期對其信仰之盛。參見趙超《蔣帝信仰探微》，《華夏文化》2008年第4期。

[2]蔣廟：廟宇名。在今江蘇南京市玄武區紫金山。　神影：神像。

　　[3]臺：指臺城，宮城名。即建康宮，又名顯陽宮。位於今江蘇南京市雞籠山南、乾河沿北。本三國吳後苑城，東晉成帝時改建，成帝咸和七年（332）新宮成，名曰建康宮，爲東晉、南朝臺省（中央政府）和宮殿所在地，故又名“臺城”。臺城有六門：大司馬門、萬春門、東華門、西華門、太陽門、承明門。

　　[4]祚：汲古閣本同，殿本作“阼”。本卷下同。

　　[5]法駕：天子的車駕。　脩謁：晉謁，拜見。

　　景宗振旅凱入，[1]帝於華光殿宴飲連句，[2]令左僕射沈約賦韻。[3]景宗不得韻，意色不平，啓求賦詩。帝曰：“卿伎能甚多，人才英拔，何必止在一詩。”景宗已醉，求作不已，詔令約賦韻。時韻已盡，唯餘“競”“病”二字。景宗便操筆，斯須而成，[4]其辭曰：“去時兒女悲，歸來笳鼓競。[5]借問行路人，何如霍去病。”[6]帝歎不已。約及朝賢驚嗟竟日，詔令上左史。[7]於是進爵爲公，拜侍中、領軍將軍。

　　[1]振旅：整頓部隊。　凱入：勝利而歸。

　　[2]華光殿：殿名。在京師建康宮城華林園内。故址在今江蘇南京市雞籠山南。　連句：每人各吟一句或數句以成詩篇。句，汲古閣本、殿本作“旬”。

　　[3]左僕射：官名。尚書左僕射之省稱。尚書省次官，尚書令副佐，位在尚書右僕射上。南朝尚書令爲宰相之任，位尊權重，不親庶務，尚書省日常政務常由尚書僕射主持，諸曹奏事由左、右僕射審議聯署。其參議大政，諫議得失，監察糾彈百官，可封還詔旨，常受命主管官吏選舉。另左僕射又領殿中、主客二郎曹，右僕射與祠部尚書通職，不並置，置則領祠部、儀曹二郎曹。梁、陳常

缺尚書令，僕射實爲尚書省主官，列位宰相。員皆一人。宋三品。齊及梁初不詳。梁武帝天監七年（508）革選，釐定官品十八班，班多爲貴，尚書左僕射十五班。陳二品，中二千石。　沈約：字休文，吳興武康（今浙江德清縣）人。博通群籍、善作文。蕭衍輔政，密勸代齊稱帝。入梁歷任尚書僕射、太子少傅、尚書令。本書卷五七、《梁書》卷一三有傳。

[4]斯須：片刻、短暫的時間。

[5]笳鼓：胡笳與胡鼓。此處指笳聲與鼓聲，借指軍樂。

[6]霍去病：河東平陽（今山西臨汾市）人。兩次大敗匈奴貴族，收復河西地區，打開了西漢通西域的道路。官至驃騎將軍。《史記》卷一一一、《漢書》卷五五有傳。按，“景宗振旅凱入”至“何如霍去病”，關於南朝賦韻之法，可參見周一良《魏晉南北朝史札記·南史札記》“賦韻”條（中華書局 1985 年版，第 474—476 頁）。

[7]左史：指朝廷記事的史官。《漢書·藝文志》：“左史記言，右史記事。”

　　景宗爲人自恃尚勝，每作書字，有不解，不以問人，皆以意造。雖公卿無所推，唯以韋叡年長，且州里勝流，[1]特相敬重，同宴御筵，[2]亦曲躬謙遜。武帝以此嘉之。

[1]勝流：名流。

[2]御筵：皇帝命設的酒席。

　　景宗好内，[1]妓妾至數百，窮極錦繡。性躁動，不能沈默。出行常欲褰車帷幔，[2]左右輒諫以位望隆重，人所具瞻，[3]不宜然。景宗謂所親曰：“我昔在鄉里，騎快馬如龍，與年少輩數十騎，拓弓弦作礔礰聲，[4]箭如餓鴟叫，平澤中逐麞，數肋射之，渴飲其血，飢食其胃，[5]甜如甘露漿。覺耳後生風，鼻頭出火，[6]此樂使人忘死，不知老之將至。今來楊州作貴人，[7]動轉不得。路行開車幔，小人輒言不可。閉置車中，如三日新婦，此邑邑使人氣盡。”[8]為人嗜酒好樂，臘月於宅中使人作邪呼逐除，[9]徧往人家乞酒食。本以為戲，而部下多剽輕，[10]因弄人婦女，奪人財貨。帝頗知之，景宗懼乃止。

[1]内：女色。

[2]褰（qiān）：揭開。　帷幔：帷幕、帳幕。

[3]具瞻：為衆人所瞻仰。《詩·小雅·節南山》：“赫赫師伊，民具爾瞻。”毛亨傳：“具，俱；瞻，視。”

[4]礔礰：汲古閣本同，殿本作“霹靂”。

[5]飢食其胃：胃，《梁書》卷九《曹景宗傳》作“肉”。中華本改作“脯”，其校勘記云：“‘脯’各本作‘胃’，據《册府元龜》八五五、《太平御覽》八三一引改。”

[6]覺耳後生風，鼻頭出火：《梁書·曹景宗傳》作“覺耳後風生，鼻頭出火”。“李延壽似以‘風生’‘出火’順序不一致而改。按此為古漢語修辭手法之一，古人稱為‘迴鸞舞鳳格’（宋陳郁《藏一話腴》）、錢鍾書先生在《管錐編》中則稱為‘丫叉句法’是也。此一改動，大失原文迴環流轉之美，點金成鐵矣。”（邵春駒《〈南史〉點校商榷（之二）》，《瀋陽工程學院學報》2009年第5期）

[7]楊州：州名。即揚州。治建康縣，在今江蘇南京市。楊，

汲古閣本、殿本作“揚”。

[8]邑邑：憂鬱不樂貌。

[9]邪呼逐除：衆人喊叫驅逐凶疫。邪呼，狀衆歡叫聲；逐除，逐疫。《梁書・曹景宗傳》作“野虖”，中華本校勘記云：“按‘野虖’‘邪呼’並狀衆歡叫聲，詞異而義同。”今注按，邵春駒認爲：“校勘記所云‘並狀衆歡叫聲’非。周一良《魏晉南北朝史札記》‘野虖’條引《建康實録》卷八云：‘《孫綽傳》，京師每歲除日行儺，今所謂逐除也。結黨連群，通夜達曉，家至門到，責其送迎。’即古代民俗臘月所謂驅鬼也，先於室内作種種法事，再大喊大叫奔出室外，至於曠野，如此即認爲將鬼從室中驅出。從下‘遍往人家’等可見曹景宗所爲蓋即此。故其‘野虖’之‘野’乃野外意，不當改。”（邵春駒《〈南史〉抄改〈梁書〉舉誤》，《北京教育學院學報》2009 年第 4 期）

[10]剽輕：强悍輕捷，輕薄。

　　帝數宴見功臣，共道故舊。景宗酒後謬妄，[1]或誤稱下官。[2]帝故縱之，以爲笑樂。後爲江州刺史，赴任卒於道。贈雍州刺史、開府儀同三司，謚曰壯。子皎嗣。

[1]妄：《梁書》卷九《曹景宗傳》作“忘”。

[2]誤稱下官：南朝時郡國屬吏對其國主或長官，自稱下官。景宗對皇帝蕭衍自稱下官，故曰誤稱。

　　景宗齊永元初任竟陵郡，[1]其弟九弟義宗年少，[2]未有位宦，居在雍州。既方伯之弟，又是豪彊之門。市邊富人姓向以見錢百萬欲埤義宗，[3]以妹適之。義宗遣人送書竟陵謏景宗，景宗題書後答曰："買猶未得，云何已賣。"義宗貪鏹遂成。^[4]後隨武帝西下，歷位梁、秦二州刺史。^[5]向家兄弟憑附曹氏，位登列卿。^[6]後義宗爲都督，征穰城，^[7]軍敗，見獲於魏，卒。

［1］永元：南朝齊東昏侯蕭寶卷年號（499—501）。

［2］弟九：百衲本同，汲古閣本、殿本作"第九"。

［3］見錢：即現錢，現有的錢。　坤：中華本校勘記云："'坤'《通志》作'婿'。"

［4］鏹：錢串，引申爲成串的錢。

［5］梁：州名。治南鄭縣，在今陝西漢中市東。　秦：州名。南朝梁以秦郡置，治六合縣，在今江蘇南京市六合區。

［6］列卿：位列卿位的高級官員的泛稱。

［7］穰城：城名。在今河南鄧州市。

席闡文，^[1]安定臨涇人也。^[2]孤貧，涉獵書史。齊初，爲雍州刺史蕭赤斧中兵參軍，^[3]由是與其子穎胄善。^[4]復歷西中郎中兵參軍，^[5]領城局。^[6]梁武帝之將起兵，^[7]闡文勸穎胄同焉，^[8]仍遣客田祖恭私報帝，^[9]并獻銀裝刀，帝報以金如意。

［1］席闡文：《梁書》卷一二亦有傳。

［2］安定：郡名。治臨涇縣，在今甘肅鎮原縣東南。　臨涇：縣名。治所在今甘肅鎮原縣東南。

［3］蕭赤斧：南蘭陵蘭陵（今江蘇常州市武進區）人。齊高帝從祖弟。入齊爲雍州刺史，在州不營私利，勤於奉公。官至太子詹事、給事中。本書卷四一、《南齊書》卷三八有傳。　中兵參軍：

官名。亦稱中兵參軍事。中兵曹的主官，掌本府中兵曹事務，兼參謀咨詢之責。東晉末至南朝宋省，改置中直兵參軍，兼領中兵、直兵二曹。齊、梁、陳於諸公府、軍府分置中兵、中直兵參軍。其品階隨府主地位高下而定。宋、齊至梁初品秩不詳。梁武帝天監七年（508）革選，釐定官品十八班，班多爲貴，中兵參軍二班至六班。陳九品至六品。

[4]其子穎胄：子，殿本同，汲古閣本作"十"。穎胄，蕭穎胄。字雲長，南蘭陵蘭陵人。南朝齊東昏侯時爲南郡太守，行荊州府、州事。東昏侯誅戮大臣，方鎮各懷異計。東昏侯永元二年（500）與雍州刺史蕭衍共起兵，擁立和帝於江陵即位，自爲侍中、尚書令。發兵進攻建康，平郢、江二州時，於江陵發病卒。本書卷四一、《南齊書》卷三八有附傳。

[5]西中郎中兵參軍：官名。西中郎將府中兵參軍。西中郎，西中郎將之省稱。東、西、南、北四中郎將之一。南朝時統兵，爲帥師征伐或鎮守某一地區之方面大員，地位重要，高於一般將領。多以宗室諸王擔任。宋四品。齊及梁初不詳。梁武帝天監七年革選，以鎮兵、翊師、宣惠、宣毅四將軍代舊四中郎將，至大通三年（529）定二百四十二號三十四班將軍，又將四中郎將與四將軍並置，十七班。

[6]領：官制術語。已有實授主職，又兼任較低職務而不居其位。 城局：官名。城局參軍、城局參軍事省稱。城局賊曹長官，公府諸曹參軍之一，東晉末劉裕分賊曹置，掌治盜勞作事。南北朝諸公府、將軍府、州府多有置者。宋七品。齊及梁初不詳。梁武帝天監七年革選，釐定官品十八班，班多爲貴，城局參軍流外七班至流內四班。陳九品至八品。

[7]起兵：指蕭衍起兵於襄陽，討伐東昏侯蕭寶卷。

[8]穎胄同焉：意謂穎胄與蕭衍同討東昏侯。時齊和帝爲西中郎將、荊州刺史，穎胄以西中郎長史行府州事。

[9]客：門客，食客。寄食在貴族官僚家爲主人謀劃、奔走

的人。

和帝稱尊號，[1]爲衛尉卿。[2]穎胄暴卒，州府騷擾，闡文以和帝幼弱，中流任重，[3]時始興王憺留鎮雍部，[4]乃與西朝群臣迎憺總州事，[5]故賴以寧輯。[6]

[1]和帝：南朝齊和帝蕭寶融。本書卷五、《南齊書》卷八有紀。

[2]衛尉卿：官名。即衛尉。衛尉主管宮門屯駐衛士，列位九卿，東漢魏晉常尊稱"衛尉卿"。南朝沿置。宋三品。齊及梁初不詳。梁武帝天監七年（508）正式定爲官稱，屬十二卿之一，掌宮門宿衛屯兵，每月行宮徼，糾察不法，管理武器庫藏，領武庫、公車司馬令。時釐定官品十八班，班多爲貴，衛尉卿十二班。陳三品，秩中二千石。按，據《隋書·百官志》，諸卿，梁天監七年以前猶依宋、齊之舊，無卿名。此稱"衛尉卿"，當屬以後稱前。參見楊樹達《古書疑義舉例續補》卷一"以後稱前例"條。

[3]中流：河流的中游、中央。喻動蕩艱難的環境。

[4]始興王憺：蕭憺，字僧達。梁武帝弟，封始興王。蕭衍起兵，憺留鎮雍州。本書卷五二、《梁書》卷二二有傳。始興，郡名。治曲江縣，在今廣東韶關市南武水西岸。　雍部：雍州地區。

[5]西朝：齊東昏侯永元三年（501），荊州刺史蕭寶融即帝位於江陵。因江陵在建康之西，故稱西朝。

[6]寧輯：安定和協。

帝受禪，[1]除都官尚書，[2]封山陽伯，[3]出爲東陽太守。[4]在郡有能名。冬至，悉放獄中囚，依期而至。[5]改封湘西侯。[6]卒官，謚曰威。

[1]帝：指南朝梁武帝蕭衍。　受禪：承受禪讓的帝位。

[2]都官尚書：官名。尚書省列曹尚書之一，係都官曹長官。南朝沿置，掌都官、水部、庫部、功論四曹，職掌軍事刑獄、水利工程，兼庫藏、考覈官吏之政。宋三品。齊及梁初不詳。梁武帝天監七年（508）革選，釐定官品十八班，班多爲貴，都官尚書十三班。陳三品，秩中二千石。

[3]山陽：縣名。治所在今江蘇淮安市。　伯：爵名。開國縣伯簡稱。

[4]東陽：郡名。治長山縣，在今浙江金華市。

[5]依期而至：指獄囚按約定日期返回獄中。

[6]改封湘西侯：中華本校勘記云：“按上云‘封山陽伯’，此改封非進封，‘湘西’下不應有‘侯’字，《梁書》無‘侯’字，是。”

　　夏侯詳字叔業，[1]譙郡譙人也。[2]年十六遭父艱，[3]居喪哀毀，三年廬于墓側。嘗有三足雀來集其廬户，衆咸異焉。

[1]夏侯詳：《梁書》卷一〇亦有傳。

[2]譙郡：郡名。治譙縣，在今安徽亳州市。　譙：縣名。治所在今安徽亳州市。

[3]遭父艱：遭父親之喪。

　　仕宋爲新汲令，[1]政有異績。豫州刺史叚佛榮班下境内，[2]爲屬城表。[3]轉中從事史，[4]仍遷别駕。[5]歷事八將，州部稱之。

[1]新汲：縣名。治所在今河南扶溝縣西南。屬於豫州潁川郡，南朝宋武帝永初末年没入北魏。

[2]段佛榮：京兆（今陝西西安市）人。宋明帝泰始五年（469）任豫州刺史，在任清謹。後廢帝時官至冠軍將軍、南豫州刺史。《宋書》卷八四有附傳。　班：頒布。

[3]爲屬城表：作爲轄下屬城的表率。

[4]中從事史：官名。又稱治中從事史、治中從事、中從事、治中。初與别駕同爲州上綱，事無不統。南朝時掌衆曹文書事，雖地位尊崇，但職任比前代削弱。宋六品。齊及梁初不詳。梁武帝天監七年（508）革選，釐定官品十八班，班多爲貴，揚州治中九班，他州分五等，高者七班，低者一班。陳揚州治中六品，他州高者六品，低者九品。

[5]别駕：官名。又稱别駕從事史、别駕從事。因從刺史巡視轄境，别乘傳車隨行，故謂。初與治中同爲州上綱，事無不統。南朝時與西曹書佐共掌本府官吏及選舉事，雖地位尊崇，但職任比前代削弱，職任漸爲府佐所奪。宋六品。齊及梁初不詳。梁武帝天監七年革選，釐定官品十八班，班多爲貴，揚州别駕十班，他州分六等，高者八班，低者二班。陳揚州别駕爲六品，他州高者六品，低者九品。

　　齊明帝爲刺史，[1]雅相器遇。及輔政，引詳及裴叔業日夜與語，[2]詳輒不酬。[3]帝以問叔業，叔業以告詳。詳曰："不爲福始，不爲禍先。"由此微有忤。出爲征虜長史、義陽太守。[4]

[1]齊明帝：蕭鸞。字景栖。本書卷五、《南齊書》卷六有紀。

[2]裴叔業：河東聞喜（今山西聞喜縣）人。官至南朝齊冠軍將軍、徐州刺史。東昏侯蕭寶卷即位，誅大臣，叔業疑懼，反。旋

即病卒，其子植以壽春降魏。《南齊書》卷五一、《魏書》卷七一、《北史》卷四五有傳。

　　[3]不酬：不答話，不交際往來。

　　[4]征虜長史：官名。征虜將軍府長史。征虜，征虜將軍省稱。南朝宋、齊、梁皆置，爲武官，亦作爲高級文職官員的榮譽加號。宋三品。齊及梁初不詳。梁武帝天監七年（508）革選，釐定將軍名號及班品，有一百二十五號十品二十四班，班多爲貴，置智威、仁威、勇威、信威、嚴威等五將軍代替此職，十六班。　　義陽：郡名。治平陽縣，在今河南信陽市。按，此處義陽，應爲“北義陽”，南朝齊高帝建元元年（479）改義陽郡爲北義陽郡，依舊治平陽〔參見周振鶴主編，胡阿祥、孔祥軍、徐成著《中國行政區劃通史·三國兩晉南朝卷（下册）》，復旦大學出版社2014年版，第1025、1097頁〕。

　　及南康王爲荆州，[1]詳爲西中郎司馬、新興太守。[2]梁武帝起兵，長史蕭穎胄同創大舉，[3]慮詳不同，[4]以告柳忱。[5]忱曰：“易耳。近詳求昏未之許，令成昏而告之，不憂立異。”[6]於是以女適其子巎。大事方建，西臺以詳爲中領軍，[7]加散騎常侍、南郡太守。[8]凡軍國大事，穎胄多決於詳。頃之穎胄卒，梁武弟始興王憺留守襄陽，詳乃遣使憺共參軍國。[9]遷侍中、尚書右僕射，[10]尋授荆州刺史，詳又固讓于憺。

　　[1]荆州：州名。治江陵縣，在今湖北荆州市荆州區。
　　[2]新興：郡名。治定襄縣，在今湖北荆州市荆州區東北。
　　[3]長史：此爲南康王蕭寶融西中郎將府長史。
　　[4]慮詳不同：擔憂夏侯詳不能同謀共事。

[5]柳忱：字文若，河東解（今山西臨猗縣）人。齊末爲西中郎主簿，蕭衍起兵，力勸西中郎長史蕭穎胄嚮應。蕭衍稱帝，封爲州陵伯。歷任南郡太守、湘州刺史。官至祠部尚書。本書卷三八、《梁書》卷一二有附傳。

[6]不憂立異：不擔憂態度相異。

[7]西臺：地名。南康王蕭寶融即位於江陵，江陵在建康之西，故稱西臺。臺，官署名。　中領軍：官名。南朝時中領軍掌京師駐軍及禁軍，中護軍則統管京畿以外諸軍。資輕於領軍將軍而職掌同。宋三品。齊及梁初不詳。梁武帝天監七年（508）革選，釐定官品十八班，班多爲貴，中領軍十四班。陳三品，秩中二千石。

[8]散騎常侍：官名。初爲散騎省長官，侍從皇帝左右，諫諍得失，顧問應對，與侍中等共平尚書奏事。亦常用作宰相、諸公等加官。南朝出令之權復歸中書省，並撤銷散騎省，宋散騎常侍改屬集書省，齊改屬東省，梁改屬散騎省，陳因之。散騎常侍職以侍從左右，主掌圖書文翰、文章、撰述、諫諍拾遺，收納轉呈文書奏事爲主。地位驟降。員皆四人。宋三品。齊及梁初不詳。梁武帝天監七年革選，釐定官品十八班，班多爲貴，散騎常侍十二班。陳三品，秩中二千石。　南郡：郡名。治江陵縣，在今湖北荆州市荆州區。

[9]詳乃遣使憺共參軍國：中華本於“憺”上補“迎”字，其校勘記云：“‘迎’字各本並脱，據《梁書》補。”

[10]尚書右僕射：官名。省稱右僕射。尚書省次官，尚書令副佐，位在尚書左僕射下。南朝時尚書令爲宰相之任，位尊權重，不親庶務，尚書省日常政務常由尚書僕射主持，諸曹奏事由左、右僕射審議聯署。其參議大政，諫議得失，監察糾彈百官，可封還詔旨，常受命主管官吏選舉。另左僕射又領殿中、主客二郎曹，右僕射與祠部尚書通職，不並置，置則領祠部、儀曹二郎曹。梁、陳常缺尚書令，僕射實爲尚書省主官，列位宰相。員皆一人。宋三品。齊及梁初不詳。梁武帝天監七年革選，釐定官品十八班，班多爲

貴，尚書右僕射十五班。陳二品，中二千石。

　　天監元年，徵爲侍中、車騎將軍，封寧都縣侯。[1]
詳累讓，乃更授右光禄大夫，[2]侍中如故，給親信二十
人，[3]改封豐城縣公。[4]三年，遷湘州刺史。[5]詳善吏事，
在州四載，爲百姓所稱。州城南臨水有峻峰，舊傳云
"刺史登此山輒代"，由是歷政莫敢至。詳於其地起臺
榭，[6]延僚屬，[7]以表損挹之志。[8]後徵爲尚書左僕射、
金紫光禄大夫，[9]道病卒。上爲素服舉哀，[10]贈開府儀
同三司，謚曰景。子宣嗣。

　　[1]寧都：縣名。治所在今江西寧都縣。
　　[2]右光禄大夫：官名。左、右光禄大夫，位在光禄大夫上。
或爲在朝顯職的加官，以示優崇；或授予年老有病者；或爲致仕之
官；或用爲卒後贈官。南朝主要養老疾，無職事，仍屬光禄勳。宋
三品。齊及梁初不詳。梁武帝天監七年（508）革選，釐定官品十
八班，班多爲貴，右光禄大夫十六班，位在金紫光禄大夫上，加開
府儀同三司者，升爲十七班，置官屬同三公。陳二品，秩中二
千石。
　　[3]親信：指護衛之吏。
　　[4]豐城：縣名。治所在今江西豐城市南。
　　[5]湘州：州名。治臨湘縣，在今湖南長沙市。
　　[6]臺：土築的方形且高的建築物。　　榭：建於高臺上的木構
敞屋，有楹柱而無墻壁。
　　[7]延僚屬：引請屬吏。
　　[8]損挹：謙虛退讓。挹，殿本同，汲古閣本作"抑"。
　　[9]金紫光禄大夫：官名。指光禄大夫加金印紫綬者。南朝爲

加官、贈官及退休大臣之榮銜，養老疾，無職事。宋二品。齊及梁初不詳。梁武帝天監七年革選，釐定官品十八班，班多爲貴，金紫光禄大夫十四班。陳三品，秩中二千石。

[10]素服：本色或白色的衣服，居喪或遭遇凶事時所穿。

　　亶字世龍，[1]齊永元末，父詳爲西中郎南康王司馬，隨府鎮荆州，亶留都下，爲東昏聽政主帥。及崔慧景作亂，[2]亶以捍禦功，除驍騎將軍。[3]及梁武起兵，詳與長史蕭穎胄協同，密遣迎亶。亶乃齎宣德皇后令，[4]令南康王纂承大統。建鄴平，[5]以亶爲尚書吏部郎，[6]俄遷侍中，奉璽於帝。[7]

　　[1]亶：夏侯亶。《梁書》卷二八亦有傳。
　　[2]崔慧景：字君山，清河東武城（今河北清河縣）人。齊東昏侯即位，誅大臣，慧景憂懼。東昏侯永元二年（500）舉兵反，敗亡。本書卷四五、《南齊書》卷五一有傳。
　　[3]驍騎將軍：官名。南朝禁衛六軍（領軍、護軍、左衛、右衛、游擊）之一，領營兵，兼統宿衛之任，是護衛宮庭的主要將領之一。宋四品。齊及梁初不詳。梁武帝天監六年（507）四月置左、右驍騎將軍，天監七年革選，釐定官品十八班，班多爲貴，左、右驍騎將軍十一班。陳仍分置左、右，四品，秩二千石。
　　[4]齎（jī）：攜帶。　宣德皇后：南朝齊文惠太子蕭長懋后王寶明。琅邪臨沂（今山東臨沂市）人。鬱林王蕭昭業即位尊爲皇太后，稱宣德宮。鬱林王隆昌元年（494），蕭鸞廢除皇帝，其遷往宣德宮。東昏侯永元三年，齊和帝蕭寶融即位，回宮稱制。南朝梁建立後，遜居於宮外。本書卷一一、《南齊書》卷二〇有傳。　令：文體之一種。皇后、太子及諸王所發布的文書。
　　[5]建鄴平：指南朝齊東昏侯永元三年十二月，蕭衍包圍京師

建康，城內誅東昏，送首義軍，蕭衍入城事。詳見本書卷六《梁武帝紀》、《梁書》卷一《武帝紀上》。建鄴，即建康，南朝都城，在今江蘇南京市。三國吳定都建業，西晉初改稱建鄴，後辟晉愍帝司馬鄴諱改稱建康，南朝延稱。

[6]尚書吏部郎：官名。亦稱郎中。尚書省吏部曹長官通稱，屬吏部尚書，主管官吏選任、銓敘、調動事務，對五品以下官吏任免有建議權，資深者可轉侍郎。南朝如加"參掌大選"名義，則可參議高級官吏之任免。歷朝皆重其選，職位高於尚書省諸曹郎。宋六品。齊及梁初不詳。梁武帝天監七年革選，釐定官品十八班，班多爲貴，尚書吏部郎十一班。陳四品，秩六百石。

[7]奉璽於帝：此處"帝"指蕭衍，《梁書·夏侯亶傳》作"奉璽於高祖"。

天監六年，累遷南郡太守。父憂解職，居喪盡禮，廬于墓側，遺財悉推諸弟。八年，起爲司州刺史，領安陸太守。[1]服闋，[2]襲封豐城縣公。居州甚有威惠，爲邊人悅服。歷都官尚書，遷給事中、右衛將軍。[3]累遷吳興太守。[4]在郡復有惠政，吏人圖其像，立碑頌美焉。

[1]安陸：郡名。治安陸縣，在今湖北安陸市。

[2]服闋：三年守喪期滿除服。

[3]給事中：官名。因在殿中給事（執事）得名。南朝隸集書省，在通直散騎侍郎下、員外散騎侍郎上，選輕用卑。掌侍從皇帝左右、獻納得失、諫諍糾彈，收發傳達諸奏聞文書，雖可封駁，權不甚重，地位漸低。亦管圖書文翰、修史等事。宋五品。齊及梁初不詳。梁武帝天監七年（508）革選，釐定官品十八班，班多爲貴，給事中四班。陳七品，秩六百石。

[4]吳興：郡名。治烏程縣，在今浙江湖州市。

普通五年,[1]爲中護軍。[2]六年，大舉北侵,[3]先遣豫州刺史裴邃帥譙州刺史湛僧智等自南道攻壽陽,[4]未剋而邃卒,[5]乃加亶使持節代邃,[6]與魏將河間王琛、臨淮王彧等相拒,[7]頻戰剋捷。尋敕班師合肥,[8]須堰成復進。[9]七年夏，淮堰水盛，壽陽城將没，武帝復遣北道軍元樹帥彭寶孫、陳慶等稍進。[10]亶帥湛僧智、魚弘、張澄等通流清澗將入淮、肥。[11]魏軍夾肥築城出亶後，亶與僧智還襲破之。進攻黎漿,[12]貞威將軍韋放自北道會焉。[13]兩軍既合，所向皆降，凡降城五十二，獲男女口七萬五千人。詔以壽陽依前代置豫州,[14]合肥鎮改爲南豫州,[15]以亶爲豫、南豫二州刺史，加都督。壽春久離兵荒,[16]百姓多流散，亶輕刑薄賦，務農省役，頃之人户充復。卒于州鎮。[17]帝聞之，即日素服舉哀，贈車騎將軍，諡曰襄。州人夏侯簡等表請爲亶立碑置祠,[18]詔許之。

[1]普通：南朝梁武帝蕭衍年號（520—527）。

[2]中護軍：官名。南朝時中領軍掌京師駐軍及禁軍，中護軍則統管京畿以外諸軍。資輕於護軍將軍而職掌同。宋三品。齊及梁初不詳。梁武帝天監七年（508）革選，釐定官品十八班，班多爲貴，中護軍十四班。陳三品，秩中二千石。

[3]六年，大舉北侵：按，據《梁書》卷三《武帝紀下》、《魏書》卷九《肅宗紀》，此次北伐在梁武帝普通五年（524，北魏孝明帝正光元年）。此處“六年”誤。

[4]譙州：州名。治譙縣，在今安徽亳州市。按，據《梁書》卷三《武帝紀下》，武帝中大通四年（532）正月“癸未，魏南兖州刺史劉世明以城降。改魏南兖州爲譙州，以世明爲刺史”，則譙

州於中大通四年置，而此處湛僧智伐魏在普通五年，不應有已任譙州刺史之由。查南朝梁又有南譙州，僑寄清流縣，在今安徽全椒縣西北南譙故城。《資治通鑑》卷一五一《梁紀七》武帝大通元年正月：「譙州刺史湛僧智圍魏東豫州。」胡三省注：「帝置譙州，治新昌城。領新昌、高塘、臨徐、南梁郡。」即將湛僧智所領「譙州」理解爲「南譙州」。但據《太平寰宇記》卷一二八《淮南道六‧滁州》：「梁大同二年割北徐州之新昌、南豫州之南譙、豫州之北譙，凡三郡立爲南譙州，居桑根山之西，今州西南八十里全椒縣界南譙故城是也。梁末喪亂，地没高齊；至天保三年徙南譙州于新昌郡，今之州城是也，又改北譙爲臨滁郡，南譙州領臨滁、新昌、高塘三郡。」則南譙州置於梁武帝大同二年（536），與湛僧智任譙州刺史時間亦不符。《中國行政區劃通史‧三國兩晋南朝卷（下册）》疑南譙州之置當更早，《太平寰宇記》所言「南譙州」者，州本名譙州，蓋中大通四年另置譙州，故名此州爲南譙州。此説似通〔參見周振鶴主編，胡阿祥、孔祥軍、徐成著《中國行政區劃通史‧三國兩晋南朝卷（下册）》，第1192頁〕。　　湛僧智：南朝梁驍將，官至譙州刺史。　　壽陽：縣名。即壽春。東晋孝武帝避鄭太后名諱改壽陽。治所在今安徽壽縣。

〔5〕遼：殿本同，汲古閣本作「遂」。

〔6〕使持節：官吏奉使外出時，或由皇帝授予節杖，持節以爲憑證，並示威重。魏晋以下爲官名，有假節、持節、使持節之分，權力亦有小大之别，多爲都督諸州軍事及刺史總軍戎者。凡重要軍事長官出征或出鎮時，加使持節，可誅殺二千石以下官員。

〔7〕河間王琛：元琛。字曇寶。北魏宗室，封河間王。官至秦州刺史，爲人貪求不止。《魏書》卷二〇、《北史》卷一九有附傳。河間，郡名。治武垣縣，在今河北河間市南。　　臨淮王彧：元彧。字文若。北魏宗室，封臨淮王。爾朱榮入洛殺害元氏，奔梁，梁武帝禮待之。後以母老北還，歷位尚書令、大司馬，兼錄尚書。《魏書》卷一八、《北史》卷一六有附傳。臨淮，郡名。治己吾縣，在

今安徽固鎮縣東南。

　　[8]合肥：縣名。治所在今安徽合肥市。

　　[9]須：等待。　堰：指宿預堰和曹公堰。據《梁書》卷三《武帝紀下》，普通六年"五月乙酉，築宿預堰，又脩曹公堰於濟陰"。按，宿預堰在今江蘇宿遷市東南，曹公堰在今山東曹縣。蕭衍意在待堰成水滿以淹壽陽。

　　[10]元樹：字秀和，一字君立。北魏宗室，爲宗正卿。梁武帝天監八年降梁，封鄴王，授散騎常侍。普通六年接應元法僧歸降，遷郢州刺史。中大通四年授鎮北將軍，都督諸軍北伐，攻克魏譙城。復爲魏將獨孤如願所俘，卒於魏。《梁書》卷三九有傳，《北史》卷一九有附傳。　彭寶孫：南朝梁將。官至掃虜將軍。　陳慶：中華本改作"陳慶之"，其校勘記云："'陳慶之'各本脱'之'字，南監本復訛作'陳盛'，據《梁書》訂正。按《陳慶之傳》，壽陽之役，慶之假節，總知軍事。"陳慶之，字子雲，義興國山（今江蘇宜興市）人。多次與魏軍接戰，魏人震恐。以功封永興侯。官至南北司二州刺史。本書卷六一、《梁書》卷三二有傳。

　　[11]張澄：見本卷下文"子登嗣"注。　流清澗：中華本改作"清流澗"，其校勘記云："'清流澗'各本作'流清澗'，據《梁書》乙正。"按，中華本是。清流澗，水名。在今安徽滁州市。淮、肥：地區名。淮水、肥水地區。肥，水名。即東淝河。源出今安徽合肥市西北將軍嶺，西北流入壽縣境，折北流經壽縣城東，又西北經八公山南入淮。

　　[12]黎漿：城名。在今安徽壽縣東南。

　　[13]貞威將軍：官名。南朝梁置，爲加官、散官性質的將軍。梁武帝天監七年革選，釐定將軍名號及班品，有一百二十五號十品二十四班，班多爲貴，貞威將軍八班。大通三年（529）改制，定二百四十二號三十四班將軍，貞威將軍十班。陳擬七品，比秩六百石。　韋放：字元直，京兆杜陵（今陝西西安市長安區）人。車騎將軍韋叡之子。仕梁爲襄陽、竟陵、尋陽太守，所至皆有政績。武

帝普通八年率軍會攻渦陽，生擒北魏城主王緯。遷梁、南秦二州刺
史，官至北徐州刺史。本書卷五八有附傳，《梁書》卷二八有傳。

[14]以壽陽依前代置豫州：東晉安帝義熙中，豫州鎮壽春
（即壽陽），南朝齊東昏侯永元二年（500）豫州刺史裴叔業以壽陽
降魏，魏改名揚州，至此收復，復名豫州。

[15]南豫州：州名。南朝梁武帝普通七年改豫州置。治合肥
城，在今安徽合肥市。置豫州、南豫州事，《梁書》卷三《武帝紀
下》亦載：“（普通七年十一月丁亥）以壽陽置豫州，合肥改爲南豫
州。”按，南豫州治所屢變。南朝梁武帝天監五年，梁軍攻克合肥
城，遷豫州於合肥。普通七年梁軍再克壽陽城，以壽陽置豫州，合
肥改爲南豫州。梁武帝太清元年（547），梁軍復克懸瓠城（今河南
汝南縣），依前代故事，以懸瓠爲豫州，壽春爲南豫州，合肥爲
合州。

[16]壽春：縣名。即壽陽。

[17]卒于州鎮：此處未明言夏侯亶卒年。據《梁書》卷二八
《夏侯亶傳》，其卒於梁武帝大通三年。

[18]祠：供奉祖宗、鬼神或有功德的人的房屋。

亶美風儀，寬厚有器量，涉獵文史，能專對。[1]宗
人夏侯溢爲衡陽内史，[2]辭日，亶侍御坐，帝謂亶曰：
“夏侯溢於卿疏近？”亶答云：“是臣從弟。”[3]帝知溢於
亶已疏，乃曰：“卿儁人，[4]如何不辨族從？”[5]亶對曰：
“臣聞服屬易疏，[6]所以不忍言族。”時以爲能。[7]

[1]專對：獨立地隨機應對。《論語·子路》：“子曰：‘誦《詩》
三百，授之以政，不達；使於四方不能專對；雖多，亦奚以爲！’”

[2]衡陽：郡名。治湘西縣，在今湖南株洲市西南。　内史：
官名。南朝郡國行政長官，掌郡國民政，職同太守。宋五品。齊、

梁不詳。陳滿萬戶郡國之内史六品，不滿萬戶者七品。

〔3〕從弟：堂弟。爲同祖叔伯之子而年紀小於己的人。

〔4〕傖（cāng）人：指村野之人。

〔5〕族從：同族及從兄弟。

〔6〕服屬：五服内的親族。

〔7〕時以爲能：《梁書》卷二八《夏侯亶傳》作“時以爲能對”。邵春駒認爲《梁書》“能”下有一“對”字，是，講求應答口才爲當時風尚（《〈南史〉點校商榷（之二）》，《瀋陽工程學院學報》2009 年第 5 期）。

亶歷六郡三州，不爲產業，祿賜所得，隨散親故。性儉率，居處服用充足而已，不事華侈。晚年頗好音樂，有妓妾十數人，並無被服安容。[1]每有客，常隔簾奏之，時謂簾爲夏侯妓衣。子誼襲封豐城縣公。

〔1〕被服：衣服、被子等穿用的東西。 安容：汲古閣本同，殿本作“姿容”。《梁書》卷二八《夏侯亶傳》亦作“姿容”。中華本改“安”作“姿”，其校勘記云：“‘姿容’據北監本、殿本。大德本、南監本、汲古閣本、金陵局本作‘安容’。張元濟《南史校勘記》：‘按安容與被服並稱，當是裝飾之名，姿容未必便是。’”

亶弟夔字季龍，[1]位大匠卿，[2]累遷司州刺史，領安陸太守。帥壯武將軍裴之禮、直閤將軍任思祖出義陽道，[3]攻平静、穆陵、陰山三關，[4]尅之。時譙州刺史湛僧智圍東豫州刺史元慶和於廣陵，[5]入其郛。[6]魏將元顯伯率軍赴援，僧智逆擊破之。夔自武陽出會僧智，[7]斷魏軍歸路。慶和於内築栅自固，及夔至遂請降，凡降男女口萬餘人。[8]顯伯聞之夜遁，衆軍追虜二萬餘人，斬獲不可勝數，由是義陽北道遂與魏絕。及郢州刺史元顯達降，[9]詔改爲北司州，[10]以夔爲刺史，兼督司州，封保城縣侯。[11]

[1]夔：夏侯夔。《梁書》卷二八亦有傳。

[2]大匠卿：官名。原爲對將作大匠的尊稱，南朝梁武帝天監七年（508）以將作大匠改名大匠卿，正式定爲官號，爲十二卿之一，掌土木工程事，屬官有丞、功曹、主簿等，統左、右校諸署。宋三品。齊及梁初不詳。梁武帝天監七年革選，釐定官品十八班，班多者爲貴，大匠卿十班。陳三品，秩中二千石。

[3]帥壯武將軍裴之禮、直閤將軍任思祖出義陽道：據《梁書》，此爲梁武帝普通八年（527）事。壯武將軍，官名。南朝齊始置，品級不詳。梁初品級不詳。武帝天監七年革選，釐定將軍名號及班品，有一百二十五號十品二十四班，班多爲貴，壯武將軍十二班。陳擬六品，比秩千石。裴之禮，字子義，河東聞喜（今山西聞喜縣）人。仕梁爲壯武將軍、北徐州刺史。以少府卿卒。本書卷五八、《梁書》卷二八有附傳。直閤將軍，官名。南北朝始置，爲皇帝左右侍衛之官。領禁衛兵，掌朝廷正殿便殿閤及諸門上下之安全保衛，在南朝宮廷政變中舉足輕重。南朝梁時亦領兵出征，地位顯要。其官品史無明載，約爲四品或五品（參見張金龍《南朝直閤將軍制度考》，《中國史研究》2002年第2期）。

[4]平静：關名。在今河南信陽縣西南。 穆陵：關名。在今河南新縣南。 陰山：關名。在今湖北麻城市東北。

[5]時譙州刺史湛僧智圍東豫州刺史元慶和於廣陵：據《梁書》卷二八《夏侯亶傳》、《資治通鑑》卷一五一《梁紀七》，事在梁武帝普通八年即大通元年（527）春正月。東豫州，州名。北魏孝文帝太和十九年（495）置，治新息縣（即廣陵城），在今河南

息縣。元慶和，魏宗室近屬，鮮卑族。官東豫州刺史。爲梁將所攻，舉城降。梁以爲北道總督、魏王。至項城，魏軍攻之，慶和望風退走。爲蕭衍所責，遂徙合浦。《魏書》卷一九上有附傳。廣陵，城名。廣陵城，即息縣城，在今河南息縣。

[6]郛：古代城圈外圍的大城。

[7]武陽：縣名。北魏置，爲襄城郡治。治所在今河南西平縣西南。

[8]萬餘人：《梁書·夏侯亶傳》、《通志》卷一三九皆作“四萬餘人”。

[9]郢州：州名。北魏宣武帝正始元年（504）改司州置。治義陽郡平陽縣，在今河南信陽市。梁武帝大通二年没於梁，武帝改爲北司州。　元顯達：汲古閣本同，殿本“顯”作“願”。按，據《梁書》卷三九《元願達傳》應以“願”爲是。元願達，北魏宗室支庶，官至郢州刺史。梁武帝大通二年以義陽郡降梁。《梁書》卷三九有傳。

[10]北司州：州名。南朝梁武帝大通二年改北魏所附郢州置。治平陽縣，在今河南信陽市。

[11]保城：縣名。南朝梁武帝大通二年屬北義陽郡。治所在今河南羅山縣西。

中大通六年，[1]爲豫州刺史，加督。[2]豫州積歲連兵，人頗失業，夔乃率軍人於蒼陵立堰，[3]溉田千餘頃，歲收穀百餘萬石，以充儲備，兼贍貧人，境內賴之。夔兄亶先經此任，至是夔又居焉，兄弟並有恩惠於鄉里。百姓歌曰：“我之有州，頻得夏侯。前兄後弟，布政優優。”[4]夔在州七年，遠近多附之，有部曲萬人，馬二千匹，並服習精彊，爲當時之盛。性奢豪，後房伎妾曳羅綺飾金翠者百數。愛好人士，不以貴位自高，文武賓客常滿坐，時亦以此稱之。卒于州，諡曰桓。

[1]中大通：南朝梁武帝蕭衍年號（529—534）。

[2]加督：據《梁書》卷二八《夏侯亶傳》，其爲“督豫淮陳潁建霍義七州諸軍事”。

[3]蒼陵：地名。在今安徽壽縣西南淮河南岸。

[4]布政優優：《詩·商頌·長發》：“敷政優優，百禄是遒。”毛傳：“優優，和也。”敷，《左傳》成公二年作“布”，義同。

子譔嗣，官至太僕卿。[1]

[1]太僕卿：官名。本係對“太僕”的尊稱。南朝梁正式定爲官稱，爲十二卿之一，管理畜牧事務，政令仰承尚書省駕部曹。轄南馬牧、左右牧、龍厩、内外厩丞。宋三品。齊及梁初不詳。梁武帝天監七年（508）革選，釐定官品十八班，班多爲貴，太僕卿十班。陳三品，秩中二千石。

譔弟譒，少麤險薄行，常停鄉里，領其父部曲，爲州助防。[1]刺史貞陽侯明引爲府長史。[2]明被魏囚，復爲侯景長史。[3]景反，譒前驅濟江，[4]頓兵上林館，[5]破邸第及居人富室，子女財貨盡略有之。明在州有四妾章、於、王、阮，並有國色。明被魏囚，其妾並還都第，譒至破第納焉。

[1]州：指豫州。

[2]貞陽侯明：蕭淵明。字靖通，梁宗室。武帝太清元年

（547）爲豫州刺史，率軍北伐，敗，被俘入魏。元帝承聖四年（555），梁元帝蕭繹爲西魏所殺，北齊護送其南下建康，王僧辯擁立爲帝，年號天成。陳霸先殺王僧辯，立敬帝，降號爲建安王。旋病卒。本書卷五一有附傳。淵明，唐人修史避高祖李淵諱作"明"或"深明"。貞陽，縣名。治所在今廣東英德市東南瀧江北。

[3]侯景：字萬景，懷朔鎮（今内蒙古固陽縣）人。初爲北魏邊鎮戍兵，復依附高歡。東魏時，位至司徒、南道行臺。高歡死，歸附梁，受封河南王。梁武帝太清二年舉兵反，攻陷建康，困死梁武帝。又廢簡文帝，自立爲帝，國號漢。後被梁元帝部將王僧辯、陳霸先擊敗，北逃途中爲部將所殺。本書卷八〇、《梁書》卷五六有傳。

[4]江：指長江。

[5]上林館：殿本同，汲古閣本"上"作"士"。按，作"士"是。士林館，學府名。南朝梁武帝大同七年（541）在宮城之西立，以延集學士。

魚弘，[1]襄陽人。身長八尺，白晳美姿容。累從征討，常爲軍鋒。歷南譙、盱台、竟陵太守。[2]嘗謂人曰："我爲郡有四盡：水中魚鱉盡，山中麞鹿盡，田中米穀盡，村里人庶盡。丈夫生如輕塵棲弱草，[3]白駒之過隙。人生但歡樂，富貴在何時。"於是恣意酣賞。侍妾百餘人，不勝金翠，[4]服翫車馬，皆窮一時之驚絶。[5]有眠牀一張，皆是㔉柏，四面周匝，無一有異，通用銀鏤金花壽福兩重爲腳。

[1]魚弘：《梁書》卷二八亦有傳。

[2]南譙：郡名。治蘄縣，在今安徽巢湖市。　盱台：郡名。

即盱眙。治盱眙縣，在今江蘇盱眙縣東北。

　　[3]輕塵棲弱草：比喻人生渺小短暫。

　　[4]金翠：黄金和翠玉製成的飾物。

　　[5]驚絶：中華本校勘記云："'驚絶'疑當作'精絶'。"

　　爲湘東王鎮西司馬，[1]述職西上，道中乏食，緣路採菱，[2]作菱米飯給所部。弘度之所，後人覓一菱不得。又於窮洲之上，捕得數百獼猴，膊以爲脯，[3]以供酒食。比及江陵，[4]資食復振。逢敕迎瑞豫，[5]王令送像下都，[6]弘率部曲數百，悉衣錦袍，赫弈滿道，頗爲人所慕。塗經夏首，[7]李抗敦其爲人，抗舅元法僧聞之，[8]杖抗三百。後爲新興、永寧太守，[9]卒官。

　　[1]湘東王：蕭繹。後即位爲梁元帝，初封湘東郡王。湘東，郡名。治臨烝縣，在今湖南衡陽市。　鎮西司馬：官名。鎮西將軍府司馬。鎮西，鎮西將軍之省稱。南朝宋時與鎮東、鎮南、鎮北將軍合稱四鎮將軍，多爲持節都督，出鎮方面，權勢頗重。梁、陳列爲八鎮將軍之一。宋三品。齊及梁初不詳。梁武帝天監七年（508）革選，釐定將軍名號及班品，有一百二十五號十品二十四班，班多爲貴，鎮西將軍二十二班。大通三年（529）改制，定二百四十二號三十四班將軍，鎮西將軍三十二班。陳擬二品，比秩中二千石。按，鎮西，《梁書》卷二八《魚弘傳》作"平西"。

　　[2]菱：一年生水生草本植物，果實有硬殼，有角，可食。

　　[3]膊（bó）：分裂屍體而曝之。　脯：肉乾。

　　[4]江陵：縣名。治所在今湖北荆州市荆州區。

　　[5]瑞豫：汲古閣本、殿本同。中華本改"豫"作"像"，其校勘記云："'瑞像'各本作'瑞豫'，據《通志》改。按下云'王

令送像下都’，則‘豫’字非是。”

［6］下都：東下京都。即將瑞像送往京師建康。

［7］夏首：地名。見本卷上文“夏口”注。一説夏首非夏口，夏首得名於夏州（夾於夏水與湧水間的狹長陸地），在今湖北江陵縣荆江大堤木沉淵段（參見徐文武《“夏首”“夏口”考》，《長江大學學報》2011年第2期）。

［8］元法僧：本北魏宗室，官徐州刺史，鎮彭城。梁武帝普通六年（525）附梁。《梁書》卷三九有傳，《魏書》卷一六有附傳。

［9］永寧：郡名。按，《讀史方輿紀要》卷七七《湖廣三·長林廢縣》云：“東晋隆安五年置長寧縣，爲長寧郡治。宋泰始中以長寧名與文帝陵同，改爲永寧郡，而縣如故。齊、梁因之。”《宋書·州郡志》亦載：“長寧郡，宋明帝以名與文帝陵同，改爲永寧。”文中永寧郡似指此，南朝宋明帝時改長寧郡置，屬荆州。治長寧縣，在今湖北荆門市西北。據《中國行政區劃通史·三國兩晋南朝卷（下册）》（復旦大學出版社2014年版），梁又有土州（？—557），轄下有東永寧郡（？—557），治龍巢，在今湖北隨州市東北；及西永寧郡（？—557），治阜陵，在今湖北隨州市東。抑或梁初名永寧郡，後分爲東、西。另據該書，梁有治石龍（今廣東化州市）之羅州，轄下有永寧郡（502—557），治杜羅縣，在今廣東茂名市電白區東北。

　　吉士瞻字梁容，馮翊蓮勺人也。[1]少有志氣，不事生業。時徵士吴苞見其姿容，[2]勸以經學，[3]因誦鮑照詩云：[4]“豎儒守一經，未足識行藏。”[5]拂衣不顧。年逾四十，忽忽不得志，乃就江陵卜者王先生計禄命，王生曰：“君擁旄杖節非一州，後一年當得戎馬大郡。”及梁武起兵，義陽太守王撫之、天門太守王智遜、武陵太守蕭彊等並不從命，[6]鎮軍蕭穎冑遣士瞻討平之。[7]齊和帝即位，以爲領軍司馬。[8]士瞻少時嘗於南蠻國中擲博，[9]無褌褰露，[10]爲儕輩所侮。及平魯休烈軍，[11]得絹三萬疋，乃作百褌，其外並賜軍士，不以入室。以軍功，除輔國將軍、步兵校尉。[12]建康平，爲巴東相、建平太守。[13]

[1]馮翊：郡名。治臨晉縣，在今陝西大荔縣。　蓮勺：縣名。治所在今陝西渭南市東北。

[2]徵士：古人稱讚學行並高而不出仕的隱士。　吳苞：字天蓋，一字懷德，濮陽鄄城（今山東鄄城縣）人。通儒學，齊鬱林王時徵太學博士，不就，始安王遙光於蔣山南爲立學館。本書卷七六、《南齊書》卷五四有傳。

[3]經學：研究儒家經傳的訓詁與闡揚義理的學術。

[4]鮑照：字明遠，東海（今山東郯城縣）人。南朝宋文帝元嘉中，爲太學博士、中書舍人。著有《鮑參軍集》，文辭贍逸遒麗。本書卷一三、《宋書》卷五一有附傳。

[5]豎儒守一經，未足識行藏：出自鮑照《鮑參軍戎行》，意思是學識淺陋的儒生祇知道死守一種經書，却不懂得什麽該做、什麽不該做的處世之道。

[6]天門：郡名。治澧陽縣，在今湖南石門縣。

[7]鎮軍：官名。鎮軍將軍省稱。

[8]領軍司馬：官名。領軍將軍府司馬。

[9]南蠻國：中華本改作“南蠻府”，其校勘記云：“‘南蠻府’各本作‘南蠻國’。張森楷《南史校勘記》：‘國當作府，謂南蠻校尉府也。’按張説是，《南齊書·百官志》：‘護南蠻校尉，府置佐史。’今從改。”今注按，中華本是。　擲博：擲骰之類的賭博。

[10]無褌褰露：没有褲子類衣物，形容衣不蔽體。褌，有襠褲子。褰，無襠褲子。

[11]魯休烈：南朝齊將領。事見《南齊書》卷三八《蕭穎冑傳》。

[12]輔國將軍：官名。爲優禮大臣的榮譽加號。宋明帝泰始五年（469）改名輔師將軍，後廢帝元徽二年（474）復舊，三品。齊爲小號將軍，品秩不詳。梁武帝天監七年（508）罷，改置輕車、征遠、鎮朔、武旅、貞毅等五號將軍代之。　步兵校尉：官名。禁衛軍五營校尉之一，爲皇帝的侍衛武官，掌宫廷宿衛士。不領營兵，仍隸中領軍（領軍將軍），用以安置勳舊武臣。宋四品。齊及梁初不詳。梁武帝天監七年革選，釐定官品十八班，班多爲貴，步兵校尉七班。陳六品，秩千石。或説梁改步騎校尉。

[13]巴東相：巴東縣相，職同縣令。相，官名。南朝封國皆設相，悉由朝廷選置，實爲國家委派的行政長官，與郡、縣守令無異。官品隨本國户數而異。宋郡國相五品。齊、梁不詳。陳制萬户以上國六品，不滿萬户國七品，五千户以上國八品，五千户以下國九品。巴東，縣名。治所在今湖北巴東縣西北舊縣。　建平：郡名。治巫縣，在今重慶巫山縣。

　　初，士瞻爲荆府城局參軍，[1]浚萬人仗庫防池，[2]得一金革鉤，隱起鏤甚精巧。篆文曰："錫爾金鉤，且公且侯。"士瞻娶夏侯詳兄女，女竊以與詳，詳喜佩之。及是革命，詳果封侯，而士瞻不錫茅土。[3]

[1]城局參軍：官名。省稱"城局"。見本卷上文"城局"注。

[2]浚萬人仗庫防池：《梁書》卷一〇《夏侯詳傳》作"役萬人浚仗庫防火池"，意更明確。

[3]錫茅土：指封侯授爵。錫，賞賜。茅土，古代天子以五色土爲社祭的祭壇，分封諸侯時，按封地所在方向取壇上一色土，包以白茅，覆以黄土，給受封者在封國内立社，稱爲"茅土"。

天監二年，入爲直閤將軍，歷位秦、梁二州刺史，加都督。後爲太子右衛率，[1]又出爲西陽、武昌二郡太守。[2]在郡清約，家無私積。始士瞻夢得一積鹿皮，從而數之，有十一領。及覺喜曰："鹿者祿也，吾當居十一祿乎。"自其仕進所莅已九，及除二郡，心惡之，遇疾不肯療。普通七年卒於郡，贈左衛將軍，[3]謚曰胡子。

[1]太子右衛率：官名。南朝皆置，爲東宮屬官，與太子左衛率合稱太子二率，掌東宮宿衛，亦統兵出征，職位頗重。宋二員，五品。齊一員，品秩不詳。梁一員，初品秩不詳，武帝天監七年（508）革選，釐定官品十八班，班多爲貴，太子右衛率十一班，領崇榮、永吉、崇和、細射等四營，屬官有丞、殿中將軍、員外將軍、正員司馬、員外司馬督。陳一員，四品，秩二千石。

[2]西陽：郡名。治西陽縣，在今湖北黃石市東南。 武昌：郡名。治武昌縣，在今湖北鄂州市。

[3]左衛將軍：官名。與右衛將軍合稱二衛將軍，禁衛軍六軍（領軍、護軍、左衛、右衛、驍騎、游擊）之一。係禁衛軍主要將領，掌宮廷宿衛營兵。南朝齊高帝建元二年（480）詔，二衛將軍每晚留一人宿直宮中。南朝後期亦領兵出征。宋四品。齊及梁初不詳。梁武帝天監七年革選，釐定官品十八班，班多爲貴，左衛將軍十二班。陳三品，秩二千石。

子琨時在戎役，聞問一踊而絕，良久乃蘇。不顧軍制，輒離所部，遂以孝聞。詔下旌異。[1]

[1]旌異：旌表，褒獎。

蔡道恭字懷儉，[1]南陽冠軍人也。[2]父那，[3]宋益州刺史。[4]道恭少寬厚有大量，仕齊爲西中郎中兵參軍，加輔國將軍。梁武帝起兵，蕭穎冑以道恭素著威略，專相委任。齊和帝即位，爲右衛將軍。出爲司州刺史。梁天監初，論功封漢壽縣伯，[5]進號平北將軍。[6]

[1]蔡道恭：《梁書》卷一〇亦有傳。

[2]南陽：郡名。治宛縣，在今河南南陽市。　冠軍：縣名。治所在今河南鄧州市西北。

[3]那：蔡那。南朝宋泰豫元年（472）曾官益州刺史。事見《宋書》卷八三《宗越傳》。

[4]益州：州名。治成都縣，在今四川成都市。

[5]漢壽：縣名。治所在今湖南漢壽縣東北。　伯：《建康實錄》卷一八作“縣侯”。

[6]平北將軍：官名。與平南、平東、平西將軍合稱四平將軍，南朝地位較高。宋三品。齊及梁初不詳。梁武帝天監七年（508）革選，釐定將軍名號及班品，有一百二十五號十品二十四班，班多爲貴，平北將軍二十班。大通三年（529）改制，定二百四十二號三十四班將軍，平北將軍三十班。陳擬三品，比秩中二千石。

三年，魏圍司州，[1]時城中衆不滿五千人，食裁半歲。[2]魏軍攻之，晝夜不息，乃作大車載土，四面俱前，欲以填塹。[3]道恭塹內作艨艟、鬭艦以待之。[4]魏人不得進，又潛作伏道以決塹水，道恭載土狙塞之。[5]相持百餘日，前後斬獲不可勝計。魏大造梯衝，[6]攻圍日急。道恭用四石烏漆大弓射，所中皆洞甲飲羽，[7]一發或貫兩人，敵人望弓皆靡。又於城內作土山，多作大矟，長二丈五尺，施長刃，使壯士執以刺魏人。魏軍甚憚之，將退。會道恭疾篤，乃呼兄子僧勰、從弟靈恩及將率謂曰：[8]“吾所苦勢不能久，汝等當以死固節，無令吾没有遺恨。”[9]又令取所持節授僧勰曰：“稟命出疆，既不得奉以還朝，[10]方欲攜之同逝。可與棺柩相隨。”衆皆流涕。其年五月卒。魏知道恭死，攻之轉急。

[1]三年，魏圍司州：據《梁書》卷二《武帝紀中》：“（天監二年）冬十月，魏寇司州。”“（三年）八月，魏陷司州，詔以南義陽置司州。”本卷上文《曹景宗傳》亦載：“（天監）二年十月，魏攻司州，圍刺史蔡道恭。”又《文選》卷四〇任彦昇《奏彈曹景宗》言蔡道恭“全城守死，自冬徂秋”，是以知此處“三年，魏圍司州”不確，此事當在武帝天監二年（503）冬十月。下文所講八月司州陷事，紀與傳合。

[2]裁：通“纔”。

[3]塹：護城河。

[4]作：《梁書》卷一〇《蔡道恭傳》作“列”，中華本據改。

艨艟：亦作艨衝、蒙衝。古代水戰中攻擊型輕快戰船，主要用於衝鋒、突襲，並有一定防護設施。船體狹長，航速較快。《釋名·釋船》：“外狹而長曰艨衝，以衝突敵船也。”《通典》卷一六〇《兵典十三》“水準及水戰具附”載其具體形製：“蒙衝，以生牛皮蒙船覆背，兩厢開掣棹孔，前後左右有弩窗、矛穴，敵不得近，矢石不能敗。此不同大船，務於疾速，乘人之不及，非戰之船也。”　鬥艦：亦稱戰艦。古代水戰中有防護及戰鬥設施的大型戰船。一般不設桅帆，以槳、櫓或輪槳驅動。《通典》卷一六〇《兵典十三》“水準及水戰具附”載其具體形製：“鬥艦，船上設女墙，可高三尺，墙下開掣棹孔，船內五尺又建棚，與女墙齊。棚上又建女墙。重列戰敵，上無覆背，前後左右樹牙旗、旛幟、金鼓，此戰船也。”

又唐李筌《太白陰經》卷四《戰攻具篇·水戰具篇》："戰艦，船舷上設女墻半身，墻下開掣棹孔，舷五尺，又建棚與女墻齊。棚上又建女墻，重列戰格，上無覆背。前後左右樹牙旗、幡幟、金鼓。"

[5]土狁：盛土沙的袋子。形如小豬，故稱。

[6]梯衝：雲梯與衝車。前者用以登城，後者用以撞擊城門或城墻，並攻城之器具。

[7]洞甲飲羽：指箭射中人後把鎧甲射穿，連箭尾的羽毛都鑽進身體裏。

[8]僧勰：蔡僧勰。生平事迹不詳，據《魏書》卷一九下《中山王英傳》，其官至南朝梁尚書郎。 靈恩：蔡靈恩。生平事迹不詳，據《魏書》卷八《世宗紀》、卷九八《蕭衍傳》，其官至南朝梁冠軍將軍、監司州事。

[9]無令吾没（mò）有遺恨：不要讓我死了還有遺憾。没，死去。

[10]既：《梁書·蔡道恭傳》作"即"。

先是，朝廷遣郢州刺史曹景宗赴援，景宗不前。至八月，城内糧盡，魏剋之。贈鎮西將軍，并尋購喪櫬。[1]八年，魏許還道恭喪，其家以女樂易之。[2]葬襄陽。傳國至孫固，早卒，國除。

[1]櫬：棺材。
[2]女樂：歌舞妓。

楊公則字君翼，[1]天水西縣人也。[2]父仲懷，爲宋豫州刺史殷琰將。[3]叛，[4]輔國將軍劉勔討琰，[5]仲懷力戰，死於橫塘。[6]公則隨父在軍，年未弱冠，冒陣抱尸，號哭氣絕良久。勔命還仲懷首。公則斂畢，徒步負喪歸鄉里，由此著名。

[1]楊公則：《梁書》卷一〇亦有傳。 君翼：《建康實錄》卷一八作"君安"。

[2]天水：郡名。治上邽縣，在今甘肅天水市。 西縣：縣名。治所在今甘肅天水市西南。

[3]豫州：州名。南朝宋豫州治壽春縣，在今安徽壽縣。 殷琰：字敬瑜，陳郡長平（今河南西華縣）人。初爲江夏王劉義恭征北行參軍，累遷至豫州刺史。南朝宋明帝時，晉安王劉子勛反，他爲部屬所挾，起兵響應，堅守城池近一年，晉安王失敗，始降。後復官至少府。本書卷三九有附傳，《宋書》卷八七有傳。

[4]叛：汲古閣本同，殿本作"琰叛"。《梁書·楊公則傳》亦作"琰叛"。

[5]劉勔：字伯猷，彭城（今江蘇徐州市）安上里人。仕南朝宋累遷至寧朔將軍、屯騎校尉。豫州刺史殷琰反，率兵征討，圍城近一年，及城克，令三軍秋毫無犯，百姓生爲立碑。後歷豫州刺史、尚書右僕射、領軍。後廢帝元徽二年（474），率軍討桂陽王劉休範反，臨陣戰死。本書卷三九、《宋書》卷八六有傳。

[6]橫塘：地名。在今安徽壽縣東。

後梁州刺史范柏年板爲宋熙太守、領白馬戍主。[1]時氐賊李烏奴攻白馬，[2]公則矢盡糧竭，陷于寇，抗聲罵賊，烏奴壯之，要與同事。公則僞許而圖之，謀泄，單馬逃歸。齊高帝下詔褒美。[3]除晉壽太守，[4]在任清絜自守。遷扶風太守，[5]母憂去官。[6]雍州刺史陳顯達起爲寧朔將軍，[7]復領太守。頃之，荆州刺史、巴東王子響構亂，[8]公則進討。事平，遷武寧太守，[9]百姓便之。入爲前軍將軍。[10]

[1]梁州：州名。治南鄭縣，在今陝西漢中市東。　范柏年：本梓潼（今四川梓潼縣）人，土斷屬梁州華陽郡（今陝西勉縣西北）。南朝宋泰始中，討平仇池將楊城等，以功授梁州刺史。宋末荆州刺史沈攸之反，依違於朝廷與荆州之間，沈攸之敗，爲雍州刺史蕭長懋所殺。本書卷四七有附傳。　板：官制術語。六朝時，地方長官臨時書授官之詞於板以授官，稱爲板授。板官不給印綬，但可食禄。　宋熙：郡名。治宋安縣，在今四川旺蒼縣西南。　白馬戍主：官名。白馬戍主將。戍主，南北朝置，爲戍（即城壘）的主將，掌守防捍禦之事，除管理軍政外，還干預民政和財政。多以郡太守、縣令、州參軍及雜號將軍等官兼任。白馬戍，城戍名。亦稱白馬城。在今陝西勉縣西。《水經注・沔水》：“瀘水又南徑張魯治東……東對白馬城。一名陽平。”

[2]氐：中國古代西部少數民族名。　李烏奴：南朝齊建元年間（479—482）在川陝邊境聯合氐族勢力，起兵反叛，攻打梁州。豫章王蕭嶷調兵遣將，聯合梁州刺史崔慧景南北夾擊。李烏奴大敗逃走，歸附武興氐王楊文弘，不知所終。

[3]齊高帝：蕭道成。字紹伯，小字鬭將。南朝齊開國皇帝。本書卷四，《南齊書》卷一、卷二有紀。

[4]晋壽：郡名。治晋壽縣，在今四川廣元市西南。

[5]扶風：郡名。治築陽縣，在今湖北穀城縣東。

[6]母憂：母喪。

[7]寧朔將軍：官名。統兵出征。宋四品。齊及梁初不詳。梁武帝天監七年（508）革選，置寧遠、明威、振遠、電耀、威耀五將軍代舊寧朔將軍。然梁元帝時，仍拜徐度爲此職。

[8]巴東王子響：蕭子響。字雲音，齊武帝第四子，封巴東郡

王。齊武帝永明七年（489），子響爲荆州刺史，因擅殺長史、司馬等人，又抗拒朝命，被征討賜死。本書卷四四、《南齊書》卷四〇有傳。巴東，郡名。治魚復縣，在今重慶奉節縣東白帝城。

[9]武寧：郡名。治樂鄉縣，在今湖北荆門市北。

[10]前軍將軍：官名。與後軍、左軍、右軍將軍合稱四軍將軍，掌宮禁宿衞。員一人。宋四品，明帝泰始後，多以軍功得官，無復員限。齊及梁初不詳。梁武帝天監七年革選，釐定官品十八班，班多爲貴，前軍將軍九班。陳五品，秩千石。

　　和帝爲荆州刺史，公則爲西中郎中兵參軍。及蕭穎胄協同梁武，以公則爲輔國將軍，領西中郎諮議參軍，[1]率兵東下。和帝即位，授湘州刺史。梁武軍次沔口，公則率湘府之衆會于夏口。[2]時荆州諸軍悉受公則節度，[3]雖蕭穎達宗室之貴亦隸焉。[4]郢城平，武帝命衆軍即日俱下，公則受命先驅。江州既定，連旆東下，直造建鄴。公則號令嚴明，秋豪不犯，所在莫不賴焉。

　　[1]西中郎諮議參軍：官名。西中郎將府諮議參軍。諮議參軍，亦稱"諮議參軍事"，所在府署屬官，掌諷議。南朝王府、丞相府、公府、位從公府、州軍府皆有置，但無定員，亦不常置，職掌不定。其位甚尊，在列曹參軍上，州所置者常帶大郡太守，且有越次行府州事者。品級皆隨府主地位高下而定。宋七品。齊及梁初不詳。梁武帝天監七年（508）革選，釐定官品十八班，班多爲貴，諮議參軍六班至九班。陳七品至五品。

　　[2]梁武軍次沔口，公則率湘府之衆會于夏口：沔口，地名。亦稱漢口。沔水即今漢水入長江口，在今湖北武漢市漢口。夏口，地名。亦稱夏首、魯口。在今湖北武漢市武昌區。詳見本卷上文

"夏口"注。按，沔口、漢口、夏口、夏首、魯口皆指漢水入長江口。名稱演變，具體位置有別。《水經注·沔水》："（沔水）又南至江夏沙羡縣北，南入于江。"又三國吳黃武二年（223）在長江東岸今湖北武漢武昌區黃鵠山（俗稱蛇山）東北築城，名夏口，據楊守敬《水經注疏》："自孫權置夏口督屯江南，今鄂州也……於是相承以鄂州，爲夏口，而江北之夏口晦矣。"是知孫吳移夏口於江南（東），故專指江北（西）漢水入江之口爲漢口、沔口，而不名夏口。而魯口，據《南齊書·州郡志下》郢州："鎮夏口，舊要害也。吳置督將爲魯口屯，對魯山岸，因爲名也"，知與夏口位置相同。

[3]荆州：州，殿本同，汲古閣本作"史"。按，底本無誤，《梁書》卷一〇《楊公則傳》亦作"荆州"。

[4]蕭穎達：南蘭陵蘭陵（今江蘇常州市武進區）人，蕭穎胄之弟。歷仕齊、梁，官至江州刺史。本書卷四一有附傳，《梁書》卷一〇有傳。

大軍至新林，[1]公則自越城移屯領軍府壘北樓，[2]與南掖門相對。[3]嘗登樓望戰，城中遙見麾蓋，[4]縱神鋒弩射之，[5]矢貫胡牀，[6]左右皆失色。公則曰："虜幾中吾腳。"談笑如初。東昏夜選勇士攻公則柵，軍中驚擾。公則堅臥不起，徐命擊之，東昏軍乃退。公則所領多是湘人溪，[7]性懦怯，城內輕之，以爲易與，[8]每出盪，[9]輒先犯公則壘。公則獎厲軍士，剋獲更多。及城平，內出者或被剥奪，[10]公則親率麾下，列陳東掖門，[11]衞送公卿士庶，故出者多由公則營焉。進號左將軍，[12]還鎮南藩。[13]

[1]新林：地名。即今江蘇南京市西南西善橋鎮。

　　[2]越城：城名。在今江蘇南京市南。

　　[3]南掖門：京師建康宮城南面旁門。掖門，宮城旁門。

　　[4]麾蓋：將帥用的旌旗傘蓋。

　　[5]神鋒弩：一種强弩。

　　[6]貫：穿透。　胡牀：一種可以折疊的輕便坐具，東漢後期由胡地傳入，故名。

　　[7]湘人溪：汲古閣本同，殿本作“湘溪人”。按，殿本是，《梁書》卷一〇《楊公則傳》亦作“湘溪人”，指湘州溪族人。

　　[8]易與：容易對付。

　　[9]盪：衝殺。

　　[10]剥奪：强行搶奪。

　　[11]東掖門：京師建康宮太極殿東旁門。南朝齊建康宮城東垣之旁門，在萬春門之北。

　　[12]左將軍：官名。漢朝爲重號將軍之一，與前、右、後將軍並位上卿，魏晋權位漸低，僅爲武官名號，略高於一般雜號將軍，南朝時成爲軍府名號，用作加官，常不載官品。宋三品。齊、梁、陳不詳。

　　[13]南藩：指湘州。因湘州在京師建康之南，故稱。

　　初，公則東下，湘部諸郡多未賓從，及公則還州，然後諸屯聚並散。[1]天監元年，進號平南將軍，[2]封寧都縣侯。[3]湘州寇亂累年，人多流散。公則輕刑薄斂，頃之户口克復。爲政雖無威嚴，然勵己廉慎，爲吏人所悦。湘俗單門多以賂求州職，[4]公則至皆斷之，所辟皆州郡著姓。武帝班下諸州以爲法。

　　[1]諸屯聚並散：指衆聚衆占地武裝集團自動解散。

　　[2]平南將軍：官名。與平北、平東、平西將軍合稱四平將軍，

南朝地位較高。宋三品。齊及梁初不詳。梁武帝天監七年（508）革選，釐定將軍名號及班品，有一百二十五號十品二十四班，班多爲貴，平南將軍二十班。大通三年（529）改制，定二百四十二號三十四班將軍，平南將軍三十班。陳擬三品，比秩中二千石。

[3]封寧都縣侯：按本卷上文《夏侯詳傳》載夏侯詳在天監元年亦封爲"寧都縣侯"。《梁書》卷一〇同，且載夏侯詳"天監元年，徵爲侍中、車騎將軍，論功封寧都縣侯，邑二千户"；公則"天監元年，進號平南將軍，封寧都縣侯，邑一千五百户"。二者未知孰是。

[4]單門：門第微賤孤寒。

　　四年，徵中護軍。[1]代至，乘二舸便發，[2]送故一無所取。遷衛尉卿。時朝廷始議北侵，公則威名素著，至都，詔假節，[3]先屯洛口。公則受命將發，遘疾，謂親人曰："昔廉頗、馬援以年老見遺，[4]猶自力請用。今國家不以吾朽懦，任以前驅，方於古人，見知重矣。雖臨塗疾苦，豈可僶俛辭事。[5]馬革還葬，此吾志也。"遂彊起登舟，至洛口，壽春士女歸降者數千户。魏豫州刺史薛恭度遣長史石榮等前鋒接戰，[6]即斬石榮，逐北至壽春，去城數十里而返。疾篤，卒于師。武帝深痛惜之，即日舉哀，諡烈侯。

　　[1]四年，徵中護軍：中華本改"四年"作"三年"，其校勘記云："'三年'各本作'四年'，據《梁書・武帝紀》及《夏侯詳傳》改。按《傳》云詳以天監三年遷湘州刺史，即此下云'代至'。"今注按，中華本是。

　　[2]舸：大船。

　　[3]假節：臣子奉天子之命出行，持節以爲憑證並示威重，稱爲假節。參見本卷上文"使持節"注。

　　[4]廉頗：戰國時趙國名將。以勇猛聞名諸侯。秦、趙長平之戰，其堅壁固守三年，秦軍不能取勝，後趙孝成王中秦計改用趙括爲將，致遭大敗。《史記》卷八一有傳。　馬援：字文淵，扶風茂陵（今陝西興平市）人。東漢時任伏波將軍。《後漢書》卷二四有傳。　遺：棄而不用。

　　[5]俛（mǐn）俛（fǔ）：時間短暫，意同"須臾"。

　　[6]豫州：州名。北魏改南朝宋司州爲豫州。治懸瓠城，在今河南汝南縣。　長史：官名。北魏從七品至從三品。見本卷上文"長史"注。

　　公則爲人敦厚慈愛，居家篤睦，視兄子過於己子，家財悉委焉。性好學，雖居軍旅，手不輟卷，士大夫以此稱之。

　　子瞟嗣，[1]有罪國除。帝以公則勳臣，特聽庶長子眺嗣。[2]眺固讓，歷年乃受。

　　[1]瞟：《梁書》卷一〇《楊公則傳》作"膘"，未知孰是。

　　[2]庶長子：妾所生長子。　眺：《梁書》卷一〇《楊公則傳》作"朓"。未知孰是。

　　鄧元起字仲居，[1]南郡當陽人也。[2]少有膽幹，性任俠，仕齊爲武寧太守。梁武起兵，蕭穎胄與書招之，[3]即日上道，率衆與武帝會于夏口。齊和帝即位，拜廣州刺史。中興元年，[4]爲益州刺史，仍爲前軍。[5]建康城平，進號征虜將軍。天監初，封爲當陽縣侯，[6]始述職焉。[7]

[1]鄧元起：《梁書》卷一〇亦有傳。

[2]當陽：縣名。治所在今湖北當陽市。

[3]蕭穎胄與書招之：蕭穎胄時爲南康王蕭寶融西中郎將府長史，協同蕭衍舉義。

[4]中興：南朝齊和帝蕭寶融年號（501—502）。

[5]前軍：先頭部隊。

[6]當陽縣侯：《建康實録》卷一八無“縣”字。

[7]述職：到任履行職責。

　　初，梁武之起，益州刺史劉季連持兩端。[1]及聞元起至，遂發兵拒守。元起至巴西，[2]巴西太守朱士略開門以待。先時蜀人多逃亡，至是競出投元起，皆稱起義應朝廷。元起在道久，軍糧乏絶，或説之曰：“蜀郡政慢，[3]若檢巴西二郡籍注，[4]因而罰之，所獲必厚。”元起然之。涪令李膺諫曰：[5]“使君前有嚴敵，後無繼援，山人始附，於我觀德。若糾以刻薄，人必不堪。衆心一離，雖悔無及。膺請出圖之，不患資糧不足也。”元起曰：“善，一以委卿。”膺退，率富人上軍資米，俄得三萬斛。[6]

[1]劉季連：字惠續，彭城（今江蘇徐州市）人。齊末爲益州刺史，在州民懷怨恨。入梁，武帝以鄧元起爲益州刺史，季連舉兵抗之，敗，免爲庶人。本書卷一三有附傳，《梁書》卷二〇有傳。

　　兩端：形容遲疑不決。

[2]巴西：郡名。僑治梓潼郡涪縣，在今四川綿陽市東。

[3]蜀郡：齊末益州領有蜀郡，爲益州鎮所所在。此處泛指蜀地、蜀土。

[4]若檢巴西二郡籍注：中華本改"二郡"作"一郡"，其校勘記云："'一郡'各本作'二郡'，據《梁書》改。"按，此處作"二郡"或不誤，乃指巴西、梓潼二郡。南朝時巴西郡僑治梓潼郡涪縣，合稱爲巴西梓潼郡。《宋書》《南齊書》《梁書》多載以一人任巴西、梓潼二郡太守事。巴西、梓潼治所同，即所謂"雙頭郡"（參見吳應壽《東晉南朝的雙頭州郡》，復旦大學中國歷史地理研究所編《歷史地理研究》第一輯，復旦大學出版社 1986 年版）。

[5]涪：縣名。治所在今四川綿陽市東。

[6]斛：舊量器名，亦是容量單位。南朝時一斛爲十斗，約合今六十公斤。

元起進屯西平，[1]季連始嬰城自守。時益州兵亂既久，人廢耕農，内外苦飢，人多相食，道路斷絶。季連計窮。會明年武帝使赦季連罪，許之降，季連即日開城納元起，元起送季連于建康。

[1]西平：縣名。治所在今四川成都市南。

元起以鄉人庾黔婁爲録事參軍，[1]又得荆州刺史蕭遙欣故客蔣光濟，[2]並厚待之，任以州事。黔婁甚清絜，光濟多計謀，並勸爲善政。元起之剋季連也，城内財寶無所私，勤恤人事，口不論財色。性能飲酒，至一斛不亂，及是絶之，爲蜀土所稱。元起舅子梁矜孫性輕脱，[3]與庾黔婁志行不同，乃言於元起曰："城中稱有三刺史，節下何以堪之。"[4]元起由此疏黔婁而政迹稍損。[5]

[1]鄉人庾黔婁：庾黔婁，字子貞，新野（今河南新野縣）人，後徙居江陵（今湖北荊州市荊州區）。少好學，仕齊歷平西行參軍、編令、孱陵令。梁初爲蜀郡太守，在職清廉。本書卷五〇有附傳，《梁書》卷四七有傳。庾黔婁與鄧元起同屬荊州南郡人，故稱鄉人。　録事參軍：官名。爲録事曹長官，掌總録衆曹文簿，舉彈善惡，位在列曹參軍上。南朝公府、將軍府、州刺史開軍府者皆置。宋七品。齊及梁初不詳。梁武帝天監七年（508）革選，釐定官品十八班，班多爲貴，録事參軍二班至六班。陳九品至七品。

[2]蕭遥欣：字重暉。齊明帝時任荊州刺史，兄遥光爲揚州刺史，遥欣多畜武士，爲兄外援，欲廢帝擁兄登位，事未成病卒。本書卷四一有傳，《南齊書》卷四五有附傳。

[3]輕脱：輕佻，不穩重。

[4]節下：古代對將領或地方疆吏的敬稱。

[5]元起由此疏黔婁：《梁書》卷一〇《鄧元起傳》作“元起由此疏黔婁、光濟”，意更完備。

在政二年，以母老乞歸供養，詔許焉。徵爲右衛將軍，以西昌侯蕭藻代之。[1]時梁州長史夏侯道遷以南鄭叛，[2]引魏將王景胤、孔陵，攻東、西晉壽，並遣告急。[3]衆勸元起急救之。元起曰：“朝廷萬里，軍不卒至，[4]若寇賊侵淫，[5]方須撲討，董督之任，[6]非我而誰？何事怱怱便相催督。”黔婁等苦諫之，皆不從。武帝亦假元起節征討諸軍，[7]將救漢中。比是，魏已攻剋兩晉壽。[8]

　　[1]西昌侯蕭藻：蕭藻。字靖藝，梁武帝長兄蕭懿之子。封西昌縣侯。本書卷五一、《梁書》卷二三有附傳。按，蕭藻本名蕭淵藻，唐人修史避李淵諱省。西昌，縣名。治所在今江西泰和縣西。

　　[2]夏侯道遷：譙國（今安徽亳州市）人。仕齊爲南譙太守，與裴叔業不和，單騎奔北魏隨王肅。肅卒，復南附，仕梁爲梁、秦州長史。刺史卒，遂據南鄭附北魏。北魏任爲豫州刺史。後歷華、瀛二州刺史。《魏書》卷七一、《北史》卷四五有傳。　南鄭：縣名。治所在今陝西漢中市東。

　　[3]引魏將王景胤、孔陵，攻東、西晉壽，並遣告急：《梁書》卷一〇《鄧元起傳》亦記作“魏將王景胤、孔陵寇東西晉壽，並遣告急”。按，《梁書》《南史》並以王、孔爲魏將，而《資治通鑑》卷一四六《梁紀二》天監四年下記二人爲梁將。《考異》云：“按《魏（書）·邢巒傳》曰‘蕭衍晉壽太守王景胤據石亭’，又曰‘蕭衍遣其將軍孔陵等據深杭’。然則景胤、陵皆梁將也。《元起傳》誤。”《呂思勉讀史札記·戊帙·郡縣送故迎新之費》小注：“疑《梁書》元文，當作魏將某寇東西晉壽，太守王景胤、某官孔陵並遣告急。文有奪佚，傳寫者以意連屬之，以致誤謬。《南史》誤據之，而又有删節也。”（上海古籍出版社1982年版，第112頁）今錄之，可備一説。東、西晉壽，並郡名。東晉壽郡，南朝齊明帝永泰元年（498）分晉壽郡置，屬梁州。治興安縣，在今四川廣元市。與時晉壽郡（治晉壽縣，在今四川廣元市西南）並存；西晉壽郡，南朝梁改舊南朝齊晉壽郡爲西晉壽郡，屬利州。治晉壽縣，在今四川廣元市西南。

　　[4]卒：通“猝”，急遽。

　　[5]侵淫：漸進。

　　[6]董督：督察，督導。

　　[7]武帝亦假元起節征討諸軍：《梁書·鄧元起傳》作“武帝亦假元起節、都督征討諸軍”，中華本據補。

　　[8]比是，魏已攻剋兩晉壽：事在南朝梁武帝天監四年

（505）。比是，應作“比至”，及至之意。《册府元龜》卷四四五亦作“比至”。

蕭藻將至，元起頗營還裝，糧儲器械略無遺者。蕭藻入城，求其良馬。元起曰：“年少郎子，何用馬爲。”藻恚，醉而殺之。元起麾下圍城，哭且問其故。藻懼曰：“天子有詔。”衆乃散。遂誣以反，帝疑焉。[1]有司追劾削爵土，詔減邑之半，封松滋縣侯。[2]故吏廣漢羅研詣闕訟之，[3]帝曰：“果如我所量也。”使讓藻曰：[4]“元起爲汝報讎，汝爲讎報讎，忠孝之道如何？”乃貶藻號爲冠軍將軍。[5]贈元起征西將軍，[6]給鼓吹，[7]諡忠侯。

[1]“蕭藻入城”至“遂誣以反，帝疑焉”：《梁書》卷一〇《鄧元起傳》載元起死因：“淵藻入城，甚怨望之，因表其逗留不憂軍事，收付州獄，於獄自縊。”與此不同。按，《資治通鑑》卷一四六《梁紀二》天監四年下《考異》云：“《梁書·元起傳》，‘藻以糧儲無遺，甚怨望之，因表元起逗留不憂軍事，收付州獄，自縊死’。按若止以逗留表元起，安敢擅收前刺史付獄殺之？必誣以反也。今從《南史》。”

[2]松滋：縣名。治所在今湖北松滋縣西北。

[3]廣漢：縣名。治所在今四川射洪市南。　闕：本指皇宮門前兩邊供瞭望的高樓建築。此處借指皇帝居處、朝廷。

[4]讓：責備，譴責。

[5]冠軍將軍：官名。南朝置爲將軍名號，爲加官、散官性質的榮譽虛銜。宋三品。齊及梁初位在輔國將軍上，品級不詳。梁武帝天監七年（508）罷，設智武、仁武、勇武、信武、嚴武五武將軍代之。大通三年（529）復置，列武臣將軍班内。陳擬四品，比

秩中二千石。

[6]征西將軍：官名。征東、征南、征西、征北四征將軍之一，南朝地位顯要，多爲持節都督，出鎮方面。宋三品，若爲持節都督則進爲二品。齊及梁初不詳。梁武帝天監七年革選，釐定將軍名號及班品，有一百二十五號十品二十四班，班多爲貴，征西將軍二十三班。大通三年改制，定二百四十二號三十四班將軍，征西將軍三十三班。陳擬二品，比秩中二千石。

[7]鼓吹：本爲皇帝出行儀仗的組成部分，南朝時往往賜予皇親國戚或有功大臣，以示尊崇。高級儀仗分爲前部鼓吹、後部鼓吹，前部鼓吹在前開道，以鉦、鼓等大型樂器爲主，樂工步行演奏；後部鼓吹殿後，以簫、笳、鼙等小型樂器爲主，樂工或步行，或在馬上演奏。

羅研字深微，少有材辯。[1]元起平蜀，辟爲主簿，[2]後爲信安令。[3]故事置觀農謁者，[4]圍桑度田，勞擾百姓。研請除其弊，帝從之。鄱陽忠烈王恢臨蜀，[5]聞其名，請爲別駕。及西昌侯藻重爲刺史，州人爲之懼，研舉止自若。侯謂曰："非我無以容卿，非卿無以事我。"[6]齊苟兒之役，[7]臨汝侯嘲之曰：[8]"卿蜀人樂禍貪亂，一至於此。"對曰："蜀中積弊，實非一朝。百家爲村，不過數家有食，窮迫之人，什有八九，束縛之使，[9]旬有二三。貪亂樂禍，無足多怪。若令家畜五母之雞，一母之豕，牀上有百錢布被，甌中有數升麥飯，雖蘇張巧說於前，[10]韓白按劍於後，[11]將不能使一夫爲盜，況貪亂乎？"

[1]材：汲古閣本同，殿本作"才"。

[2]主簿：官名。所在府署僚屬，掌典領文書簿籍，經辦事務。南朝諸公府、將軍、五校尉等軍府，列卿寺監、光禄大夫等，州、郡、縣皆置，其品位秩級隨府主地位高下而定。雖非掾吏之首，然地位較高，縣之主簿較州之主簿更甚。宋、齊、梁初品級不詳。梁武帝天監七年（508）革選，釐定官品十八班，班多爲貴，主簿流内一班至六班，流外三班至七班。陳九品至七品。

[3]信安：縣名。治所在今湖北麻城市東。

[4]故事：先例，舊時典章制度。　觀農謁者：應爲"勸農謁者"。南朝梁武帝天監中置，位視殿中御史。旋因其擾民而罷。天監七年革選，釐定官品十八班，班多爲貴，勸農謁者流外七班。

[5]鄱陽忠烈王恢：蕭恢。字弘達，南朝梁武帝蕭衍弟，封鄱陽郡王。歷任南徐州、郢州、荆州刺史。在荆州革除弊政，減輕百姓負擔。謚曰忠烈。本書卷五二、《梁書》卷二二有傳。鄱陽，郡名。治鄱陽縣，在今江西鄱陽縣。

[6]非我無以容卿，非卿無以事我：除了我，没人能容你；除了你，没人能幫我做事。

[7]齊苟兒之役：齊苟兒，江陽（治乏考，疑在今四川屏山縣一帶）人，衆十萬叛，攻益州城。後益州刺史、臨汝侯蕭猷平叛。事見本書卷五一《蕭猷傳》。

[8]臨汝侯：蕭猷。南朝梁武帝長兄蕭懿子，封臨汝侯。歷任吳興太守，益州刺史。在州平江陽人齊苟兒之役。本書卷五一有附傳。臨汝，縣名。治所在今江西撫州市臨川區西。

[9]束縛之使：抓人的官吏、公差。

[10]蘇張巧説：蘇指蘇秦，字季子，戰國時東周洛陽（今河南洛陽市東）人。學縱橫之術，游説六國合縱抗秦。《史記》卷六九有傳。張指張儀，戰國時魏國人，學縱橫之術，任秦相，破壞關東六國合縱。《史記》卷七〇有傳。兩人皆是戰國時期縱橫家的代表人物，爲著名説客。

[11]韓白按劍：韓指韓信，秦末漢初淮陰（今江蘇淮安市淮

陰區）人。助劉邦破項羽建立漢朝。《史記》卷九二、《漢書》卷三四有傳。白指白起，戰國時秦國郿（今陝西眉縣）人。曾大破趙軍於長平，帥秦軍攻六國，威震諸侯。《史記》七三有傳。兩人皆以善用兵著稱。

大通二年，[1]爲散騎侍郎。[2]嗣王範將西，[3]忠烈王恢謂曰：“吾昔在蜀，每事委羅研，汝遵而勿失。”範至，復以爲別駕，升堂拜母，蜀人榮之。數年卒官。蜀土以文達者，唯研與同郡李膺。

[1]大通：南朝梁武帝蕭衍年號（527—529）。

[2]散騎侍郎：官名。南朝隸集書省，掌文學侍從、諫諍糾劾、收納章奏，地位漸輕。陳選功高者一人，與散騎常侍祭酒同掌糾劾禁令。員皆四人。宋五品。齊及梁初不詳。梁武帝天監七年（508）革選，釐定官品十八班，班多爲貴，散騎侍郎八班。陳五品，秩千石。

[3]嗣王範：蕭範。字世儀，梁武帝弟鄱陽王蕭恢世子，襲父爵爲鄱陽王。本書卷五二、《梁書》卷二二有附傳。嗣王，爵名。南朝梁始置，親王嫡子所封之王，與郡王相當。

膺字公胤，有才辯。西昌侯藻爲益州，以爲主簿。使至都，武帝悦之，謂曰：“今李膺何如昔李膺？”[1]對曰：“今勝昔。”問其故，對曰：“昔事桓、靈之主，[2]今逢堯、舜之君。”[3]帝嘉其對，以如意擊席者久之。乃以爲益州別駕。著《益州記》三卷行於世。[4]

[1]李膺：字元禮，潁川襄城（今河南襄城縣）人。東漢桓帝

時任司隸校尉。反對宦官專權，受到太學生所擁戴。黨錮事起，被捕下獄，釋放後禁錮終身。靈帝初又起爲長樂少府，與陳蕃謀誅宦官失敗，再遭禁錮。不久卒於獄中。《後漢書》卷六七有傳。

[2]桓：東漢桓帝劉志。在位期間，初由梁太后、梁冀掌政，後與宦謀誅梁冀，促成宦官專權局面。壓制士大夫反對宦官專權的運動，逮捕李膺等二百多人，史稱黨錮之禍。死後謚桓帝。《後漢書》卷七有紀。　靈：東漢靈帝劉宏。桓帝死後，被竇太后和竇武迎立爲帝。不久竇武被殺，宦官專權。發生第二次黨錮之禍，李膺等一百多人被逮捕下獄處死。統治時期大興土木，公開賣官，政治黑暗。死後謚靈帝。《後漢書》卷八有紀。

[3]堯：傳說中遠古帝王。名放勳。初居於陶，後遷居唐，故稱陶唐氏，史稱唐堯。相傳曾設官掌時令，定曆法。命鯀治洪水。死後由舜繼位。詳見《史記》卷一《五帝本紀》。　舜：傳說中遠古帝王。姚姓，一作媯姓，號有虞氏，名重華，史稱虞舜。在位時天下大治。詳見《史記·五帝本紀》。

[4]《益州記》：係古代巴蜀地方志。《隋書·經籍志二》著錄："《益州記》三卷，李氏撰。"

　　初，元起在荆州，刺史隨王板元起爲從事，[1]別駕庾蓽堅執不可，[2]元起恨之。及大軍至都，蓽在城內甚懼。城平，而元起先遣迎蓽，語人曰："庾別駕若爲亂兵所殺，我無以自明。"因厚遺之。少時又嘗至其西沮田舍，[3]有沙門造之乞，[4]元起有稻幾二千斛，[5]悉以施之，時人稱其二者有大度。

[1]隨王：蕭子隆。字雲興，齊武帝子，封爵隨郡王。子隆於齊永明八年（490）爲荆州刺史，海陵王延興元年（494）被害。本書卷四四、《南齊書》卷四〇有傳。隨郡，郡名。治隨縣，在今

湖北隨州市。　從事：官名。亦稱從事史。從事意爲差事。三公、
州郡、將軍、校尉府屬官。名目不一，有治中、別駕、都官、議
曹、西曹、功曹、郡國、文學、祭酒等，皆掌文書簿籍之類。位在
主簿下。宋、齊、梁初品秩不詳。梁武帝天監七年（508）革選，
釐定官品十八班，班多爲貴，從事流内一班，流外三班至七班。陳
九品。此爲郡國從事，每郡一人，主管督促文書，察舉非法。

　　[2]別駕庾蕘堅執不可：中華本“別駕”二字上屬，整句標點
爲：“刺史隨王板元起爲從事別駕，庾蕘堅執不可，元起恨之。”按，
無“從事別駕”一職，“別駕”應下屬。下文元起語“庾別駕若爲
亂兵所殺，我無以自明”亦證。庾蕘，字休野，新野（今河南新野
縣）人。仕齊荆州別駕，前後爲此職者皆致富足，蕘以身作則，杜
絕請託，妻子仍受饑寒。後歷會稽郡丞、行郡府事，愈守清節，或
至經日不食。本書卷四九、《梁書》卷五三有傳。

　　[3]西沮：水名。即今湖北沮漳河西源沮水。

　　[4]沙門：梵語的音譯。出家的佛教徒的總稱。也指佛門。
造：到訪。

　　[5]二千斛：《梁書》卷一〇《鄧元起傳》作“二十斛”。《太
平御覽》卷八二一及卷八三九引《梁書》亦皆作“二千斛”。

　　元起初爲益州，過江陵迎其母，母事道，[1]方居
館，[2]不肯出。元起拜請同行，母曰：“汝貧賤家兒，忽
得富貴，詎可久保。[3]我寧死此，不能與汝共入禍敗。”
及至巴東，聞蜀亂，使蔣光濟筮之，[4]遇《蹇》，[5]喟然
歎曰：“吾豈鄧艾而及此乎。”[6]後果如筮。子鏗嗣。[7]

　　[1]母事道：母，殿本同，汲古閣本作“道”。

　　[2]館：此處指道館。

　　[3]詎：豈，怎。

　　[4]筮：用蓍草占吉凶。

　　[5]《蹇》：《易》卦名，艮下坎上。

　　[6]鄧艾：字士載，義陽棘陽（今河南南陽市）人。三國魏官至兖州刺史，曾主持屯田。率軍滅蜀，以功授太尉。後因獨斷專行，又遭鍾會誣告，被殺。"初，艾當伐蜀，夢坐山上而有流水，以問殄虜護軍爰邵。邵曰：'按《易》卦，山上有水曰《蹇》。《蹇》繇曰："《蹇》利西南，不利東北。"孔子曰："《蹇》利西南，往有功也；不利東北，其道窮也。"往必克蜀，殆不還乎！'艾憮然不樂。"《三國志》卷二八有傳。艾，殿本同，汲古閣本作"入"。

　　[7]鏗：鄧鏗，生平事迹不詳。《玉臺新詠》收錄其雜詩二首。

　　張惠紹字德繼，[1]義陽人也。少有武幹，仕齊爲竟陵橫桑戍主。[2]母喪歸鄉里。聞梁武帝起兵，乃自歸，累有戰功。武帝踐祚，封石陽縣侯，[3]位驍騎將軍、直閤、左細仗主。[4]時東昏餘黨數百人竊入南、北掖門，[5]夜燒神獸門，害衛尉張弘策。[6]惠紹馳率所領赴戰，賊乃散走。遷太子右衛率，以軍功累增爵邑。歷位衛尉卿、左衛將軍、司州刺史，領安陸太守。在州和理，吏人親愛之。徵還爲左衛將軍，加通直散騎常侍，[7]仗甲百人，[8]直衛殿中。卒，謚曰忠。

　　[1]張惠紹：《梁書》卷一八亦有傳。

　　[2]橫桑戍：城戍名。即橫桑口，在今湖北漢川縣西。

　　[3]石陽：縣名。治所在今江西吉水縣東北。

　　[4]直閤：官名。直閤將軍省稱。見本卷上文"直閤將軍"注。　左細仗主：官名。仗主指侍衛隊主。細仗主分左、右，分司於皇帝左右禁衛、儀仗。官品不詳。《隋書·禮儀志七》："梁武受

禪于齊，侍衛多循其制。正殿便殿閣及諸門上下，各以直閣將軍等直領。又置刀釤、御刀、御楯之屬，直御左右。兼有御仗、鋌稍、赤氅、角抵、勇士、青氅、衛仗、長刀、刀劍、細仗、羽林等左右二百七十六人，以分直諸門。行則儀衛左右。"

[5]北掖門：京師建康宮城北旁門。

[6]衛尉：見本卷上文"衛尉卿"注。　張弘策：字真簡，范陽方城（今河北固安縣）人。南朝梁武帝蕭衍從舅，蕭衍起兵，授以軍主，軍機密事，多與商定。建康平，率兵先入宮，封檢府庫，秋毫無犯。入梁封洮陽縣侯，遷衛尉卿。爲齊東昏侯餘黨所殺。本書卷五六、《梁書》卷一一有傳。"夜燒神獸門，害衛尉張弘策"事，詳見本卷上文"神獸門"注。

[7]通直散騎常侍：官名。通，相通，一樣；通直，和散騎常侍一樣值守，故名。始屬散騎省，職同散騎常侍，參平尚書奏事，並掌諷諫、侍從，位頗重。南朝屬集書省，掌侍從左右，應對獻替，與散騎常侍通值。多爲加官，以衰老之士擔任，地位漸低。員皆四人。宋五品。齊及梁初品秩不詳。梁武帝曾欲提高其地位，以比御史中丞，但終不被人所重。武帝天監七年（508）革選，釐定官品十八班，班多爲貴，通值散騎常侍十一班。陳四品，秩二千石。

[8]仗甲：《梁書·張惠紹傳》作"甲仗"，披甲執兵的衛士。

　　子登嗣。[1] 累有戰功，與湛僧智、胡紹世、魚弘並爲當時驍將。[2] 歷官衛尉卿、太子左衛率。[3] 卒官，謚曰愍。

[1]子登嗣：中華本改作"子澄嗣"，其校勘記云："'澄'各本作'登'，據《梁書》改。按《梁書·夏侯詳傳》《裴邃傳》並有張澄。"今注按，中華本是。本卷上文《夏侯亶傳》亦作"張澄"。

張澄，《梁書》卷一八亦有傳。

[2]胡紹世：《梁書·張澄傳》同，《梁書》卷二八《夏侯亶傳》作“明紹世”。

[3]太子左衛率：官名。南朝皆置，爲東宮屬官，與太子右衛率合稱太子二率，掌東宮宿衛，亦統兵出征，職位頗重。宋七員，五品。齊一員，品秩不詳。梁一員，初品秩不詳，武帝天監七年（508）革選，釐定官品十八班，班多爲貴，太子左衛率十一班，領果毅、統遠、立忠、建寧、陵鋒、夷寇、祚德等七營，屬官有丞、殿中將軍、員外將軍、正員司馬、員外司馬督。陳一員，四品，秩二千石。

馮道根字巨基，[1]廣平鄼人也。[2]少孤，家貧，傭賃以養母。[3]行得甘肥，未嘗先食，必遽還以遺母。年十三，以孝聞。郡召爲主簿，不就，曰：“吾當使封侯廟食，安能爲儒吏邪。”

[1]馮道根：《梁書》卷一八亦有傳。

[2]廣平：郡名。東晉僑置，寄治襄陽縣，在今湖北襄陽市。南朝宋移治廣平縣，在今河南鄧州市東南。齊移治廣平縣，在今湖北丹江口市東南。　鄼（zàn）：縣名。治所在今湖北老河口市。

[3]傭賃：受雇爲人勞役。

年十六，鄉人蔡道班爲湖陽戍主，[1]攻蠻錫城，[2]反爲蠻困。道根救之、匹馬轉戰，提雙劍左右奮擊，殺傷甚多，道班以免，[3]由是知名。

[1]班：《梁書》卷一八《馮道根傳》作“斑”，《册府元龜》

卷八四七作“班”。　湖陽戍：城戍名。在今河南唐河縣西南湖陽鎮。

[2]錫城：地名。即錫縣城，在今陝西白河縣東漢江南岸、白石河之西。

[3]道班以免：道班得以逃脱。

齊建武末，魏孝文攻陷南陽等五郡。明帝遣太尉陳顯達爭之，師入泃均口，[1]道根說顯達曰：“泃均水急，不如悉船於酇城，[2]方道步進。”顯達不聽，道根猶以私屬從軍。及顯達敗夜走，賴道根指路以全。尋爲泃均口戍副。[3]

[1]泃均口：中華本改作“沟口”，其校勘記云：“‘沟口’各本作‘泃均口’。王鳴盛《十七史商榷》六三：‘泃當作沟。“均”字乃後人旁注沟之音，而傳寫者乃誤入正文。’今從改。”按，中華本是。下文“沟均水急”應爲“沟水急”，“泃均口戍”應爲“沟口戍”。均不再出注。沟口，地名。即今湖北丹江口市丹江入漢江之口。

[2]不如悉船：汲古閣本、殿本作“不如悉棄船”。按，底本誤。

[3]戍副：副戍主。

以母喪還家。聞梁武帝起兵，乃謂所親曰：“金革奪禮，[1]古人不避，揚名後世，豈非孝乎。”因率鄉人歸武帝，隸於王茂，常爲前鋒。武帝即位，爲驍騎將軍，封增城縣男。[2]

[1]金革奪禮：因爲戰事不能守孝禮。金革，兵甲，此借指戰爭。禮，此處指喪禮。按禮制，子爲母服喪三年。

[2]增城：縣名。治所在今廣東廣州市增城區。

天監二年，爲南梁太守，[1]領阜陵城戍。[2]初到阜陵，修城隍，[3]遠斥候，[4]如敵將至者。衆頗笑之。道根曰：“怯防勇戰，此之謂也。”修城未畢，魏將党法宗、傅豎眼率衆二萬，[5]奄至城下，[6]道根壘塹未固，城中衆少，莫不失色。道根命開城門，緩服登城，[7]選精鋭二百人出與魏軍戰，敗之，魏軍因退。遷輔國將軍。

[1]南梁：郡名。僑寄睢陽縣，在今安徽壽縣。

[2]阜陵城戍：城戍名。在今安徽全椒縣東。

[3]城隍：城牆和護城河。

[4]遠斥候：遠派偵察兵。斥候，偵察的人。候，殿本同，汲古閣本作“堠”。

[5]傅豎眼：清河（今河北清河縣）人，家於盤陽（今山東淄博市淄川區）。北魏名將，歷任所至，百姓歡悦。《魏書》卷七〇、《北史》卷四五有傳。

[6]奄：忽然，突然。

[7]緩服：指平常寬鬆的裝束，相對便於行動的武裝而言。參見周一良《魏晋南北朝史札記》之《南齊書札記》“緩服、急裝、貝裝、寄生、裝束、結束”條（第 226—228 頁）。

六年，魏攻鍾離，武帝詔豫州刺史韋叡救之。道根爲叡前驅，至徐州，建計據邵陽洲，築壘掘塹逼魏城。道根能走馬步地，計馬足以賦功，城隍立辦。[1]及淮水長，道根乘戰艦斷魏連橋，[2]魏軍敗績。進爵爲伯，改封豫寧縣。[3]八年，拜豫州刺史，領汝陰太守。[4]爲政清簡，境內安之。累遷右衛將軍。

[1]“道根能走馬步地”至“城隍立辦”：馮道根能跑馬丈量土地，根據馬脚印來分配事情，城溝馬上修好了。《資治通鑑》卷一四六《梁紀二》武帝天監六年胡三省注：“賦，市也，給與也；功，力也。計一夫之力所任作，謂之功。杜佑《通典》曰：凡築城，下闊與高倍，上闊與下倍。城高五丈，下闊二丈五尺，上闊一丈二尺五寸，高下闊狹以此爲準。料功：上闊加下闊得三丈七尺五寸，半之得一丈八尺七寸五分，以高五丈乘之，一尺之城積數得九十三丈七尺五寸。每一功，日築土二尺，計功約四十七人。一步五尺之城計役二百三十五人，一百步計役二萬三千五百人。率一里則十里可知。其出土負簣並計之大功之內。城濠面闊二丈，深一丈，底闊一丈，以面闊加底積數大半之，得數一丈五尺，以深一丈乘之，鑿濠一尺得數一十五丈。每一人計功日出三丈，計功五人。一步五尺計功二十五人，十步計功二百五十人。一里計功七萬五百人。以此爲數，則百里可知。”
[2]連橋：連接起來的浮橋。
[3]豫寧縣：縣名。治所在今江西武寧縣西。
[4]領汝陰太守：汝陰，中華本校勘記云：“‘汝陰’當作‘南汝陰’。錢大昕《廿二史考異》云：‘是時豫州治合肥，南汝陰郡亦僑置於合肥。馮道根傳領汝陰太守，亦當爲南汝陰，史缺南字耳。’”按，中華本是。

道根性謹厚，木訥少言，爲將能檢御部曲。所過村陌，將士不敢虜掠。每征伐終不言功，其部曲或怨非之。道根喻曰：“明主自鑒功夫多少，[1]吾將何事。”武帝

卷五五

列傳第四十五

3267

嘗指道根示尚書令沈約，[2]美其口不論勳。約曰："此陛下之大樹將軍也。"[3]歷處州郡，和理清静，爲下所懷。在朝廷雖貴顯，而性儉約，所居宅不脩墻屋，無器服侍衛，入室則蕭然如素士之貧賤者。當世服其清退，武帝亦雅重之。微時不學，既貴粗讀書，自謂少文，常慕周勃之器量。[4]

[1]明主自鑒功夫多少：夫，汲古閣本同，殿本作"之"。按，殿本是，《梁書》卷一八《馮道根傳》亦作"之"。

[2]尚書令：官名。南朝宋爲尚書省長官，綜理全國政務，出居外朝，成爲高級政務長官，參議大政。如録尚書事缺，則兼有宰相之名義。齊録尚書事定爲官號，成爲尚書省長官，令爲其副貳。梁罷録尚書事，遂復爲尚書省長官，正式成爲最高政務長官，居宰相之位，雖低於諸公、開府儀同三司，實則爲百官之長。陳位尊權重，遂常缺，以僕射主省務。宋三品。齊及梁初不詳。梁武帝天監七年（508）革選，釐定官品十八班，尚書令十六班。陳一品，中二千石。

[3]大樹將軍：典出東漢大將馮異故事。馮異佐劉秀爭天下，諸將並坐論功，異常獨處樹下，軍中號爲大樹將軍。參《後漢書》卷一七《馮異傳》及《東觀漢記》卷九。

[4]周勃：秦末漢初沛（今江蘇沛縣）人。從劉邦起義，以軍功封絳侯。劉邦以周勃"厚重少文，然安劉氏者必勃也"。劉邦死，周勃與陳平等誅諸呂，迎立文帝。《史記》卷五七有世家、《漢書》卷四〇有傳。　器量：《梁書·馮道根傳》作"器重"。邵春駒認爲："《史記·高祖本紀》：'周勃重厚少文。'即此'重'也。不當改。"（邵春駒《〈南史〉抄改〈梁書〉舉誤》，《北京教育學院學報》2009年第4期）

十六年，復爲豫州。將行，武帝引朝臣宴别道根於武德殿，[1]召畫工使圖其形，道根踧踖謝曰：[2]“臣所可報國家，唯餘一死，但天下太平，恨無可死之地。”豫部重得道根，[3]人皆喜悦。武帝每稱曰：“馮道根所在，能使朝廷不復憶有一州。”[4]

　　[1]武德殿：京師建康宫殿省名。
　　[2]踧（cù）踖（jí）：局促不安的樣子。
　　[3]豫部：豫州所轄地區。
　　[4]憶：記得。

居州少時遇疾，[1]乞還。朝廷徵爲散騎常侍、左軍將軍。[2]卒於官。是日，輿駕春祠二廟，[3]及出宫，有司以聞。帝問中書舍人朱异曰：[4]“吉凶同日，今可行乎？”對曰：“昔柳莊寢疾，衛獻公當祭，請尸曰：‘有臣柳莊，非寡人之臣，社稷之臣也。聞其死，請往。’不釋祭服而往，遂以襚之。[5]道根雖未爲社稷臣，亦有勞王室，臨之，[6]禮也。”帝即駕幸其宅，哭之甚慟。謚曰威。子懷嗣。

　　[1]少時遇疾：不久生病。
　　[2]左軍將軍：官名。與前軍、後軍、右軍將軍合稱四軍將軍，掌宫禁宿衛。員一人。宋四品，明帝泰始後，多以軍功得官，無復員限。齊及梁初不詳。梁武帝天監七年（508）革選，釐定官品十八班，班多爲貴，左軍將軍九班。陳五品，秩千石。
　　[3]駕：殿本同，汲古閣本作“架”。　春祠：春季的祭祀。古代宗廟四時祭之一。　二廟：指太廟和小廟。《資治通鑑》卷一

四九《梁紀五》武帝普通元年胡三省注："帝立太廟祀太祖文皇帝以上爲六親廟，皆同一堂，共庭而別室。又有小廟，太祖太夫人廟也。非嫡，故別立廟。皇帝每祭太廟訖，乃詣小廟，亦以一太牢，如太廟禮。有二廟令，掌廟事。"

[4]中書舍人：官名。亦稱中書通事舍人、通事舍人、舍人。舊爲中書省屬官，入直閤內，掌呈奏案章。南朝漸用寒士、才能及皇帝親信擔任，入直禁中，於收納、轉呈文書章奏之本職外，漸奪中書侍郎出令之權。齊至陳，自成舍人省，名義上隸屬中書省，實際上直接聽命於皇帝。專掌草擬、發布詔令，受理文書章奏，監督指導尚書省及諸中央、地方政府機構施行政務。梁多以他官兼領。至陳總國內機要，把持政務中樞，勢傾天下。宋名中書通事舍人，員四人，七品。齊因之，品級不詳。梁名"中書舍人"，初品級不詳，武帝天監七年革選，釐定官品十八班，班多爲貴，中書舍人四班。陳置五員，八品。　朱异：字彥和，吳郡錢唐（今浙江杭州市）人。歷南朝梁太學博士、中書舍人、太子右衛率、中領軍。任職掌權三十餘年，善阿諛以迎合帝意。勸武帝受降侯景，侯景反，慚愧發病卒。本書卷六二、《梁書》卷三八有傳。

[5]"昔柳莊寢疾"至"遂以襚之"：事見《禮記·檀弓下》："衛有太史曰柳莊，寢疾。（衛獻）公曰：'若疾革，雖當祭必告。'公再拜稽首請於尸曰：'有臣柳莊也者，非寡人之臣，社稷之臣也。聞之死，請往。'不釋服而往，遂以襚之。"衛獻公，名衎，春秋時期衛國國君。社稷之臣，關係國家安危的大臣。《孟子·盡心上》："有安社稷之臣者，以安社稷爲悅者也。"襚，以衣服贈死者。

[6]臨：親臨哭吊。

康絢字長明，[1]華山藍田人也。[2]其先出自康居。[3]初，漢置都護，[4]盡臣西域，康居亦遣侍子待詔河西，[5]因留不去，其後遂氏焉。晋時隴右亂，[6]遷于藍田。絢曾祖因爲苻堅太子詹事,[7]生穆。穆爲姚萇河南尹。[8]宋永初中,[9]穆率鄉族三千餘家入襄陽之峴南,[10]宋爲置華山郡藍田縣, 寄立於襄陽, 以穆爲秦、梁二州刺史。[11]未拜, 卒。絢伯元隆、父元撫, 並爲流人所推, 相繼爲華山太守。

[1]康絢:《梁書》卷一八亦有傳。

[2]華山:郡名。治華山縣, 在今湖北宜城市。 藍田:縣名。治所在今湖北襄陽市南。

[3]康居:古西域國名。約當今巴爾喀什湖與鹹海之間。

[4]都護:官名。漢置西域都護, 督護諸國, 並護南北道, 故稱都護。

[5]侍子:諸侯或屬國的國君遣子入朝陪侍天子, 稱爲 "侍子"。 待詔:等待詔命。 河西:地域名。指今甘肅、青海二省黄河以西, 即河西走廊與湟水流域一帶。

[6]隴右:地域名。指隴山以西地區, 約當今甘肅隴山、六盤山以西和黄河以東一帶。

[7]苻堅:東晋十六國時期前秦君主。爲十六國中最强者, 後爲姚萇所滅。《晋書》卷一一三有載記。 太子詹事:官名。晋時三品。詳見本卷上文 "太子詹事" 注。

[8]姚萇:東晋十六國後秦君主。初事前秦苻堅, 後殺堅, 稱帝於長安, 國號大秦。《晋書》卷一一六有載記、《魏書》卷九五有傳。 河南尹:官名。京都洛陽所在河南郡長官。晋時三品。河南, 郡名。治洛陽縣, 在今河南洛陽市東北。尹, 官名。京師或陪都所在郡行政長官。

[9]永初:南朝宋武帝劉裕年號 (420—422)。

[10]襄陽:郡名。治襄陽縣, 在今湖北襄陽市。 峴南:地名。在今湖北襄陽市南。

[11]秦：州名。時治不詳。據胡阿祥《宋書州郡志彙釋》（安徽教育出版社 2006 年版）載，秦州，僑置南鄭縣，在今陝西漢中市東。

絢少倜儻有志氣，[1]仕齊爲華山太守，推誠撫循，荒餘悦服。梁武起兵，絢舉郡以應。天監元年，封南陽縣男，[2]除竟陵太守。累遷太子左衛率，[3]甲仗百人，與領軍蕭景直殿内。[4]絢身長八尺，容貌絶倫，雖居顯職，猶習武藝。帝幸德陽殿戲馬，[5]敕絢馬射，[6]撫弦貫的，觀者悦之。其日，上使畫工圖絢形，遣中使持以問絢曰：[7]"卿識此圖不？"其見親如此。

[1]倜儻：卓異不凡，豪爽灑脱。
[2]南陽：《册府元龜》卷七六五同。《梁書》卷一八《康絢傳》作"南安"。
[3]左衛率：《梁書·康絢傳》、《資治通鑑》卷一四七《梁紀三》作"右衛率"。
[4]蕭景：字子昭，梁武帝從弟。《梁書》卷二四有傳。按，蕭景本名蕭昺，唐人修史避唐世祖李昞諱，改"昺"爲"景"。《南齊書》卷八《和帝紀》作"蕭昺"。又《弘明集》有衛尉卿蕭昺《答釋法雲書》，難范縝《神滅論》。可證。
[5]德陽殿：京師建康殿堂名。
[6]馬射：一種武藝項目。馳馬射箭靶。
[7]中使：内廷的使者，多指宦官。

時魏降人王足陳計，[1]求堰淮水以灌壽陽。足引北方童謡曰："荆山爲上格，[2]浮山爲下格，[3]潼沱爲激溝，[4]併灌鉅野澤。"[5]帝以爲然，使水工陳承伯、材官將軍祖暅視地形，[6]咸謂淮內沙土漂輕，不堅實，其功不可就。帝弗納，發徐、揚人率二十户取五丁以築之。假絢節、都督淮上諸軍事，[7]并護堰作役人及戰士，有衆二十萬，於鍾離南起浮山，北抵巉石，[8]依岸築土，合脊於中流。十四年四月，堰將合，淮水漂疾，復決潰。衆患之。或謂江、淮多蛟，能乘風雨決壞崖岸，其性惡鐵。因是引東西二冶鐵器，[9]大則釜鬲，[10]小則鍨鋤，[11]數千萬斤沈於堰所，猶不能合。乃伐樹爲幹，[12]填以巨石，加土其上。緣淮百里内岡陵木石無巨細必盡，負擔者肩穿。夏日疾疫，死者相枕，蠅蟲晝夜聲合。武帝愍之，遣尚書右僕射袁昂、侍中謝舉假節慰勞，[13]并加蠲復。[14]是冬寒甚，淮、泗盡凍，[15]士卒死者十七八。帝遣賜以衣袴。

[1]王足：北魏將，驍果多謀，官至行益州刺史，以不得爲正，遂投蕭衍。《魏書》卷七三有傳。

[2]荆山：山名。即今安徽懷遠縣西南淮河北岸荆山。

[3]浮山：山名。亦稱臨淮山。在今安徽明光市北浮山集西。北臨淮水，山北對巉石山，山下有穴，去水一丈。傳説淮水泛濫，其穴即高，水減，其穴復低，有似山浮，故名。《水經注·淮水》："淮水又東徑浮山，山北對巉石山。梁氏天監中，立堰於二山之間。"

[4]潼沱：潼水的別流。　激溝：指水道。

[5]鉅野澤：水名。又名大野澤，在今山東鉅野縣北。

[6]水工：治水工程人員。　材官將軍：官名。掌工匠土木之事，領營兵，隸中領軍（領軍將軍）。南朝宋、齊兼隸尚書省起部

曹。梁、陳改隸少府卿。宋五品。齊及梁初不詳。梁武帝天監七年（508）革選，釐定官品十八班，班多爲貴，材官將軍二班。陳九品，秩六百石。　祖暅：字景爍，范陽遒（今河北淶水縣）人。南朝著名數學家祖沖之之子。本書卷七二有附傳。按，祖暅，應從其本傳作“祖暅之”。

[7]都督淮上諸軍事：淮上地區最高軍事行政長官。

[8]巉石：即巉石山。亦名鐵鎖嶺。在今江蘇泗洪縣西南。南對浮山。《水經注·淮水》：“淮水又東徑浮山，山北對巉石山。”

[9]東西二冶：《資治通鑑》卷一四八《梁紀四》武帝天監十四年夏四月胡三省注：“建康有東西二冶，各置冶令以掌之。”冶，熔煉金屬的地方。

[10]釜鬲（gé）：泛指炊器。鬲，《梁書》卷一八《康絢傳》作“鬵”（xín）。

[11]鎍鋤：即鋤。鋤，殿本同，汲古閣本作“鉏”。

[12]伐樹爲幹：中華本“幹”前補“井”字，其校勘記云：“‘井’字各本並脱，據《梁書》補。按井幹乃架木爲欄作井形。”今注按，中華本是。

[13]袁昂：字千里，陳郡陽夏（今河南太康縣）人。齊時任御史中丞，彈劾舉奏不避權豪。齊末爲吴興太守，蕭衍起兵，拒境不受命，建康城平，隻身歸朝廷。入梁官至尚書令、司空。本書卷二六有附傳，《梁書》卷三一有傳。　謝舉：字言揚，陳郡陽夏（今河南太康縣）人。仕梁官至吏部尚書、尚書令。本書卷二〇有附傳，《梁書》卷三七有傳。

[14]蠲復：免除賦税或勞役。

[15]泗：水名。亦稱清泗、清水。源出今山東泗水縣蒙山南麓，西南流，在山東魚臺縣東轉東南，經江蘇徐州市大致循黄河故道至淮安市西南入淮河。

十一月，魏遣將楊大眼揚聲決堰，絢命諸軍撤營露次以待之。遣其子悅挑戰，斬魏咸陽王府司馬徐方興，[1]魏軍小却。十五年四月，堰成，其長九里，下闊一百四十丈，上廣四十五丈，高二十丈，深十九丈五尺，夾之以堤，并樹杞柳，軍人安堵，列居其上。[2]其水清絜，俯視邑居墳墓，了然皆在其下。或謂絢曰：“四瀆，[3]天所以節宣其氣，不可久塞，若鑿湫東注，[4]則游波寬緩，堰得不壞。”絢然之，開湫東注。又縱反間於魏曰：“梁所懼開湫。”魏人信之，果鑿山深五丈，開湫北注。水日夜分流，湫猶不減。其月，魏軍竟潰而歸。水之所及，夾淮方數百里地。魏壽陽城戍稍徙頓八公山。[5]此南居人散就岡壟。

[1]咸陽王：元禧。字永壽，北魏獻文帝元弘子，爵封咸陽王。性貪淫驕奢，宣武帝惡其貪婪權重，奪其權。禧謀殺帝，謀洩，賜死。《魏書》卷二一上、《北史》卷一九有傳。咸陽，郡名。治長陵城，在今陝西咸陽市東北。北魏孝文帝太和二十年（496）遷治池陽縣，在今陝西涇陽縣西北。

[2]“堰成，其長九里”至“軍人安堵，列居其上”：此即著名的浮山堰。又名荊山堰、淮堰、梁堰。故址在今安徽明光市柳巷鎮。南朝梁武帝天監十三年（514）從淮水兩岸起築起築，十五年成。《水經注·淮水》：“淮水又東徑浮山，山北對巉石山。梁氏天監中，立堰於二山之間。”《元和郡縣圖志》卷九《河南道五·招義縣》：“浮山堰，在縣西北六十里。梁天監十三年與荊山堰同時修築。”《讀史方輿紀要》卷二一《南直三·懷遠縣》載，荊山，“蕭梁於山下立堰，以遏淮流，因曰荊山堰”。杞柳，木名。落葉灌木，叢生。種此可以固堤。安堵，安居，相安。

[3]四瀆：古稱江、河、淮、濟爲四瀆。古人認爲四瀆是"天"用來控制宣導其氣的。參見《國語·周語下》太子晋曰。

[4]㴘（jiǎo）：同"湫"，泄水瀆。

[5]八公山：山名。在今安徽壽縣西北。

初，堰起徐州界，刺史張豹子謂己必尸其事。[1]既而絢以佗官來監作，豹子甚憇，由是譖絢與魏交通。[2]帝雖不納，猶以事畢徵絢。尋除司州刺史，領安陸太守。

[1]尸其事：主持修堰事宜。尸，主持。

[2]交通：勾結。

絢還徵，[1]豹子不脩堰，至其秋，淮水暴長，堰壞，奔流于海，殺數萬人。其聲若雷，聞三百里。水中怪物，隨流而下，或人頭魚身，或龍形馬首，殊類詭狀，[2]不可勝名。祖暅坐下獄。絢在州三年，大脩城隍，號爲嚴整。[3]

[1]還徵：中華本乙作"徵還"，其校勘記云："'徵還'各本互倒，今乙正。"按，中華本是。

[2]類：殿本同，汲古閣本作"穎"。

[3]嚴整：《梁書》卷一八《康絢傳》作"嚴政"。

普通元年，除衛尉卿，未拜卒。輿駕即日臨哭，謚曰壯。絢寬和少喜懼，在朝廷見人如不能言，號爲長厚。在省每寒,[1]見省官有繿縷者，輒遣遺以繻衣,[2]其好施如此。子悅嗣。

[1]在省每寒:《梁書》卷一八《康絢傳》作"在省每寒月"。按,《梁書》是。省，朝廷官署
[2]繻（rú）衣:《梁書·康絢傳》作"襦衣"，即短襖。

昌義之,[1]歷陽烏江人也。[2]少有武幹，爲馮翊戍主。[3]梁武帝爲雍州，因事帝，帝亦厚遇之。及起兵，板爲輔國將軍、軍主。每戰必捷。

[1]昌義之:《梁書》卷一八亦有傳。
[2]歷陽:郡名。治歷陽縣，在今安徽和縣。　烏江:縣名。治所在今安徽和縣烏江鎮。
[3]馮翊:郡名。寄治郡縣，在今湖北宜城市東南。

天監元年，封永豐侯,[1]累遷北徐州刺史,[2]鎮鍾離。四年，大舉北侵，臨川王宏督衆軍向洛口,[3]義之爲前軍，攻魏梁城戍，剋之。五年冬，武帝以征役久，詔班師。魏中山王元英乘勢追躡,[4]攻没馬頭等城。[5]城內糧貯，魏悉移歸北，議者咸謂無復南向。帝曰:"此必進兵，非其實也。"乃遣脩鍾離城，敕義之爲戰守備。是冬，英果率衆數十萬圍鍾離，衝車毀西塘。[6]時城中衆纔三千，義之督帥，隨方抗禦，前後殺傷萬計，魏軍死者與城平。

　　[1]永豐侯：《梁書》卷一八《昌義之傳》作“永豐縣侯”。永豐，縣名。治所在今廣西荔浦市西北。

　　[2]北徐州：州名。治燕縣，在今安徽鳳陽縣臨淮關鎮。

　　[3]臨川王宏：蕭宏。字宣達，梁武帝弟。封臨川王。武帝天監四年（505）率軍北伐攻至梁城，累加號至侍中、太尉。性寬和篤厚，在揚州刺史任二十餘年，未嘗因公務撤換郡縣守令。本書卷五一、《梁書》卷二二有傳。臨川，郡名。治南城縣，在今江西南城縣東南。

　　[4]追躡：緊追不捨。

　　[5]馬頭：城名。馬頭郡治所在，在今安徽懷遠縣南淮河南岸。

　　[6]衝車：古代攻城的戰車。　西堭：西面的高墙或城垣。按，《資治通鑑》卷一四六《梁紀二》講述魏人攻鍾離之情甚詳，可參閱。

　　六年，帝遣曹景宗、韋叡率衆二十萬救焉，[1]大破魏軍。義之率輕兵追至洛口而還。以功進號軍師將軍，[2]再遷都督、南兖州刺史。[3]坐以禁物出蕃，[4]爲有司所奏免。

　　[1]六年，帝遣曹景宗、韋叡率衆二十萬救焉：《梁書》卷一八《昌義之傳》載此事在“六年四月”。按，據《梁書》卷二《武帝紀中》，遣曹景宗赴援在天監五年（506）十一月。本卷上文《曹景宗傳》亦載此事在天監五年。應以“五年”爲是。

　　[2]軍師將軍：官名。南朝梁、陳等用作武官名號。梁武帝天監七年革選，釐定將軍名號及班品，有一百二十五號十品二十四班，班多爲貴，軍師將軍十九班。陳擬四品，比秩中二千石。

　　[3]都督：據《梁書·昌義之傳》，其爲“督南兖、兖、徐、青、冀五州諸軍事”。　南兖州：州名。東晉僑立兖州，宋時改爲

南兖州，初治京口，在今江蘇鎮江市。宋文帝元嘉八年（431）移治廣陵縣，在今江蘇揚州市西北蜀岡上。

[4]坐以禁物出蕃：因違禁品流出域外而獲罪。蕃，通“番”，域外。

　　十三年，累遷左衛將軍。是冬，帝遣太子右衛率康絢督衆軍作荆山堰，魏將李曇定大衆逼荆山，[1]揚聲決堰。詔假義之節救絢，軍未至，絢等已破魏軍。魏又遣大將軍李平攻硤石，[2]義之又率朱衣直閤王神念救之。[3]魏克硤石，義之班師，爲有司所奏，帝以其功臣不問。

[1]“十三年”至“魏將李曇定大衆逼荆山”：按，考《魏書》卷九《肅宗紀》及《資治通鑑》卷一四八《梁紀四》，“魏遣將李曇定大衆逼荆山”在天監十五年正月，此處係於天監十三年，誤。

[2]李平：字曇定，頓丘（今河南清豐縣）人。北魏將，官至鎮軍大將軍、尚書右僕射。《魏書》卷六五有傳。按，本段文既云李曇定，復云李平，稱謂不一。　　硤石：地名。淮河流經今安徽鳳臺縣、壽縣之間山峽中，稱硤石。六朝時兩岸山上各築有城，爲淮南屏障。

[3]朱衣直閤：官名。朱衣直閤將軍之省稱。南朝梁武帝天監六年（507）置，領禁衛兵，掌宮廷侍衛，是皇帝身邊親信。屬中領軍（領軍將軍）。天監七年革選，釐定官品十八班，班多爲貴，朱衣直閤將軍十班。陳四品，秩千石。　　王神念：太原祁（今山西祁縣）人。少好儒學，尤通佛典。初仕北魏至潁川太守，舉郡降南朝梁，封南城縣侯。所至皆有政績，遷青、冀二州刺史。在州禁止淫祠，革除弊俗。官至右衛將軍。本書卷六三、《梁書》卷三九有傳。

十五年，授北徐州刺史。義之不知書，所識不過十字。性寬厚，爲將能得人死力。及居藩任，[1]吏人安之。改封營道縣侯。[2]徵爲護軍將軍，卒於官。帝深痛惜之，諡曰烈。子寶景嗣。[3]

[1]藩任：鎮守一方的長官。此處指爲刺史。
[2]營道：縣名。治所在今湖南寧遠縣東南。
[3]寶景：《梁書》卷一八《昌義之傳》作"寶業"。

論曰：永元之季，雖時主昏狂，荆、雍二州，尚未有釁。武皇迹緣家酷，首唱孟津之師，[1]王茂等運接昌期，[2]自致勤王之舉。若非天人啓期，豈得若斯之速乎。其隆名顯級，亦各風雲之感會也。元起勤乃胥附，功惟闢土，勞之不圖，禍機先陷。冠軍之貶，於罰已輕，[3]梁之政刑，於斯爲失。私戚之端，自斯而啓，年之不永，不亦宜乎。張惠紹、馮道根、康絢、昌義之攀附之始，其功則未。[4]及群盜焚門，張以力戰自著。鍾離、邵陽之逼，馮、昌勞效居多。浮山之役，而康絢實典其事。互有厥勞，寵進宜矣。先是鎮星守天江而堰實興，[5]退舍而決，豈人事乎，其天道也。

[1]孟津之師：周武王興師伐紂，至孟津（今河南孟津縣），諸侯不期而會者八百。武王以時機尚未成熟，率師回周。過二年，再次出師伐紂，渡孟津，諸侯會集，武王誓師，歷數商紂之罪，其辭即《尚書·泰誓》。
[2]昌期：興隆昌盛時期。

[3]冠軍之貶，於罰已輕：指蕭藻枉殺鄧元起，祇受輕罰，貶職爲冠軍將軍。

[4]其功則未：中華本校勘記云:"'未'各本作'未'，今改正。按《梁書》作'其功則輕'。"

[5]鎮星：又作填星，即土星。 守：古代占星術語。占星家根據對星體之間相對位置的觀察，對星體的接近方式和程度給與不同的名稱。守爲留住之象，意爲停留不動，作守候之狀。 天江：星名。《晋書·天文志上》:"天津九星，橫河中，一曰天漢，一曰天江。"